全国一级建造师执业资格考试历年真题+冲刺试卷

建设工程项目管理
历年真题+冲刺试卷

全国一级建造师执业资格考试历年真题+冲刺试卷编写委员会　编写

中国建筑工业出版社

图书在版编目（CIP）数据

建设工程项目管理历年真题+冲刺试卷／全国一级建造师执业资格考试历年真题+冲刺试卷编写委员会编写. —北京：中国建筑工业出版社，2024.12. --（全国一级建造师执业资格考试历年真题+冲刺试卷）. -- ISBN 978-7-112-30709-8

Ⅰ. F284-44

中国国家版本馆 CIP 数据核字第 2024VJ3636 号

责任编辑：田立平
责任校对：张惠雯

全国一级建造师执业资格考试历年真题+冲刺试卷
建设工程项目管理
历年真题+冲刺试卷
全国一级建造师执业资格考试历年真题+冲刺试卷编写委员会　编写

*

中国建筑工业出版社出版、发行(北京海淀三里河路9号)
各地新华书店、建筑书店经销
北京鸿文瀚海文化传媒有限公司制版
廊坊市海涛印刷有限公司印刷

*

开本：787毫米×1092毫米　1/16　印张：14½　字数：353千字
2024年12月第一版　　2024年12月第一次印刷
定价：40.00元（含增值服务）
ISBN 978-7-112-30709-8
（44012）

版权所有　翻印必究
如有内容及印装质量问题，请与本社读者服务中心联系
电话：（010）58337283　　QQ：2885381756
（地址：北京海淀三里河路9号中国建筑工业出版社604室　邮政编码：100037）

前　言

　　"全国一级建造师执业资格考试历年真题+冲刺试卷"丛书是严格按照现行全国一级建造师执业资格考试大纲的要求，根据全国一级建造师执业资格考试用书，在全面锁定考纲与教材变化、准确把握考试新动向的基础上编写而成的。

　　本套丛书分为八个分册，分别是《建设工程经济历年真题+冲刺试卷》《建设工程项目管理历年真题+冲刺试卷》《建设工程法规及相关知识历年真题+冲刺试卷》《建筑工程管理与实务历年真题+冲刺试卷》《机电工程管理与实务历年真题+冲刺试卷》《市政公用工程管理与实务历年真题+冲刺试卷》《公路工程管理与实务历年真题+冲刺试卷》《水利水电工程管理与实务历年真题+冲刺试卷》，每分册中包含五套历年真题及三套考前冲刺试卷。

　　本套丛书秉承了"探寻考试命题变化轨迹"的理念，对历年考题赋予专业的讲解，全面指导应试者答题方向，悉心点拨应试者的答题技巧，从而有效突破应试者的固态思维。在习题的编排上，体现了"原创与经典"相结合的原则，着力加强"能力型、开放型、应用型和综合型"试题的开发与研究，注重与知识点所关联的考点、题型、方法的再巩固与再提高，并且题目的难易程度和形式尽量贴近真题。另外，各科目均配有一定数量的最新原创题目，以帮助考生把握最新考试动向。

　　本套丛书可作为考生导学、导练、导考的优秀辅导材料，能使考生举一反三、融会贯通、查漏补缺，为考生最后冲刺助一臂之力。

　　由于编写时间仓促，书中难免存在疏漏之处，望广大读者不吝赐教。衷心希望广大读者将建议和意见及时反馈给我们，我们将在以后的工作中予以改正。

　　读者如果对图书中的内容有疑问或问题，可关注微信公众号【建造师应试与执业】，与图书编辑团队直接交流。

建造师应试与执业

目　　录

全国一级建造师执业资格考试答题方法及评分说明

2024 年《建设工程项目管理》真题分值统计

2024 年度全国一级建造师执业资格考试《建设工程项目管理》真题及解析

2023 年度全国一级建造师执业资格考试《建设工程项目管理》真题及解析

2022 年度全国一级建造师执业资格考试《建设工程项目管理》真题及解析

2021 年度全国一级建造师执业资格考试《建设工程项目管理》真题及解析

2020 年度全国一级建造师执业资格考试《建设工程项目管理》真题及解析

《建设工程项目管理》考前冲刺试卷（一）及解析

《建设工程项目管理》考前冲刺试卷（二）及解析

《建设工程项目管理》考前冲刺试卷（三）及解析

全国一级建造师执业资格考试答题方法及评分说明

全国一级建造师执业资格考试设《建设工程经济》《建设工程项目管理》《建设工程法规及相关知识》三个公共必考科目和《专业工程管理与实务》十个专业选考科目（专业科目包括建筑工程、公路工程、铁路工程、民航机场工程、港口与航道工程、水利水电工程、矿业工程、机电工程、市政公用工程和通信与广电工程）。

《建设工程经济》《建设工程项目管理》《建设工程法规及相关知识》三个科目的考试试题为客观题。《专业工程管理与实务》科目的考试试题包括客观题和主观题。

一、客观题答题方法及评分说明

1. 客观题答题方法

客观题题型包括单项选择题和多项选择题。对于单项选择题来说，备选项有4个，选对得分，选错不得分也不扣分，建议考生宁可错选，不可不选。对于多项选择题来说，备选项有5个，在没有把握的情况下，建议考生宁可少选，不可多选。

在答题时，可采取下列方法：

（1）直接法。这是解常规的客观题所采用的方法，就是考生选择认为一定正确的选项。

（2）排除法。如果正确选项不能直接选出，应首先排除明显不全面、不完整或不正确的选项，正确的选项几乎是直接来自于考试用书或者法律法规，其余的干扰选项要靠命题者自己去设计，考生要尽可能多排除一些干扰选项，这样就可以提高选择出正确答案的概率。

（3）比较法。直接把各备选项加以比较，并分析它们之间的不同点，集中考虑正确答案和错误答案关键所在。仔细考虑各个备选项之间的关系。不要盲目选择那些看起来、读起来很有吸引力的错误选项，要去误求正、去伪存真。

（4）推测法。利用上下文推测词义。有些试题要从句子中的结构及语法知识推测入手，配合考生自己平时积累的常识来判断其义，推测出逻辑的条件和结论，以期将正确的选项准确地选出。

2. 客观题评分说明

客观题部分采用机读评卷，必须使用2B铅笔在答题卡上作答，考生在答题时要严格按照要求，在有效区域内作答，超出区域作答无效。每个单项选择题只有1个备选项最符合题意，就是4选1。每个多项选择题有2个或2个以上备选项符合题意，至少有1个错项，就是5选2~4，并且错选本题不得分，少选，所选的每个选项得0.5分。考生在涂卡时应注意答题卡上的选项是横排还是竖排，不要涂错位置。涂卡应清晰、厚实、完整，保持答题卡干净整洁，涂卡时应完整覆盖且不超出涂卡区域。修改答案时要先用橡皮擦将原涂卡处擦干净，再涂新答案，避免在机读评卷时产生干扰。

二、主观题答题方法及评分说明

1. 主观题答题方法

主观题题型是实务操作和案例分析题。实务操作和案例分析题是通过背景资料阐述一个项目在实施过程中所开展的相应工作，根据这些具体的工作提出若干小问题。

实务操作和案例分析题的提问方式及作答方法如下：

(1) 补充内容型。一般应按照教材将背景资料中未给出的内容都回答出来。

(2) 判断改错型。首先应在背景资料中找出问题并判断是否正确，然后结合教材、相关规范进行改正。需要注意的是，考生在答题时，有时不能按照工作中的实际做法来回答问题，因为根据实际做法作为答题依据得出的答案和标准答案之间存在很大差距，即使答了很多，得分也很低。

(3) 判断分析型。这类型题不仅要求考生答出分析的结果，还需要通过分析背景资料来找出问题的突破口。需要注意的是，考生在答题时要针对问题作答。

(4) 图表表达型。结合工程图及相关资料表回答图中构造名称、资料表中缺项内容。需要注意的是，关键词表述要准确，避免画蛇添足。

(5) 分析计算型。充分利用相关公式、图表和考点的内容，计算题目要求的数据或结果。最好能写出关键的计算步骤，并注意计算结果是否有保留小数点的要求。

(6) 简单论答型。这类型题主要考查考生记忆能力，一般情节简单、内容覆盖面较小。考生在回答这类型题时要直截了当，有什么答什么，不必展开论述。

(7) 综合分析型。这类型题比较复杂，内容往往涉及不同的知识点，要求回答的问题较多，难度很大，也是考生容易失分的地方。要求考生具有一定的理论水平和实际经验，对教材知识点要熟练掌握。

2. 主观题评分说明

主观题部分评分是采取网上评分的方法来进行，为了防止出现评卷人的评分宽严度差异对不同考生产生影响，每个评卷人员只评一道题的分数。每份试卷的每道题均由2位评卷人员分别独立评分，如果2人的评分结果相同或很相近（这种情况比例很大）就按2人的平均分为准。如果2人的评分差异较大超过4~5分（出现这种情况的概率很小），就由评分专家再独立评分一次，然后用专家所评的分数和与专家评分接近的那个分数的平均分数为准。

主观题部分评分标准一般以准确性、完整性、分析步骤、计算过程、关键问题的判别方法、概念原理的运用等为判别核心。标准一般按要点给分，只要答出要点基本含义一般就会给分，不恰当的错误语句和文字一般不扣分，要点分值最小一般为0.5分。

主观题部分作答时必须使用黑色墨水笔书写作答，不得使用其他颜色的钢笔、铅笔、签字笔和圆珠笔。作答时字迹要工整、版面要清晰。因此书写不能离密封线太近，密封后评卷人不容易看到；书写的字不能太粗太密太乱，最好买支极细笔，字体稍微书写大点、工整点，这样看起来工整、清晰，评卷人也愿意多给分。

主观题部分作答应避免答非所问，因此考生在考试时要答对得分点，答出一个得分点就给分，说的不完全一致，也会给分，多答不会给分的，只会按点给分。不明确用到什么规范的情况就用"强制性条文"或者"有关法规"代替，在回答问题时，只要有可能，就在答题的内容前加上这样一句话：根据有关法规或根据强制性条文，通常这些是得分点之一。

主观题部分作答应言简意赅，并多使用背景资料中给出的专业术语。考生在考试时应相信第一感觉，很多考生在涂改答案过程中往往把原来对的改成错的，这种情形很多。在确定完全答对时，就不要展开论述，也不要写多余的话，能用尽量少的文字表达出正确的意思就好，这样评卷人看得舒服，考生也能省时间。如果答题时发现错误，不得使用涂改液等修改，应用笔画个框圈起来，打个"×"即可，然后再找一块干净的地方重新书写。

2024 年《建设工程项目管理》真题分值统计

命题点		题型	2024 年
第1章 建设工程项目组织、规划与控制	1.1 工程项目投资管理与实施	单项选择题	9
		多项选择题	4
	1.2 工程项目管理组织与项目经理	单项选择题	2
		多项选择题	2
	1.3 工程项目管理规划与动态控制	单项选择题	1
		多项选择题	4
第2章 建设工程项目管理相关体系标准	2.1 质量、环境、职业健康安全管理体系	单项选择题	4
		多项选择题	2
	2.2 风险管理与社会责任管理体系	单项选择题	1
		多项选择题	
	2.3 项目管理标准体系	单项选择题	1
		多项选择题	2
第3章 建设工程招标投标与合同管理	3.1 工程招标与投标	单项选择题	3
		多项选择题	4
	3.2 工程合同管理	单项选择题	7
		多项选择题	6
	3.3 工程承包风险管理及担保保险	单项选择题	2
		多项选择题	2
第4章 建设工程进度管理	4.1 工程进度影响因素与进度计划系统	单项选择题	2
		多项选择题	
	4.2 流水施工进度计划	单项选择题	2
		多项选择题	4
	4.3 工程网络计划技术	单项选择题	2
		多项选择题	4
	4.4 施工进度控制	单项选择题	2
		多项选择题	
第5章 建设工程质量管理	5.1 工程质量影响因素及管理体系	单项选择题	2
		多项选择题	2
	5.2 施工质量抽样检验和统计分析方法	单项选择题	2
		多项选择题	4
	5.3 施工质量控制	单项选择题	3
		多项选择题	2
	5.4 施工质量事故预防与调查处理	单项选择题	1
		多项选择题	

3

续表

命题点		题型	2024 年
第6章 建设工程成本管理	6.1 工程成本影响因素及管理流程	单项选择题	1
		多项选择题	2
	6.2 施工成本计划	单项选择题	2
		多项选择题	
	6.3 施工成本控制	单项选择题	1
		多项选择题	
	6.4 施工成本分析与管理绩效考核	单项选择题	2
		多项选择题	2
第7章 建设工程施工安全管理	7.1 施工安全管理基本理论	单项选择题	2
		多项选择题	2
	7.2 施工安全管理体系及基本制度	单项选择题	3
		多项选择题	2
	7.3 专项施工方案及施工安全技术管理	单项选择题	1
		多项选择题	2
	7.4 施工安全事故应急预案和调查处理	单项选择题	
		多项选择题	
第8章 绿色建造及施工现场环境管理	8.1 绿色建造管理	单项选择题	3
		多项选择题	2
	8.2 施工现场环境管理	单项选择题	2
		多项选择题	2
第9章 国际工程承包管理	9.1 国际工程承包市场开拓	单项选择题	
		多项选择题	4
	9.2 国际工程承包风险及应对策略	单项选择题	1
		多项选择题	
	9.3 国际工程投标与合同管理	单项选择题	4
		多项选择题	
第10章 建设工程项目管理智能化	10.1 建筑信息模型(BIM)及其在工程项目管理中的应用	单项选择题	1
		多项选择题	
	10.2 智能建造与智慧工地	单项选择题	1
		多项选择题	
合计		单项选择题	70
		多项选择题	60

2024年度全国一级建造师执业资格考试

《建设工程项目管理》

真题及解析

微信扫一扫
查看本年真题解析课

2024年度《建设工程项目管理》真题

一、单项选择题（共70题，每题1分。每题的备选项中，只有1个最符合题意）

1. 建设工程采用 CM 模式时，CM 单位以（　　）身份进行项目管理。
   A. 建设单位　　　　　　　　　B. 监理单位
   C. 承包单位　　　　　　　　　D. 设计单位

2. 与传统的设计—招标—建造（DBB）模式相比，采用工程总承包模式的不足是（　　）。
   A. 建设单位前期工作量大
   B. 建设单位合同管理负担重
   C. 不利于缩短建设工期
   D. 不利于建设单位控制工程造价

3. 建设工程开工时间是指工程建设文件中规定的任何一项永久性工程（　　）的时间。
   A. 施工场址既有建筑物开始拆除
   B. 施工场地平整或临时设施开始施工
   C. 施工用临时道路开始施工
   D. 第一次正式破土开槽开始施工

4. 根据《国务院关于投资体制改革的决定》（国发〔2004〕20号），对于企业不使用政府投资建设的项目，区别不同情况实行的投资管理制度是（　　）。
   A. 审批制或核准制　　　　　　B. 核准制或登记备案制
   C. 审批制或承诺制　　　　　　D. 承诺制或登记备案制

5. 固定资产投资项目资本金是指在项目总投资中的（　　）。
   A. 建筑安装工程费用与设备工器具费用总和
   B. 铺底流动资金
   C. 建筑安装工程费用
   D. 投资者认缴的出资额

6. 采用联合体方式承包工程时，对联合体各成员单位正确的要求是（　　）。

1

A. 共同与建设单位签订工程承包合同
B. 需要具有与工程规模相适应的相同承包资质
C. 承担相同的工程承包合同义务和责任
D. 共同与建设单位签订联合体协议

7. 工程施工过程中，通过缩短关键工作的持续时间来调整施工进度计划时，可采取的技术措施是（　　）。

A. 采用更先进的施工机械　　B. 改善施工作业环境
C. 增加施工机械数量　　　　D. 组织更多施工队伍

8. 根据《职业健康安全管理体系　要求及使用指南》GB/T 45001—2020，建筑企业应界定职业健康安全管理体系的边界和适用性，以满足职业健康安全管理体系标准对（　　）的基本要求。

A. 支持和运行　　　　　　B. 绩效评价
C. 领导作用　　　　　　　D. 组织所处环境

9. 海因里希提出的事故因果连锁过程包括五个因素：①伤害；②事故；③遗传及社会环境；④人的缺点；⑤人的不安全行为或物的不安全状态。上述因素之间正确的连锁关系是（　　）。

A. ①→②→③→④→⑤　　B. ③→④→⑤→②→①
C. ③→④→①→②→⑤　　D. ⑤→③→①→④→②

10. 某分部工程有 4 个施工过程，划分为 3 个施工段组织加快的成倍节拍流水施工，流水节拍分别为 4d、6d、4d 和 2d，该分部工程需安排的专业工作队数是（　　）。

A. 8　　　　　　　　　　B. 3
C. 4　　　　　　　　　　D. 6

11. 下列管理理念中，属于环境管理体系基本理念的是（　　）。

A. 以顾客为关注焦点　　　B. 应用过程方法
C. 有效管理资源　　　　　D. 注重关系管理

12. 根据《标准施工招标文件》，发包人提供的工程设备，应在工程设备到货（　　）d 前通知承包人。

A. 7　　　　　　　　　　B. 3
C. 5　　　　　　　　　　D. 14

13. 特种作业操作证的复审时间可以延长的基本条件是持有该证的特种作业人员在证书有效期内，连续从事本工种工作（　　）年以上。

A. 3　　　　　　　　　　B. 5
C. 10　　　　　　　　　　D. 6

14. 根据《中华人民共和国安全生产法》，建筑企业应构建（　　）双重预防机制。

A. 安全风险辨识排查和分级管控
B. 安全风险分级管控和隐患排查治理
C. 安全意识教育和隐患排查治理
D. 安全意识教育和安全风险辨识排查

15. 建设工程投资决策和建设实施的不同阶段对工程质量有着不同程度的影响。其中对工程质量有着决定性影响的是（　　）。
   A. 工程投资决策　　　　　　　　B. 工程勘察设计
   C. 工程施工　　　　　　　　　　D. 工程竣工验收

16. 根据《住房城乡建设部　财政部关于印发建设工程质量保证金管理办法的通知》（建质〔2017〕138号），关于工程质量保证金的说法，正确的是（　　）。
   A. 工程质量保证金总预留比例不得高于工程价款结算总额的5%
   B. 工程质量保证金需要与履约保证金一并预留
   C. 工程质量保证金可由承包人以银行保函替代
   D. 工程质量保证金可用于施工过程中工程质量缺陷的修复

17. 建筑企业应践行ESG发展理念。这里的ESG分别指的是（　　）。
   A. 生态、社会、治理　　　　　　B. 环境、社会、治理
   C. 环境、监督、绿色　　　　　　D. 生态、监督、绿色

18. 建设工程项目质量管理体系通常是一个多层次结构体系，其中，由施工总承包单位建立的质量管理体系应属于质量管理体系的第（　　）层次。
   A. 一　　　　　　　　　　　　　B. 三
   C. 二　　　　　　　　　　　　　D. 四

19. 在建设工程施工准备阶段，项目监理机构需要进行的工作是（　　）。
   A. 主持召开图纸会审和设计交底会议
   B. 主持召开第一次工地会议
   C. 核查施工机械和设施的安全许可验收手续
   D. 组织建立工程项目质量安全管理体系

20. 下列施工质量控制工作中，属于事中控制工作内容的是（　　）。
   A. 监控质量活动过程　　　　　　B. 编制施工方案
   C. 评价质量活动结果　　　　　　D. 纠正质量偏差

21. 国际工程承包商在甄选项目、初步确定投标策略时，宜采用的方法是（　　）。
   A. PERT分析法　　　　　　　　B. LCC评估法
   C. LCA评估法　　　　　　　　D. SWOT分析法

22. 工程施工合同履行过程中，承包人应履行的义务是（　　）。
   A. 组织审查施工图设计文件
   B. 查勘施工现场
   C. 取得出入施工场地的专用道路通行权
   D. 组织工程竣工预验收

23. 作为绿色策划的主要内容，绿色交付策划应明确的内容是（　　）。
   A. 绿色建造效果评估内容及方式
   B. 绿色建造目标及实施路径
   C. 绿色建造全过程数字化技术应用方式
   D. 绿色建造各参与方协同工作机制

24. 智慧工地总体架构中，发挥桥梁和枢纽作用，并负责处理大量数据的层次是（　　）。
   A. 感知层   B. 应用层
   C. 网络层   D. 保护层

25. 某工程网络计划执行过程中，经检查发现仅有工作D的实际进度拖后4d。该工作原计划总时差和自由时差分别为5d和2d，则工作D实际进度拖后造成的影响是（　　）。
   A. 影响后续工作最迟开始时间，但不影响总工期
   B. 使紧后工作最早开始时间推迟2d，但不影响总工期
   C. 使紧后工作最早开始时间推迟1d，总工期延长2d
   D. 不影响后续工作最早开始时间，但会影响总工期

26. 根据FIDIC《施工合同条件》，合同条款未规定"费用加利润"中的利润计取比例时，应按（　　）计取。
   A. 20%   B. 5%
   C. 3%   D. 10%

27. 根据《建设工程项目管理规范》GB/T 50326—2017规定的项目沟通管理程序，项目沟通管理首先应进行的工作是（　　）。
   A. 分解项目实施目标   B. 制定项目沟通计划
   C. 明确项目沟通内容   D. 分析项目相关方需求

28. 施工安全风险等级从高到低可划分为重大风险、较大风险、一般风险和低风险，分别用（　　）四种颜色标示。
   A. 橙、紫、黄、蓝   B. 红、橙、黄、蓝
   C. 紫、橙、蓝、黄   D. 红、橙、蓝、黄

29. FIDIC《施工合同条件》规定，业主应在收到工程师签发的最终付款证书（　　）d内向承包商付款。
   A. 14   B. 21
   C. 56   D. 28

30. 根据材料设备采购合同，合同材料的质量保证期起算时间为（　　）。
   A. 材料采购后   B. 材料交付后
   C. 材料验收后   D. 工程竣工验收后

31. 工程施工中进行工序质量检验时，宜采用的随机抽样方法是（　　）。
   A. 简单随机抽样   B. 分级随机抽样
   C. 系统随机抽样   D. 分层随机抽样

32. 按工程成本与工程量的关系划分，工程成本分为（　　）。
   A. 目标成本和责任成本   B. 固定成本和变动成本
   C. 预算成本和计划成本   D. 直接成本与间接成本

33. 下列施工质量的物理检验方法中，属于无损检测的是（　　）。
   A. 钢材焊接质量的超声波探伤检测
   B. 钢材抗拉、抗弯性能检测

C. 桩基静载试验检测

D. 给水管道的压力检测

34. 下列工程保险中，属于职业责任保险的是（   ）。

A. 意外伤害保险　　　　　　　　B. 设计责任险

C. 第三者责任险　　　　　　　　D. 施工人员工伤保险

35. 某工程施工过程中，发生混凝土结构坍塌事故，造成8人重伤和5000万元直接经济损失。该施工质量事故的等级是（   ）。

A. 一般事故　　　　　　　　　　B. 较大事故

C. 重大事故　　　　　　　　　　D. 特大事故

36. 施工单位采用新设备、新技术、新材料、新工艺时，应将相应质量认证材料和相关验收标准报送（   ）审查。

A. 项目监理机构　　　　　　　　B. 建设单位

C. 设计单位　　　　　　　　　　D. 质量监督机构

37. 为保护环境，在土方作业阶段，施工现场作业区目测扬尘高度应小于（   ）m。

A. 1.5　　　　　　　　　　　　B. 2

C. 2.5　　　　　　　　　　　　D. 3

38. 与公开招标方式相比，采用邀请招标方式具有的特点是（   ）。

A. 招标人不需要发出投标邀请函

B. 投标人不需要提交表明其资质的证明材料

C. 评标时不需要对投标文件进行合格性审查

D. 招标中不需要设置资格预审程序

39. 进行施工成本管理绩效考核时，从企业层面考核项目施工成本降低额的正确计算公式是（   ）。

A. 项目计划总成本-项目实际施工成本

B. 项目施工合同成本-项目实际施工成本

C. 施工计划总成本-工程竣工结算成本

D. 施工责任目标成本-工程竣工结算成本

40. 下列流水施工参数中，属于工艺参数的是（   ）。

A. 流水段和流水步距　　　　　　B. 流水步距和流水强度

C. 流水强度和施工过程　　　　　D. 施工过程和流水段

41. 根据《标准施工招标文件》，除专用合同条款另有约定外，进行工程试运行的正确做法是（   ）。

A. 承包人负责提供人员、器材和必要的条件，并承担全部试运行费用

B. 承包人负责提供人员、器材和必要的条件，发包人承担全部试运行费用

C. 发包人负责提供人员、器材和必要的条件，并承担全部试运行费用

D. 发包人负责提供人员、器材和必要的条件，承包人承担全部试运行费用

42. 某工程开工后至第4月末，累计已完工程实际费用300万元，已完工程预算费用350万元，拟完工程预算费用330万元，则该工程第4月末实际进展和费用支出状况，正确

的是（　　）。

　　A. 费用绩效指数为0.86，实际费用超支

　　B. 进度偏差为20万元，实际进度拖后

　　C. 费用偏差为-50万元，实际费用节约

　　D. 进度绩效指数为1.06，实际进度超前

43. 根据《社会责任指南》GB/T 36000—2015，为履行"公平运行实践"的核心主题，建筑企业应确定的社会责任议题是（　　）。

　　A. 民主管理　　　　　　　　　B. 尊重产权

　　C. 职业健康安全　　　　　　　D. 收入创造

44. 根据《标准施工招标文件》，除专用合同条款另有约定外，经验收合格的工程实际竣工日期是（　　）。

　　A. 施工合同约定的竣工日期

　　B. 工程接收证书的出具日期

　　C. 承包人提交竣工付款申请单的日期

　　D. 承包人提交竣工验收申请报告的日期

45. 建设单位进度计划系统中，用来明确设计文件交付日期、主要设备交货日期、施工单位进场日期、水电及道路接通日期等的计划表是（　　）。

　　A. 工程项目综合进度计划表　　　B. 工程项目总进度计划表

　　C. 工程项目年度计划表　　　　　D. 工程项目进度平衡表

46. 双代号时标网络计划中，某工作箭线中波形线的水平投影长度表示的是（　　）。

　　A. 该工作的自由时差

　　B. 该工作的总时差

　　C. 该工作与其紧后工作之间的时间间隔

　　D. 该工作与其紧后工作之间的时距

47. 根据《建设工程项目管理规范》GB/T 50326—2017，编制项目管理规划大纲需进行的工作有：①确定项目管理目标；②规定项目管理措施；③编制项目资源计划；④进行项目工作结构分解。仅就上述工作而言，正确的工作顺序是（　　）。

　　A. ③—②—①—④　　　　　　B. ②—①—③—④

　　C. ①—④—②—③　　　　　　D. ④—②—③—①

48. 为了应用建筑信息模型（BIM）技术，实现对工程项目成本的估算、控制和优化，需要进行的工作是（　　）。

　　A. 将项目成本管理与2D和3D模型集成，形成4D模型

　　B. 将项目成本管理与3D和4D模型集成，形成5D模型

　　C. 将项目成本管理与4D和5D模型集成，形成6D模型

　　D. 将项目成本管理与5D和6D模型集成，形成7D模型

49. 根据《建设项目工程总承包管理规范》GB/T 50358—2017，工程总承包项目经理应履行的职责是（　　）。

　　A. 代表企业签订工程总承包合同

B. 组织评估工程总承包项目投资估算的合理性

C. 对项目实施全过程进行策划、组织、协调和控制

D. 组织选择分包单位并签订工程分包合同

50. 按照项目经理的权限不同，矩阵式项目组织结构可分为不同形式。其中，平衡矩阵式组织结构适用于（　　）的工程项目。

A. 技术较复杂、建设周期较长

B. 技术较简单、建设周期较短

C. 技术复杂程度中等、建设周期较长

D. 技术复杂程度中等、建设周期较短

51. 工程施工过程中，施工单位对施工质量的"三检制度"指的是（　　）。

A. 事前检—事中检—事后检

B. 自检—监理检—业主检

C. 自检—交接检—专检

D. 施工检—设计检—监理检

52. 根据《标准施工招标文件》，关于工程计量的说法，正确的是（　　）。

A. 单价子目按实际完成工程量计量

B. 单价子目按支付分解报告确定的周期计量

C. 总价子目的计量可按正常物价波动进行调整

D. 承包人应会同监理人对已完工程进行计量

53. 关于施工责任成本的说法，正确的是（　　）。

A. 施工责任成本是以任务中心为对象进行归集的预算成本

B. 施工责任成本是以责任中心为对象进行归集的预算成本

C. 施工责任成本是以任务中心为对象进行归集的可控成本

D. 施工责任成本是以责任中心为对象进行归集的可控成本

54. 文明施工应贯彻的"8S"管理理念，是在整理、整顿、清扫、清洁、素养、安全6S管理要素的基础上，又增加了（　　）两大要素。

A. 监督和学习　　　　　　　　B. 节约和学习

C. 监督和供应　　　　　　　　D. 节约和供应

55. 关于施工现场防触电技术措施的说法，正确的是（　　）。

A. 保护接地是指将电气设备的金属外壳或构架等与电网的零线连接

B. 保护接地是指将电气设备的金属外壳或构架等与接地体连接

C. 现场移动式灯具距地面高度应不小于2m

D. 工作接地是指将电力系统中的某一点直接或经特殊设备与地作金属连接

56. 为实现绿色施工，施工单位应建立以（　　）为第一责任人的绿色施工管理体系。

A. 企业法定代表人　　　　　　B. 企业技术负责人

C. 项目经理　　　　　　　　　D. 项目技术负责人

57. 单代号搭接网络计划中，关键线路是指（　　）的线路。

A. 自始至终关键工作组成

B. 相邻两项工作之间的时间间隔均为零

C. 相邻两项工作之间的时距均为零

D. 自始至终由关键节点组成

58. 砖基础工程施工成本的主要影响因素由工程量、砖消耗量和价格构成。上述三个影响因素的计划值分别为 500m³、529 块/m³ 和 0.26 元/块，实际值分别为 510m³、530 块/m³ 和 0.25 元/块。采用因素分析法进行成本分析时，按上述影响因素顺序第二次替代与第一次替代的差额是（　　）元。

　　A. -2703　　　　　　　　　　　B. 132.6

　　C. -1195　　　　　　　　　　　D. 1375.4

59. 施工单位按实施进度编制施工成本计划时，将施工进度网络计划中的所有工作均按最早开始时间和最早完成时间安排的优点是（　　）。

　　A. 可增加非关键工作的总时差

　　B. 可使积累工程量曲线更平缓

　　C. 可提高工程按期竣工保证率

　　D. 可使工程资源投入更均衡

60. 根据《质量管理体系要求》GB/T 19001—2016，下列质量管理活动中，属于顾客导向过程的是（　　）。

　　A. 质量目标策划　　　　　　　　B. 质量风险应对

　　C. 外部供应产品质量控制　　　　D. 产品交付后的防护

61. 下列工程中，施工单位在投标时可选择报低价的是（　　）。

　　A. 工期要求紧的工程　　　　　　B. 支付条件好的工程

　　C. 技术复杂的工程　　　　　　　D. 施工条件差的工程

62. 施工生产危险源可分为第一类危险源和第二类危险源。下列危险源中，属于第二类危险源的是（　　）。

　　A. 施工用的炸药储存室　　　　　B. 行驶中的车辆

　　C. 违规操作设备　　　　　　　　D. 可燃烧危险物质

63. 根据《卓越绩效评价准则》GB/T 19580—2012，建筑企业实施卓越绩效管理，在组织驱动力层面应遵循的基本理念是（　　）。

　　A. 以战略统领组织的管理活动

　　B. 学习、改进与创新

　　C. 重视过程与关注结果

　　D. 确保组织中员工的发展和权益

64. 根据《建设工程施工专业分包合同（示范文本）》GF—2003—0213，关于专业分包合同价款及支付的说法，正确的是（　　）。

　　A. 分包合同价款应与总包合同约定的方式一致

　　B. 分包合同价款应参照总包合同相应部分价款确定

　　C. 承包人无须向分包人支付工程预付款

　　D. 承包人确认计量结果后 7d 内支付分包工程进度款

65. 根据绿色施工评价相关标准，在施工现场环境保护方面作为"控制项"进行评价的内容是（　　）。

　　A. 采取限时施工和遮光措施

　　B. 设置并清理现场厕所化粪池

　　C. 制定地下文物保护应急措施

　　D. 制定建筑垃圾减量化计划

66. 在下列影响施工进度的不利因素中，属于社会环境影响因素的是（　　）。

　　A. 不明水文气象条件　　　　　　B. 地下埋葬文物的处理

　　C. 建设资金不到位　　　　　　　D. 临时停水、停电、断路

67. 某单位工程施工进度计划中，工作 A 由 B、C 两个分项工程合并而成。已知分项工程 B 的时间定额和工程量分别是 0.35 工日/m 和 5000m，分项工程 C 的时间定额和工程量分别是 0.52 工日/m 和 3000m，则工作 A 的综合时间定额是（　　）工日/m。

　　A. 0.41　　　　　　　　　　　　B. 0.44

　　C. 0.46　　　　　　　　　　　　D. 0.67

68. 工程施工合同采用目标成本加奖罚计价方式时，合同价款正确的计算方式是（　　）。

　　A. 实际发生的直接费＋目标成本×基本酬金计算百分比＋奖罚酬金

　　B. 目标成本×(1＋基本酬金计算百分比)＋奖罚酬金

　　C. 目标成本＋实际发生的直接费×基本酬金计算百分比＋奖罚酬金

　　D. 实际发生的直接费×(1＋基本酬金计算百分比)＋奖罚酬金

69. 为了验收施工质量，制定、审核和确认分部工程划分方案的做法，正确的是（　　）。

　　A. 由项目监理机构制定，建设单位确认

　　B. 由施工单位制定，项目监理机构审核

　　C. 由建设单位组织各方制定，工程质量监督机构确认

　　D. 由项目监理机构组织备案制定，建设单位审核

70. 根据英国土木工程师学会（ICE）颁布的工程施工合同（ECC），在提交诉讼或仲裁之前，能够裁决合同争议的人员或机构是（　　）。

　　A. 高级代表、裁决员

　　B. 工程师、争端避免委员会

　　C. 建筑师、高级代表

　　D. 裁决员、争端避免

二、多项选择题（共 30 题，每题 2 分。每题的备选项中，有 2 个或 2 个以上符合题意，至少有 1 个错项。错选，本题不得分；少选，所选的每个选项得 0.5 分）

71. 为了保护本地劳动力就业，世界上不少国家和地区对外籍劳务输入有严格限制，进入此国家和地区承包工程的企业需要办理的事项有（　　）。

　　A. 申请获得政府担保　　　　　　B. 申请纳税证明

　　C. 申请劳务输入配额　　　　　　D. 申请居留签证

　　E. 申请工作许可

72. 工程质量监督机构参加竣工验收时，对现场验收宜重点监督的内容有（　　）。
   A. 验收组织形式　　　　　　　　B. 验收方法
   C. 验收程序　　　　　　　　　　D. 标准规定的执行情况
   E. 观感质量检查

73. 施工单位编制的分项工程技术交底书应包括的内容有（　　）。
   A. 施工方法　　　　　　　　　　B. 进度安排
   C. 质量要求　　　　　　　　　　D. 成本控制措施
   E. 验收标准

74. 根据轨迹交叉理论，造成安全事故的直接原因有（　　）。
   A. 社会环境条件差　　　　　　　B. 物的不安全状态
   C. 组织不健全　　　　　　　　　D. 管理制度不完善
   E. 人的不安全行为

75. 根据《标准施工招标文件》，针对承包人提出的索赔，发包人仅限同时给予工期和费用补偿的情形有（　　）。
   A. 承包人遇到不利的物质条件
   B. 因发包人违约承包人暂停施工
   C. 施工现场发掘文物、古迹
   D. 发包人增加合同工作内容
   E. 发包人要求向承包人提前交货

76. 安全生产管理3E原则是（　　）。
   A. 强制管理　　　　　　　　　　B. 工程技术
   C. 教育培训　　　　　　　　　　D. 安全交底
   E. 环境治理

77. 根据工程特点和成本管理要求不同，工程成本可分为不同类别。构成工程实体的材料费可归入的工程成本类别有（　　）。
   A. 变动成本　　　　　　　　　　B. 直接成本
   C. 采购成本　　　　　　　　　　D. 措施成本
   E. 质量成本

78. 建设单位选择合同计价方式时，通常会考虑的因素有（　　）。
   A. 分包合同数量　　　　　　　　B. 工程复杂程度
   C. 工程设计深度　　　　　　　　D. 工期紧迫程度
   E. 专业工程种类

79. 工程招标过程中，在开标环节应进行的工作有（　　）。
   A. 公布评标委员会成员名单
   B. 对投标文件进行形式审查
   C. 检查投标文件密封情况
   D. 公布投标人名称及其投标报价
   E. 设有标底的工程公布标底

80. 关于工程预付款的说法，正确的有（   ）。

A. 工程预付款支付比例不宜高于签约合同价的20%

B. 工程预付款应在进度付款中扣回

C. 工程预付款保函的担保金额可根据预付款扣回的金额相应递减

D. 承包人应在发包人支付预付款之前提交预付款保函

E. 发包人应在预付款扣完后的7d内将预付款保函退还给承包人

81. 建筑企业建立和实施质量、环境、职业健康安全一体化管理体系时，支持与运行过程需进行的工作有（   ）。

A. 实施并保持沟通
B. 确定并提供资源
C. 创建、更新和控制成文信息
D. 持续改进
E. 管理评审

82. 下列施工组织设计内容中，属于单位工程施工组织设计中"施工部署"的有（   ）。

A. 主要施工方案

B. 工程施工目标

C. 施工重点和难点分析

D. 主要分项工程施工工艺要求

E. 项目经理部工作岗位设置与职责划分

83. 与建筑企业建立的质量管理体系相比，建设工程项目层面的质量管理体系的差异有（   ）。

A. 管理原则不同
B. 过程方法不同
C. 服务范围不同
D. 评价方式不同
E. 作用时效不同

84. 施工单位应设立安全文明施工费专用账户，做到专款专用。安全文明施工费的用途有（   ）。

A. 建立健全安全文明施工管理体系

B. 购置和更新施工安全防护用具及设施

C. 培训施工现场从事危险作业人员

D. 改善现场安全生产条件和作业环境

E. 赔付施工安全事故所造成的损失

85. 与依次施工和平行施工相比，建设工程组织流水施工的特点有（   ）。

A. 施工工期最短

B. 各工作队可实现专业化施工

C. 能够尽可能利用工作面进行施工

D. 施工现场组织管理比较简单

E. 单位时间内投入的资源较为均衡

86. 采用PDCA循环法进行施工成本管理绩效考核的不足有（   ）。

A. 不适合需要周期性考核的企业
B. 投入成本高
C. 会抑制各部门之间的协同合作
D. 难以持续提高管理成效

E. 过于强调计划性

87. 根据《建设项目工程总承包管理规范》GB/T 50358—2017，设计执行计划宜包括的内容有（　　）。

A. 质量保证程序和要求　　　　B. 费用控制原则和要求
C. 进度计划和主要控制点　　　D. 采购工作范围和内容
E. 技术经济要求

88. 某工程双代号时标网络计划如图 1 所示，图中显示的正确信息有（　　）。

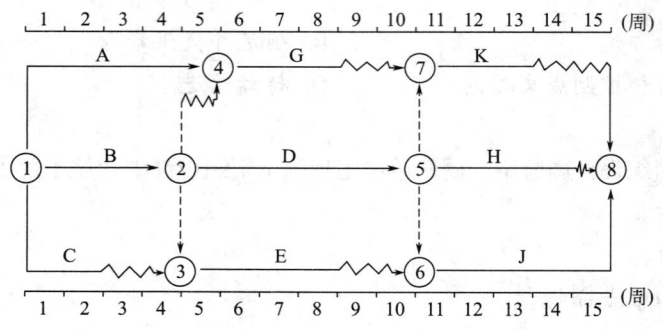

图 1　某工程双代号时标网络计划

A. 工作 A 为非关键工作
B. 工作 C 的自由时差为 2 周
C. 工作 G 的自由时差为 4 周
D. 工作 E 的总时差为 2 周
E. 工作 D 的总时差为 1 周

89. 绿色建造需要将绿色发展理念融入工程策划、设计、施工、交付的建造全过程，除体现绿色化外，还应体现的特征有（　　）。

A. 信息化　　　　　　　　　　B. 工业化
C. 系统化　　　　　　　　　　D. 产业化
E. 集约化

90. 关于项目群及其管理的说法，正确的有（　　）。

A. 项目群经理负责项目群的整体绩效
B. 一个项目群应至少包含三个项目群组件
C. 项目群为利益相关方提供收益
D. 项目群可以是战略性或经营性的
E. 项目群收尾后方可实现无形收益

91. 为加快形成对外承包工程发展新优势，国家鼓励建筑企业由建设施工优势为主向同时具有（　　）的综合优势转变。

A. 集成设计　　　　　　　　　B. 投融资
C. 全过程工程咨询　　　　　　D. 工程建设
E. 运营服务

92. 承包人采取的风险应对措施中，属于风险转移的有（ ）。

A. 投保建筑工程一切险

B. 以联合体方式承包工程

C. 工程进度计划中留有机动时间

D. 要求发包人提供工程款支付担保

E. 与发包人按可调单价方式签订工程合同

93. 工程网络计划工期优化过程中，为达到缩短工期的目的，应选择（ ）的关键工作缩短其持续时间。

A. 有充足备用资源

B. 单位时间所需资源最少

C. 缩短持续时间对质量和安全影响不大

D. 缩短持续时间所需增加费用最少

E. 持续时间较长

94. 根据《标准设计施工总承包招标文件》，"承包人建议书"应包括的内容有（ ）。

A. 工程设备方案说明　　　　　　B. 功能要求

C. 工程量清单　　　　　　　　　D. 分包方案

E. 对发包人要求中错误的说明

95. 工程施工过程中，需要对施工组织设计进行修改或补充的情形有（ ）。

A. 工程设计有重大修改

B. 有关费用变化的

C. 主要施工方法有重大调整

D. 主要施工资源配置有重大调整

E. 施工环境有重大改变

96. 作为工程建设实施阶段的最后一个环节，工程竣工验收的基本作用有（ ）。

A. 结算全部工程款项　　　　　　B. 全面检验工程质量

C. 全面进行工程项目后评价　　　D. 全面考核工程建设成果

E. 标志着投资成果转入生产或使用

97. 建设工程组织固定节拍流水施工的特点有（ ）。

A. 相邻施工过程的流水步距相等

B. 专业工作队数等于施工过程数

C. 各施工段的流水节拍不全相等

D. 施工段之间可能有空闲时间

E. 各专业工作队能够连续作业

98. 在建设工程专项施工方案审批环节，需要签字盖章的有（ ）。

A. 施工单位技术负责人签字　　　B. 施工单位公章

C. 总监理工程师签字　　　　　　D. 总监理工程师执业印章

E. 施工单位法定代表人签字

13

99. 采用直方图法分析混凝土预制构件质量时，出现孤岛图的原因有（　　）。
A. 数据分组不当　　　　　　　　B. 原材料发生变化
C. 短时间内工人操作不熟练　　　D. 组距确定不当
E. 施工操作中控制过严

100. 按产品质量特征不同，抽样检验方法可划分的种类有（　　）。
A. 计数抽样检验　　　　　　　　B. 计量抽样检验
C. 随机抽样检验　　　　　　　　D. 多次抽样检验
E. 连续抽样检验

2024年度真题参考答案及解析

一、单项选择题

1. C;	2. A;	3. D;	4. B;	5. D;
6. A;	7. A;	8. D;	9. B;	10. A;
11. C;	12. A;	13. C;	14. A;	15. B;
16. C;	17. B;	18. C;	19. C;	20. A;
21. D;	22. A;	23. A;	24. C;	25. D;
26. B;	27. A;	28. B;	29. C;	30. C;
31. C;	32. B;	33. A;	34. B;	35. C;
36. A;	37. A;	38. D;	39. B;	40. C;
41. A;	42. D;	43. B;	44. D;	45. D;
46. C;	47. C;	48. B;	49. C;	50. C;
51. C;	52. D;	53. D;	54. B;	55. D;
56. C;	57. B;	58. B;	59. C;	60. D;
61. B;	62. C;	63. A;	64. A;	65. C;
66. D;	67. A;	68. B;	69. B;	70. A。

【解析】

1. C。本题考核的是CM模式。CM模式是指由建设单位委托一家CM单位承担项目管理工作，该CM单位以承包单位的身份进行施工管理，并在一定程度上影响工程设计活动，组织快速路径的生产方式，使工程项目实现有条件的"边设计、边施工"。

2. A。本题考核的是工程总承包模式。工程总承包模式的优点：（1）有利于缩短建设工期；（2）便于建设单位提前确定工程造价；（3）使工程项目责任主体单一化；（4）可减轻建设单位合同管理的负担。工程总承包模式的不足：（1）道德风险高；（2）建设单位前期工作量大；（3）工程总承包单位报价高。

3. D。本题考核的是建设工程开工时间。工程开工时间是指该工程设计文件中规定的任何一项永久性工程第一次正式破土开槽开始施工的时间。不需开槽的工程，正式开始打桩的时间就是开工时间。铁路、公路、水库等需要进行大量土石方工程的，以正式开始进行土方、石方工程的时间作为正式开工时间。工程地质勘察、平整场地、既有建筑物拆除、临时建筑、施工用临时道路和水、电等工程开始施工不能算作正式开工。分期建设的工程分别以各期工程开工的时间作为开工时间，如二期工程应根据工程设计文件规定的永久性工程开工时间作为开工时间。

4. B。本题考核的是投资管理制度。根据《国务院关于投资体制改革的决定》（国发〔2004〕20号），按照"谁投资、谁决策、谁收益、谁承担风险"的原则，政府投资项目实

15

行审批制，对于企业不使用政府投资建设的项目，一律不再实行审批制，区别不同情况实行核准制或登记备案制。

5. D。本题考核的是项目资本金制度。所谓项目资本金，是指在项目总投资中由投资者认缴的出资额。这里的总投资，是指投资项目的固定资产投资与铺底流动资金之和。项目资本金属于非债务性资金，项目法人不承担这部分资金的任何利息和债务。投资者可按其出资比例依法享有所有者权益，也可转让其出资，但不得以任何方式抽回。对于银行等金融机构或资本市场的投资者而言，项目资本金可视为项目法人进行债务融资的信用基础。

6. A。本题考核的是联合体承包模式。联合体通常由一家或几家单位发起，经过协商确定各自承担的义务和责任，签署联合体协议，建立联合体组织机构，产生联合体牵头单位（代表），联合体各成员单位共同与建设单位签订工程承包合同。

7. A。本题考核的是施工进度计划调整措施。为压缩某些工作的持续时间，通常需要采取以下措施来达到目的，见表1。

表1 施工进度计划调整措施

类别	具体措施
组织措施	增加工作面，组织更多施工队伍；增加每天施工时间，采用加班或多班制施工方式；增加劳动力和施工机械数量等
技术措施	改进施工工艺和施工技术，缩短工艺技术间歇时间；采用更先进的施工方式（如将现浇混凝土方案改为预制装配方案），减少施工过程数量；采用更先进的施工机械等
经济措施	实行包干奖励；提高奖金数额；对所采取的技术措施给予相应经济补偿等
其他配套措施	改善外部配合条件；改善施工作业环境；实施强有力的组织调度等

选项B属于其他配套措施，选项C、D属于组织措施。

8. D。本题考核的是职业健康安全管理体系标准要素。组织所处环境基本要求，见表2。

表2 组织所处环境基本要求

要求	内容
理解组织及其所处环境	组织应确定与其宗旨相关并影响其实现职业健康安全管理体系预期结果的能力的内部和外部议题
理解工作人员和其他相关方的需求和期望	组织应确定除工作人员之外的、与职业健康安全管理体系有关的其他相关方；工作人员及其他相关方的有关需求和期望（即要求）；这些需求和期望中哪些是或将可能成为法律法规要求和其他要求
确定职业健康安全管理体系范围	组织应界定职业健康安全管理体系的边界和适用性，以确定其范围
职业健康安全管理体系	组织应按照职业健康安全管理体系标准的要求建立、实施、保持和持续改进职业健康安全管理体系，包括所需的过程及其相互作用

9. B。本题考核的是事故因素连锁关系。5个因素及其连锁关系是：遗传及社会环境→（诱发）人的缺点→（造成）人的不安全行为或物的不安全状态→（发生）事故→（导致）伤害。

10. A。本题考核的是确定工作专业队数目。流水步距等于流水节拍的最大公约数，即：

$K=\max[4,6,4,2]=2d$，专业工作队数$=(4+6+4+2)/2=8$。

11. C。本题考核的是环境管理体系的基本理念。环境管理体系有如下基本理念：（1）持续改进。（2）法律合规。（3）风险管理。（4）绩效评估。（5）沟通与参与。（6）资源管理：环境管理体系强调有效管理资源，包括能源、水资源和原材料等；组织通过减少资源的使用和浪费，可以降低环境影响并提高资源效率。（7）培训和意识。

12. A。本题考核的是发包人提供的工程设备。承包人应根据合同进度计划安排，向监理人报送要求发包人交货的日期计划。发包人应按照监理人与合同双方当事人商定的交货日期，向承包人提交材料和工程设备。发包人应在材料和工程设备到货7d前通知承包人，承包人应会同监理人在约定的时间内，赴交货地点共同进行验收。除专用合同条款另有约定外，发包人提供的材料和工程设备验收后，由承包人负责接收、运输和保管。

发包人提供的材料和工程设备的规格、数量或质量不符合合同要求，或由于发包人原因发生交货日期延误及交货地点变更等情况的，发包人应承担由此增加的费用和（或）工期延误，并向承包人支付合理利润。

13. C。本题考核的是特种作业人员操作证的复审时间可以延长的基本条件。发包人特种作业人员在特种作业操作证有效期内，连续从事本工种10年以上，严格遵守有关安全生产法律法规的，经原考核发证机关或者从业所在地考核发证机关同意，特种作业操作证的复审时间可以延长至每6年1次。

14. B。本题考核的是落实安全风险分级管控和隐患排查治理双重预防机制。企业应根据《中华人民共和国安全生产法》要求，构建安全风险分级管控和隐患排查治理双重预防机制，建立安全风险分级管控制度，按照安全风险分级采取相应的管控措施。

15. B。本题考核的是工程质量影响因素。工程勘察设计阶段是影响工程质量的决定性阶段。投资决策阶段是影响工程质量的关键阶段，要充分反映业主对质量的要求和意愿。工程施工阶段是工程质量控制的关键阶段。工程竣工验收阶段是工程建设向生产使用转移的必要环节，影响工程能否最终形成生产能力，体现了工程质量水平的最终结果。

16. C。本题考核的是工程质量保证金。工程质量保证金总预留比例不得高于工程价款结算总额的3%，故选项A错误。承包人已缴纳履约保证金的，发包人不得同时预留工程质量保证金，故选项B错误。质量保证金用以保证承包人在缺陷责任期内对工程施工质量缺陷进行维修的资金，故选项D错误。

17. B。本题考核的是ESG发展理念。ESG是指环境、社会和治理。

（1）环境（E）评价指标：评估企业在经营过程中对环境的影响，包括企业的能源使用、碳及温室气体排放、水资源管理、废物污染及管理政策、环境治理、自然资源使用和管理政策、生物多样性、合规性、员工环境意识、绿色采购政策、节能减排措施、环境成本核算、绿色技术等。

（2）社会（S）评价指标：评估企业对所在社区、员工和相关利益相关者的义务履行程度，包括性别及性别平衡政策、人权政策及违反情况、健康安全、管理培训、产品责任、产品质量、企业员工福利、劳动关系、供应链责任管理、扶贫济困、公益慈善等。

（3）治理（G）评价指标：评估企业管理结构的稳健性、透明度和合规性，包括董事会运作、股东权利、公司透明度、内部控制、公司治理、贪污受贿政策、反不公平竞争、风险管理、道德行为准则、合规性、组织结构、投资者关系等。

18. C。本题考核的是多层次结构体系。第一层次的质量管理体系应由建设单位的工程项目管理机构负责建立；在委托项目管理或实行交钥匙式工程总承包的情况下，应由相应的项目管理机构、工程总承包企业项目管理机构负责建立，故选项A错误。第二层次的质量管理体系，是指分别由项目的设计总负责单位、施工总承包单位等建立的相应管理范围内的质量管理体系，故选项C正确。第三层次及以下，是承担工程设计、施工安装、材料设备供应等各承包单位的现场质量自控体系，或称各自的施工质量保证体系，故选项B、D错误。

19. C。本题考核的是项目监理机构相关的工作。施工现场质量安全管理组织机构、制度及人员受检。项目监理机构将会检查施工单位现场的施工质量、安全生产管理组织机构和规章制度建立情况，以及专职管理人员配备和特种作业人员的资格，还要核查施工机械和设施的安全许可验收手续。

20. A。本题考核的是事中控制工作内容。所谓事中控制，是指对产品生产过程中各项作业技术活动操作者的行为约束和对质量活动过程和结果的监督控制。这种监督控制既包括来自企业内部管理者的检查检验，也包括来自企业外部工程监理单位和工程质量监督机构等的监控。由此可见，完整的施工质量控制体系是一个自控与他控相结合的控制体系。

所谓事前控制，就是要预先进行周密的质量计划，并按质量计划进行质量活动前准备工作状态的控制。例如在施工准备阶段，施工单位编制和审查施工组织设计、施工方案，进行施工现场准备和施工部署等。

所谓事后控制，是指对质量活动结果的评价认定和对质量偏差的纠正。

21. D。本题考核的是国际工程投标策略。投标人在投标之前应就投标项目开展考虑自身内部的优势（Strengths）、劣势（Weaknesses）和外部市场环境的机会（Opportunities）与威胁（Threats）的SWOT分析，以帮助制定投标的策略定位。

22. B。本题考核的是承包人应履行的义务。发包人主要义务：（1）发出开工通知；（2）提供施工场地；（3）协助承包人办理证件和批件；（4）组织设计交底；（5）支付合同价款；（6）组织竣工验收。

承包人主要义务：（1）查勘施工现场；（2）编制工程实施措施计划；（3）负责施工现场内交通道路和临时工程；（4）测设施工控制网；（5）提出开工申请；（6）完成各项承包工作；（7）保证工程施工和人员的安全；（8）负责施工场地及其周边环境与生态的保护工作；（9）避免施工对公众与他人的利益造成损害；（10）工程的维护和照管。

监理人职责：（1）审查承包人实施方案；（2）发出开工通知；（3）监督管理施工过程；（4）组织工程竣工预验收，参与工程竣工验收。

选项A、C是发包人的主要义务，选项D是监理人职责。

23. A。本题考核的是绿色交付策划。绿色交付策划：（1）应根据建筑类型和运营维护需求确定绿色建造项目的实体交付内容及交付标准；（2）按照城市信息化建设要求和运营维护需求，制定数字化交付标准和方案，明确各阶段责任主体和交付成果；(3) 应明确综合效能调适及绿色建造效果评估的内容及方式。

24. C。本题考核的是智慧工地总体架构。智慧工地总体架构主要可分为三个层次，每一层都有其特定的功能和责任，共同构成了一个高效、智能的工地管理系统，见表3。

表3 智慧工地总体架构

层次	功能和责任
感知层	主要包括各种传感器、监控设备、无人机等终端设备。这些设备负责实时感知和收集工地上的各种数据，包括人员、机械设备、物资、环境等各个方面的信息。这些数据是智慧工地运行和决策的基础
网络层	是智慧工地的数据通道和处理中枢，它起到桥梁和枢纽的作用，连接感知层和应用层，保证数据的高效流动和准确处理。云计算、大数据等技术负责对收集到的大量数据进行存储、处理和分析，为上层应用提供支持
应用层	是智慧工地的核心，主要包括各种基于数据的智能应用。这些应用利用网络层处理和分析的数据，提供各种智能化的管理和服务，包括人员管理、机械设备管理、物资管理、环境与能耗管理、视频监控管理、施工过程检测与监测管理等

25. B。本题考核的是实际进度拖后造成的影响。由于总时差5d>实际进度拖后4d，因此不影响总工期；由于自由时差分别2d<实际进度拖后4d，因此会影响紧后工作的最早开始时间，影响的时间=4-2=2d，紧后工作推迟2d。

26. B。本题考核的是FIDIC施工合同管理。费用加利润是指合同数据中规定的费用加上适当比例的利润（如未规定，则按5%）。只有当承包人根据合同有权获得费用加利润的支付时，利润才按上述比例计取，并将该费用加利润计入合同价格。

27. A。本题考核的是沟通管理程序。《建设工程项目管理规范》GB/T 50326—2017中关于沟通管理的内容，见表4。

表4 各管理内容的程序

管理内容	程序
项目管理策划	(1)识别项目管理范围；(2)进行项目工作分解；(3)确定项目实施方法；(4)规定项目需要的各种资源；(5)测算项目成本；(6)对各个项目管理过程进行策划
合同管理	(1)合同评审；(2)合同订立；(3)合同实施计划；(4)合同实施控制；(5)合同管理总结
资源管理	(1)明确项目的资源需求；(2)分析项目整体的资源状态；(3)确定资源的各种提供方式；(4)编制资源的相关配置计划；(5)提供并配置各种资源；(6)控制项目资源的使用过程；(7)跟踪分析并总结改进
沟通管理	(1)项目实施目标分解；(2)分析各分解目标自身需求和相关方需求；(3)评估各目标的需求差异；(4)制定项目沟通计划；(5)明确沟通责任人、沟通内容和沟通方案；(6)按既定方案进行沟通；(7)总结评价沟通效果
风险管理	(1)风险识别；(2)风险评估；(3)风险应对；(4)风险监控

28. B。本题考核的是安全风险等级划分。工程项目应根据施工阶段和施工内容的特点，全面开展安全风险辨识；科学评定安全风险等级，安全风险等级从高到低划分为重大风险、较大风险、一般风险和低风险，分别用红、橙、黄、蓝四种颜色标示。

29. C。本题考核的是最终付款。在履约证书签发后56d内，承包商应向工程师先提交一份最终报表草案和证明文件，再与工程师商定核实后，提交最终报表和结清证明，申请最终付款；工程师应在收到最终报表和结清证明后 28d 内，向业主签发最终付款证书；业主应在收到工程师签发的最终付款证书 56d 内向承包商付款。

30. C。本题考核的是质量保修期起算时间。除专用合同条款和（或）供货要求等合同文件另有约定外，合同材料的质量保证期自合同材料验收之日起算，至合同材料验收证书或进度款支付函签署之日起 12 个月止（以先到的为准）。

31. C。本题考核的是随机抽样方法。随机抽样可分为简单随机抽样、系统随机抽样、分层随机抽样、分级随机抽样和整群随机抽样等，具体应用见表 5。

表 5 随机抽样方法

方法	应用
简单随机抽样	广泛用于原材料、构配件进货检验和分项工程、分部工程、单位工程完工后检验
系统随机抽样	主要用于工序质量检验
分层随机抽样	主要用于不同班组生产的同一种产品的质量检验
分级随机抽样	一般用于总体很大的情况下，例如对批量很大的砖的抽样，就可以按二次抽样来进行
整群随机抽样	是指将总体分成若干互不重叠的群，每个群由若干个体组成。总体中随机抽取若干个群，抽出的群中所有个体便组成样本

32. B。本题考核的是工程成本分类。根据建设工程的特点和成本管理要求不同，工程成本可按不同的标准和应用范围分类，见表 6。

表 6 工程成本分类

分类的标准和应用范围	类型
按工程成本对象的范围	分为建设工程项目总成本、单项工程成本、单位工程成本、分部工程成本和分项工程成本
按工程成本发生的阶段	分为投标成本、勘察设计成本、采购成本、施工成本及竣工验收成本
按生产费用计入工程成本的方法	分为直接成本、间接成本
按工程成本与工程数量的关系	分为固定成本和变动成本
按工程成本形成的时间	分为预算成本、计划成本和实际成本
按工程成本的可控性	分为可控成本和不可控成本
按工程成本要素构成	分为工期成本、质量成本、安全成本和绿色成本

33. A。本题考核的是无损检测法。施工质量检验可采用感观检验法、物理检验法、化学检验法和现场试验法等，各方法的具体应用见表 7。

表 7 施工质量检验方法

方法	具体应用
感观检验法	所谓"看"，就是根据质量标准要求进行外观检查，例如结构表面是否有裂缝、混凝土振捣是否符合要求等。所谓"摸"，就是通过手感触摸进行检查鉴别。所谓"敲"，就是运用敲击方法进行音感检查，根据声音虚实、脆闷判断有无质量问题。所谓"照"，就是通过人工光源或反射光照射，仔细检查难以看清的部位

续表

方法		具体应用
物理检验法	度量检测法	是指利用工具和设备通过检测材料、构件、工程等的长度、质量、体积、密度等来判定工程质量情况
	电性能检测法	常被用来检验电气安装工程中各种电器设备和材料的绝缘电阻值、避雷接地和保护接地的电阻值、电器设备的运转电流及电压值等
	机械性能检测法	机械性能检测项目一般是指钢材的抗拉、抗弯、抗剪和焊接性能;混凝土的抗压、抗渗性;水泥砂浆的抗压性能;机砖的抗压、抗拉、抗剪性能等
	无损检测法	常用的无损检测方法是射线探伤法、超声波探伤法等。此类方法常用来检测混凝土内部质量(如桩基)和钢材焊接质量。在常规无损检测方法中,超声和射线照相方法主要用于探测被检物的内部缺陷;渗透方法仅用于探测被检物表面开口的缺陷;磁粉和电磁(涡流)方法用于探测被检物的表面和近表面缺陷
化学检验法		常用来检测水泥、钢材的化学成分
现场试验法		常见的试验有:桩基的静载试验、小应变试验;给水工程、供暖工程中的压力试验;设备安装工程中的设备试运行;电器安装工程中的电器设备动作试验等

选项 B 属于机械性能检测法,选项 C、D 属于现场试验法。

34. B。本题考核的是工程保险。工程设计责任险是指以工程设计单位因设计工作疏忽或过失而引发工程质量事故造成损失或费用应承担的经济赔偿责任为保险标的的职业责任保险。

35. C。本题考核的是施工质量事故等级。按照住房和城乡建设部《关于做好房屋建筑和市政基础设施施工质量事故报告和调查处理工作的通知》(建质〔2010〕111号),施工质量事故分为以下 4 个等级:(1) 特别重大事故,是指造成 30 人及以上死亡,或者 100 人及以上重伤,或者 1 亿元及以上直接经济损失的事故;(2) 重大事故,是指造成 10 人及以上 30 人以下死亡,或者 50 人及以上 100 人以下重伤,或者 5000 万元及以上 1 亿元以下直接经济损失的事故;(3) 较大事故,是指造成 3 人及以上 10 人以下死亡,或者 10 人及以上 50 人以下重伤,或者 1000 万元及以上 5000 万元以下直接经济损失的事故;(4) 一般事故,是指造成 3 人以下死亡,或者 10 人以下重伤,或者 100 万元及以上 1000 万元以下直接经济损失的事故。事实上,上述施工质量事故等级划分标准与《生产安全事故报告和调查处理条例》规定的生产安全事故等级划分标准相同。"以上"包括本数,所称的"以下"不包括本数。

36. A。本题考核的是施工过程中的报审报验。施工单位采用新材料、新工艺、新技术、新设备时,应将相应质量认证材料和相关验收标准报送项目监理机构审查。必要时,施工单位还需要组织专题论证,并将专题论证材料一并报送项目监理机构审查。

37. A。本题考核的是扬尘控制。施工现场非作业区达到目测无扬尘的要求。对现场易飞扬物质采取有效措施,如洒水、地面硬化、围挡、密网覆盖、封闭等,防止扬尘产生。土方作业阶段,采取洒水、覆盖等措施,达到作业区目测扬尘高度小于 1.5m,不扩散到场区外。在场界四周隔挡高度位置测得的大气总悬浮颗粒物(TSP)月平均浓度与城市背景值的差值不大于 0.08mg/m³。

38. D。本题考核的是邀请招标。与公开招标方式相比,采用邀请招标方式的优点是不需要发布招标公告和设置资格预审程序,可节约招标费用、缩短招标时间。而且,由于招标人比较了解投标人以往业绩和履约能力，可减少合同履行过程中承包商违约的风险。

采用邀请招标方式的缺点是，由于邀请对象的选择面窄、范围较小，有可能会排除某些在技术上或报价上有竞争力的潜在投标人，因而使投标竞争的激烈程度相对较差，进而会提高中标合同价。

39. B。本题考核的是施工成本管理绩效考核指标。施工成本管理绩效考核指标计算公式，见表8。

表8 施工成本管理绩效考核指标计算公式

考核指标	计算公式
企业的项目成本考核指标	项目施工成本降低额＝项目施工合同成本－项目实际施工成本 项目施工成本降低率＝项目施工成本降低额/项目施工合同成本×100%
项目管理机构可控责任成本考核指标	目标总成本降低额＝项目经理责任目标总成本－项目竣工结算总成本 目标总成本降低率＝目标总成本降低额/项目经理责任目标总成本×100% 施工责任目标成本实际降低额＝施工责任目标总成本－工程竣工结算总成本 施工责任目标成本实际降低率＝施工责任目标成本实际降低额/施工责任目标总成本×100% 施工计划成本实际降低额＝施工计划总成本－工程竣工结算总成本 施工计划成本实际降低率＝施工计划成本实际降低额/施工计划总成本×100%

40. C。本题考核的是流水施工工艺参数。工艺参数是指在组织流水施工时，用以表达流水施工在施工工艺方面进展状态的参数，通常包括施工过程和流水强度两个参数。

空间参数是指在组织流水施工时，用以表达流水施工在空间布置上开展状态的参数。空间参数通常包括工作面和施工段。

时间参数是指在组织流水施工时，用以表达流水施工在时间安排上所处状态的参数，主要包括流水节拍、流水步距和流水施工工期等。

41. A。本题考核的是工程试运行的正确做法。除专用合同条款另有约定外，承包人应按专用合同条款约定进行工程及工程设备试运行，负责提供试运行所需的人员、器材和必要的条件，并承担全部试运行费用。

由于承包人的原因导致试运行失败的，承包人应采取措施保证试运行合格，并承担相应费用。由于发包人的原因导致试运行失败的，承包人应当采取措施保证试运行合格，发包人应承担由此产生的费用，并支付承包人合理利润。

42. D。本题考核的是工程实际进展和费用支出状况。费用绩效指数（CPI）＝已完工程预算费用（BCWP）/已完工程实际费用（ACWP）＝350/300＝1.17＞1，表示费用节约，故选项A错误。

进度偏差（SV）＝已完工程预算费用（BCWP）－拟完工程预算费用（BCWS）＝350－330＝20万元＞0，表示进度提前，故选项B错误。

费用偏差（CV）＝已完工程预算费用（BCWP）－已完工程实际费用（ACWP）＝350－300＝50万元＞0，表示费用节约，故选项C错误。

进度绩效指数（SPI）＝已完工程预算费用（BCWP）/拟完工程预算费用（BCWS）＝350/330＝1.06＞1，表明实际进度提前，故选项D正确。

43. B。本题考核的是公平运行实践的社会责任议题。为了界定组织的社会责任范围，识别相关议题并确定其优先顺序，《社会责任指南》GB/T 36000—2015 给出了 7 项核心主题及其所包含的 31 项议题。社会责任核心主题和议题见表 9。

表 9　社会责任核心主题和议题

核心主题	议题
组织治理	决策程序和结构
人权	(1)公民和政治权利；(2)经济、社会和文化权利；(3)工作中的基本原则和权利
劳工实践	(1)就业和劳动关系；(2)工作条件和社会保护；(3)民主管理和集体协商；(4)职业健康安全；(5)工作场所中人的发展与培训
环境	(1)污染预防；(2)资源可持续利用；(3)减缓并适应气候变化；(4)环境保护、生物多样性和自然栖息地恢复
公平运行实践	(1)反腐败；(2)公平竞争；(3)在价值链中促进社会责任；(4)尊重产权
消费者问题	(1)公平营销、真实公正的信息和公平的合同实践；(2)保护消费者健康与安全；(3)可持续消费；(4)消费者服务、支持和投诉及争议处理；(5)消费者信息保护与隐私；(6)基本服务获取；(7)教育和意识
社区参与和发展	(1)社区参与；(2)教育和文化；(3)就业创造和技能开发；(4)技术开发和获取；(5)财富和收入创造；(6)健康；(7)社会投资

44. D。本题考核的是经验收合格的工程实际竣工日期。除专用合同条款另有约定外，经验收合格工程的实际竣工日期，以提交竣工验收申请报告的日期为准，并在工程接收证书中写明。发包人在收到承包人竣工验收申请报告 56d 后未进行验收的，视为验收合格，实际竣工日期以提交竣工验收申请报告的日期为准，但发包人由于不可抗力原因不能进行验收的除外。

45. D。本题考核的是建设单位的进度计划系统。工程进度计划系统类型及应用见表 10。

表 10　工程进度计划系统类型及应用

类型		应用
建设单位	工程项目前期工作计划	是指对工程项目可行性研究、项目评估甚至包括初步设计等工作的进度安排，该计划可使工程项目策划决策阶段各项工作的时间得到控制
	工程项目建设总进度计划	是指初步设计被批准后，根据初步设计对工程项目从开始建设（施工图设计、施工准备）至竣工投产（动用）全过程的统一部署，表格部分包括工程项目一览表、工程项目总进度计划、投资计划年度分配表和工程项目进度平衡表。 (1)工程项目一览表：将初步设计中确定的建设内容，按照单项工程或单位工程归类并编号，明确其建设内容和投资额，以便按统一口径确定工程项目投资额，并以此为依据对其进行管理。 (2)工程项目总进度计划：是指根据初步设计中确定的建设工期和工艺流程，具体安排单项工程、单位工程开工日期和竣工日期的计划。 (3)投资计划年度分配表：是指根据工程项目总进度计划安排各年度投资，以便预测各年度投资规模，为筹集建设资金及制定分年用款计划提供依据。 (4)工程项目进度平衡表：主要用来明确设计文件交付日期、主要设备交货日期、施工单位进场日期、水电及道路接通日期等，以保证工程建设中各环节相互衔接，确保工程项目按期投产或交付使用

23

续表

类型		应用
建设单位	工程项目年度计划	是指依据工程建设总进度计划、批准的设计文件及分批配套投产或交付使用要求编制的,合理安排工程项目年度建设任务的计划。表格部分包括年度计划项目表、年度竣工投产交付使用计划表、年度建设资金平衡表和年度设备平衡表。 (1)年度计划项目表:用来确定年度施工项目投资额和年末形象进度,并阐明建设条件(图纸、设备、材料、施工力量)的落实情况。 (2)年度竣工投产交付使用计划表:用来阐明各单位工程建设规模、投资额、新增固定资产、新增生产能力等建设总规模及年度计划完成情况,并阐明其竣工日期。 (3)年度建设资金平衡表:用来阐明各单位工程建设资金需求及资金来源情况。 (4)年度设备平衡表:用来阐明各单位工程所需设备种类、数量及库存、采购、供货等情况
设计单位	设计总进度计划	主要用来安排设计准备开始至施工图设计完成所包含的各阶段设计工作(包括设计准备、方案设计、初步设计、技术设计、施工图设计等)进度,从而确保设计进度控制总目标的实现
	阶段性设计进度计划	包括:设计准备工作进度计划、方案设计工作进度计划、初步设计(技术设计)工作进度计划和施工图设计工作进度计划
	设计作业进度计划	编制各专业设计作业进度计划,如工艺设计、结构设计、建筑设计、电气设计、通信设计等
监理单位	工程监理总进度计划	是依据工程建设总进度计划、监理合同及工程承包模式等编制的工程监理工作进度计划,其目的是对建设工程实施进度进行规划和控制
	工程监理总进度分解计划	包括:(1)按工程进展阶段分解的监理工作计划;(2)按时间进展阶段分解的监理工作计划
施工单位	施工总进度计划	是指根据施工部署中施工方案和施工项目开展程序,对承包范围内所有单位工程作出时间上的安排。其目的在于确定各单位工程及全工地性工程的施工期限及开竣工日期,进而确定施工现场劳动力、材料、成品、半成品、施工机械的需求数量和调配情况,以及现场临时设施的数量、水电供应量和能源、交通需求量
	单位工程施工进度计划	是指在既定施工方案的基础上,根据规定的工期和各种资源供应条件,遵循各施工过程的合理施工顺序,对单位工程中各施工过程作出时间和空间上的安排
	分部分项工程进度计划	是指针对工程量较大或施工技术比较复杂的分部分项工程,在依据工程具体情况所制定的施工方案基础上,对其各施工过程作出时间上的安排

46. C。本题考核的是双代号时标网络计划。除以终点节点为完成节点的工作外,工作箭线中波形线的水平投影长度表示工作与其紧后工作之间的时间间隔。

47. C。本题考核的是项目管理规划大纲。项目管理规划大纲应按下列程序编制:(1)明确项目需求和项目管理范围;(2)确定项目管理目标;(3)分析项目实施条件,进行项目工作结构分解;(4)确定项目管理组织模式、组织结构和职责分工;(5)规定项目管理措施;(6)编制项目资源计划;(7)报送审批。

48. B。本题考核的是BIM技术在工程项目成本管理中的应用。通过BIM技术将项目成本管理与3D和4D模型集成,形成5D模型。成本维度将建筑元素和工程活动与成本数据进行关联,实现对项目成本的估算、控制和优化。BIM技术在工程项目成本管理中的应用主要体现在工程算量、成本控制等方面。

49. C。本题考核的是工程总承包项目经理应履行的职责。根据《建设项目工程总承包管理规范》GB/T 50358—2017，工程总承包项目经理应履行下列职责：

（1）执行工程总承包企业管理制度，维护企业合法权益。

（2）代表企业组织实施工程总承包项目管理，对实现合同约定的项目目标负责。

（3）完成项目管理目标责任书规定的任务。

（4）在授权范围内负责与项目利益相关者协调，解决项目实施中出现的问题。

（5）对项目实施全过程进行策划、组织、协调和控制。

（6）负责组织项目的管理收尾和合同收尾工作。

50. C。本题考核的是平衡矩阵式组织结构。平衡矩阵制组织结构适用于中等技术复杂程度且建设周期较长的工程项目。

强矩阵式组织结构适用于技术复杂且时间紧迫的工程项目。

弱矩阵式组织结构适用于技术简单的工程项目。

51. C。本题考核的是施工单位对施工质量的"三检制度"。施工单位是施工质量的直接实施者和责任者。施工单位必须有整套的制度及工作程序，即"三检制度"：作业活动结束后，作业者必须自检；不同工序交接，相关人员必须进行交接检查；施工单位专职质检员的专检。要具有相应的试验设备及检测仪器，配备数量满足需要的专职质检人员及试验检测人员。

52. D。本题考核的是工程计量。除专用合同条款另有约定外，单价子目已完成工程量按月计量，总价子目的计量周期按批准的支付分解报告确定，故选项A、B错误。总价子目计量和支付应以总价为基础，不因正常的物价波动而进行调整，故选项C错误。

承包人对已完成的工程进行计量，向监理人提交进度付款申请单、已完成工程量报表和有关计量资料。监理人对承包人提交的工程量报表进行复核，以确定实际完成的工程量，故选项D正确。

53. D。本题考核的是施工责任成本。施工责任成本是以责任中心为对象来进行归集的可控成本，将企业成本管理中的经济责任进行明确划分，体现出"分级控制"与"责权利一体"的现代企业管理理念。

54. B。本题考核的是"8S"管理理念。文明施工作为施工现场管理的重要工作，应贯彻"8S"管理理念。首先，要对施工现场的各种要素进行整理（Seri）、整顿（Seiton）、清扫（Seiso）、清洁（Seiketsu），并考虑人的素养（Shitsuke）。上述五大要素在日语中罗马发音均以"S"打头，故称为"5S"。在此基础上，增加安全（Safety）要素，即称为"6S"。之后，又增加了节约（Save）和学习（Study）两大要素，即成为当今施工现场的"8S"管理理念。

55. D。本题考核的是施工现场防触电技术措施。保护接地是为了防止电气设备绝缘损坏时人体遭受触电危险，而在电气设备的金属外壳或构架等与接地体之间所作的良好的连接，故选项A、B错误。现场移动式灯具采用便携防水灯具，设备外皮做好保护接地，灯具距地面高度不小于3m，故选项C错误。工作接地是将电力系统中某一点直接或经特殊设备与地作金属连接。工作接地主要指的是变压器中性点或中性线接地。N线必须用铜芯绝缘线，故选项D正确。

56. C。本题考核的是施工单位绿色施工职责。施工单位应建立以项目经理为第一责任人的绿色施工管理体系，制定绿色施工管理制度，负责绿色施工的组织实施，进行绿色施工教育培训，定期开展自检、联检和评价工作。

57. B。本题考核的是单代号搭接网络计划的关键线路。在单代号搭接网络计划中，同样可以利用相邻两项工作之间的时间间隔来判定关键线路。即从搭接网络计划的终点节点开始，逆着箭线方向依次找出相邻两项工作之间时间间隔为零的线路就是关键线路。

58. B。本题考核的是施工成本分析的方法。第一次替代工程量因素，以510替代500：510×529×0.26＝70145.4元；第二次替代砖消耗量因素，以530替代529，并保留第一次替代后的值：510×530×0.26＝70278元；第二次替代与第一次替代的差额为70278－70145.4＝132.6元。

59. C。本题考核的是施工成本计划编制方法。对施工单位而言，施工进度网络计划中的所有工作均按最早开始时间开始、最早完成时间完成，可以尽早获得工程进度款支付，同时也能提高工程按期竣工的保证率，但同时也会占用施工单位大量资金。因此，必须合理地确定成本支出计划，达到既节约成本支出又能控制工期的目的。

60. D。本题考核的是质量管理体系的顾客导向过程。顾客导向过程是指通过输入和输出直接与外部顾客联系的过程。顾客导向过程直接对顾客产生影响，给组织直接带来效益。市场需求的确定、产品和服务的开发、产品生产和服务提供的控制、产品交付后的防护活动即属于顾客导向过程。

61. B。本题考核的是施工单位可选择报低价的情形。承包单位遇下列情形时，其报价可低一些：施工条件好的工程，工作简单、工程量大而其他施工单位都可以做的工程（如大量土方工程、一般房屋建筑工程等）；承包单位急于打入某一市场、某一地区，或虽已在某一地区经营多年，但即将面临没有工程的情况，机械设备无工地转移时；附近有工程而本项目可利用该工程的机械设备、劳务或有条件短期内突击完成的工程；投标对手多，竞争激烈的工程；非急需工程；支付条件好的工程。

62. C。本题考核的是第二类危险源。第二类危险源是指导致能量或危险物质约束或限制措施破坏或失效，以及防护措施缺乏或失效的因素。包括物的不安全状态（危险状态）、人的不安全行为、环境不良（环境不安全条件）及管理缺陷等因素。选项C属于人的不安全行为。

63. A。本题考核的是组织驱动力。选项B、C是提供组织运行方法和技术的基本理念。选项D属于阐明组织经营行为经营理念中的以人为本。

64. A。本题考核的是专业分包合同价款与工程款支付。分包工程合同价款应与总包合同约定的方式一致，通常有三种方式：固定价格、可调价格和成本加酬金。双方可在分包合同专用条款约定采用其中一种，应与总包合同约定的方式一致，故选项A正确。分包合同价款与总包合同相应部分价款无任何连带关系，故选项B错误。实行工程预付款的，双方应在分包工程专用合同条款中约定；承包人向分包人预付工程款的时间和数额，开工后按约定的时间和比例逐次扣回，故选项C错误。在确认计量结果后10d内，承包人向分包人支付工程款（进度款）；按约定时间承包人应扣回的预付款，与工程款（进度款）同期结算，故选项 D 错误。

65．C。本题考核的是施工现场环境保护评价"控制项"的内容。施工现场环境保护评价"控制项"是指绿色施工过程中必须达到的基本要求条款。对于施工现场环境保护而言，"控制项"包括以下内容：（1）应建立环境保护管理制度；（2）绿色施工策划文件中应包含环境保护内容；（3）施工现场应在醒目位置设环境保护标识；（4）应对施工现场的古迹、文物、墓穴、树木、森林及生态环境等采取有效保护措施，制定地下文物应急预案；（5）施工现场不应焚烧废弃物；（6）土方回填不得采用有毒有害废弃物。选项 A、B、D 均属于施工现场环境保护评价"一般项"的内容。

66．D。本题考核的是工程施工过程中的社会环境影响因素。社会环境原因有：其他单位临近工程的施工干扰；节假日交通、市容整顿限制；临时停水、停电、断路；在国外因法律及制度变化、经济制裁、战争、骚乱、罢工、企业倒闭、汇率浮动和通货膨胀等。选项 A、B 属于自然条件影响因素，选项 C 属于相关单位影响因素。

67．A。本题考核的是综合时间定额。综合时间定额 =（0.35×5000+0.52×3000）÷（5000+3000）= 0.41 工日/m。

68．A。本题考核的是目标成本加奖罚合同。成本加酬金合同的形式与合同价款的计算式见表 11。

表 11　成本加酬金合同的形式与合同价款的计算式

合同的形式	合同价款的计算式
成本加固定百分比酬金合同	合同价款=实际发生的直接费(1+合同双方约定的酬金百分比)
成本加固定酬金合同	合同价款=实际发生的直接费+合同双方约定的酬金
成本加浮动酬金合同	合同价款=实际发生的直接费+合同双方约定的酬金 (实际发生的直接费=合同双方签订合同时约定的预期成本) 合同价款=实际发生的直接费+合同双方约定的酬金+奖罚酬金 (实际发生的直接费<合同双方签订合同时约定的预期成本) 合同价款=实际发生的直接费+合同双方约定的酬金−奖罚酬金 (实际发生的直接费>合同双方签订合同时约定的预期成本)
目标成本加奖罚合同	合同价款=实际发生的直接费+基本酬金计算百分比×目标成本+奖罚酬金计算百分比×(目标成本−实际发生的直接费) 合同价款=实际发生的直接费+基本酬金计算百分比×目标成本+奖罚酬金

69．B。本题考核的是施工质量验收。工程施工前，应由施工单位制定单位工程、分部工程、分项工程和检验批的划分方案，并应由项目监理机构审核、建设单位确认后实施。

70．A。本题考核的是工程施工合同（ECC）。英国土木工程师学会（ICE）颁布的工程施工合同（ECC）在争议解决与避免程序提供了下列三种争端解决程序，使用者可根据需要，选择其中一种来完成主要选项的配置：（1）高级代表—裁决员—诉讼/仲裁；（2）高级代表（可跳过）—裁决员诉讼/仲裁；（3）争端避免委员会—诉讼/仲裁。

二、多项选择题

71．C、D、E；　　　　　72．A、C、D；　　　　　73．A、C、E；

74. B、E；　　　　　75. A、C；　　　　　76. A、B、C；
77. A、B；　　　　　78. B、C、D；　　　　79. C、D、E；
80. B、C；　　　　　81. A、B、C；　　　　82. B、C、E；
83. C、D、E；　　　　84. B、D；　　　　　85. B、C、E；
86. B、E；　　　　　87. A、C、E；　　　　88. A、B、D；
89. A、B、D、E；　　90. A、C、D；　　　　91. B、D、E；
92. A、D、E；　　　　93. A、C、D；　　　　94. A、D、E；
95. A、C、D、E；　　96. B、D、E；　　　　97. A、B、E；
98. B、C、D；　　　　99. B、C；　　　　　100. A、B。

【解析】

71. C、D、E。本题考核的是外籍劳务要求。不少国家和地区为了保护本地劳动力就业，对外籍劳务输入有严格限制，一般需经过申请劳务输入配额、办理居留签证和工作许可等申请过程，并常对外籍劳务的技术水平、工作经验、受教育程度、从业工种和就业期限加以限制。

72. A、C、D。本题考核的是工程质量监督。工程质量监督机构应参加建设单位组织的工程竣工验收，并对现场验收的组织形式、验收程序、执行标准规定等进行重点监督，发现有违反验收规定的行为，应责令改正。工程竣工验收工作结束后，工程质量监督机构应出具工程质量监督报告。

73. A、C、E。本题考核的是技术交底书的内容。每一分项工程开始实施前均要进行交底。为做好技术交底，应由项目技术人员编制技术交底书，并经项目技术负责人批准。技术交底书的内容主要包括：施工方法、质量要求和验收标准、施工过程中需注意的问题、可能出现意外情况的应急方案等。

74. B、E。本题考核的是轨迹交叉理论。轨迹交叉理论则基于人的不安全行为和物的不安全状况共同作用进行事故致因分析。事故频发倾向理论将安全事故归因为人的因素。海因里希事故因果连锁论认为事故的主要原因是由于人的不安全行为或者是由于物的不安全状态引起的。能量意外释放理论揭示了事故的物理本质，但认为能量意外释放是人的原因或物的原因造成的，因而，事故发生原因仍然是人的不安全行为或物的不安全状态。

75. A、C。本题考核的是索赔管理。选项B、D可补偿工期、费用和利润。选项E可补偿费用。

76. A、B、C。本题考核的是安全生产管理3E原则。本质安全属于安全管理范畴，应当遵循安全管理3E原则实施安全管理，促进本质安全化。3E是指工程技术、教育培训、强制管理。

77. A、B。本题考核的是工程成本分类。变动成本是随着工程量的增减变化而成正比例变化的各项成本，如材料费、计件工资等。

直接成本是指在工程项目实施过程中直接耗费的构成工程实体或有助于工程形成的各项支出，包括人工费、材料费、机械使用费和其他直接费。

28

78. B、C、D。本题考核的是合同计价方式选择。建设单位通常会综合考虑以下因素来选择合同计价方式：（1）工程复杂程度；（2）工程设计深度；（3）技术先进程度；（4）工期紧迫程度。

79. C、D、E。本题考核的是工程招标开标环节。主持人按下列程序进行开标：（1）宣布开标纪律；（2）公布在投标截止时间前递交投标文件的投标人名称，并点名确认投标人是否派人到场；（3）宣布开标人、唱标人、记录人、监标人等有关人员姓名；（4）按照投标人须知前附表规定检查投标文件的密封情况；（5）按照投标人须知前附表的规定确定并宣布投标文件开标顺序；（6）设有标底的，公布标底；（7）按照宣布的开标顺序当众开标，公布投标人名称、标段名称、投标保证金的递交情况、投标报价、质量目标、工期及其他内容，并记录在案；（8）投标人代表、招标人代表、监标人、记录人等有关人员在开标记录上签字确认；（9）开标结束。

80. B、C。本题考核的是工程预付款。《建设工程工程量清单计价规范》GB 50500—2013明确规定，包工包料工程的预付款支付比例不得低于签约合同价（扣除暂列金额）的10%，不宜高于签约合同价（扣除暂列金额）的30%，故选项A错误。预付款在进度付款中扣回，扣回办法在专用合同条款中约定。在颁发工程接收证书前，由于不可抗力或其他原因解除合同时，预付款尚未扣清的，尚未扣清的预付款余额应作为承包人的到期应付款，故选项B正确。除专用合同条款另有约定外，承包人应在收到预付款的同时向发包人提交预付款保函，预付款保函的担保金额应与预付款金额相同。保函的担保金额可根据预付款扣回的金额相应递减，故选项C正确、选项D错误。发包人应在预付款扣完后的14d内将预付款保函退还给承包人，故选项E错误。

81. A、B、C。本题考核的是质量、环境、职业健康安全一体化管理体系所需过程进行的工作。支持与运行过程需进行的工作有：确定并提供所需资源；确定并确保人员能力意识；实施并保持沟通；创建、更新和控制成文信息；进行运行的策划和控制；应急准备和响应。

82. B、C、E。本题考核的是单位工程施工组织设计。施工部署内容包括：（1）工程施工目标；（2）进度安排和空间组织；（3）施工重点和难点分析；（4）工程管理组织结构形式：根据工程项目规模、复杂程度、专业特点、人员素质和地域范围确定工程管理组织结构形式，并确定项目经理部的工作岗位设置及职责划分；（5）"四新"使用部署或要求；（6）分包单位要求。

83. C、D、E。本题考核的是工程质量管理体系的特点。建设工程项目质量管理系统是面向项目对象而建立的质量控制工作体系，与建筑企业或其他组织机构按照GB/T 19000族标准建立的质量管理体系相比较，有如下不同：（1）目的不同；（2）服务范围不同；（3）目标不同；（4）作用时效不同；（5）评价的方式不同。

84. B、D。本题考核的是安全文明施工费。安全文明施工费是指按照有关规定，购置和更新施工安全防护用具及设施、改善现场安全生产条件和作业环境所需要的费用。建设单位应及时足额向施工单位支付安全文明施工费，为施工单位采取完善的安全文明施工措施提供资金保证。施工单位应设立安全文明施工费专用账户，建立安全文明施工措施费台账，做到专款专用，确保按投标报价及相关标准要求投入，施工合同和实施过程中的费用核查情况是安全文明措施费的结算依据。

85. B、C、E。本题考核的是流水施工组织方式的特点。流水施工组织方式具有以下特点：（1）尽可能利用工作面进行施工，工期较短；（2）各工作队实现专业化施工，有利于提高施工技术水平和劳动效率，也有利于提高工程质量；（3）专业工作队能够连续施工，同时使相邻专业工作队之间能够最大限度地进行搭接作业；（4）单位时间内投入的劳动力、施工机具等资源较为均衡，有利于资源供应的组织；（5）为施工现场的文明施工和科学管理创造了有利条件。

86. B、E。本题考核的PDCA循环法的缺点。PDCA管理循环法的缺点包括：（1）投入成本高，PDCA管理循环法需要企业制定详细的管理计划，并建立数据收集和分析系统，往往需要投入多方面的成本；（2）过于强调计划性，PDCA管理循环法如果计划不够理想或遇到计划外干扰，在成本管理过程中企业可能会遇到阶段性非常严重的问题。总之，PDCA管理循环法适用于需要周期性考核的企业，要求企业具有良好的团队合作精神和健全的成本管理流程。

87. A、C、E。本题考核的是组织方式。设计管理应由设计经理负责，并适时组建项目设计组。设计经理或项目经理应负责组织编制设计执行计划。设计执行计划宜包括的内容有：（1）设计依据；（2）设计范围；（3）设计的原则和要求；（4）组织机构及职责分工；（5）适用的标准规范清单；（6）质量保证程序和要求；（7）进度计划和主要控制点；（8）技术经济要求；（9）安全、职业健康和环境保护要求；（10）与采购、施工和试运行的接口关系及要求。设计经理应组织检查设计执行计划的执行情况，分析进度偏差，制定有效措施。

88. A、B、D。本题考核的是双代号时标网络计划。关键工作为B、D、H、J。工作G的自由时差为2周，故选项C错误。工作D的总时差为0周，故选项E错误。

89. A、B、D、E。本题考核的是绿色建造基本要求。绿色建造需要将绿色发展理念融入工程策划、设计、施工、交付的建造全过程，充分体现绿色化、工业化、信息化、集约化和产业化的总体特征。

90. A、C、D。本题考核的是项目群及其管理。一个项目群应至少由两个项目群组件组成，故选项B错误。在项目群生命周期或项目群收尾后都有可能实现有形或无形的收益，故选项E错误。

91. B、D、E。本题考核的是对外承包市场开拓和健康发展政策要求。增强企业参与项目投融资和建成后运营管理的能力，鼓励金融机构按照市场化原则对有条件的建设—运营—移交（BOT）等政府和社会资本合作（PPP）类项目提供项目融资。鼓励企业以建营一体化、投建营一体化等多种方式实施项目，提高产业链参与度和在国际分工中的地位，逐步实现由建设施工优势为主向投融资、工程建设、运营服务的综合优势转变。

92. A、D、E。本题考核的是工程承包风险转移。风险转移是指将风险转移给他人承担，以避免风险损失。风险转移可分为保险转移和非保险转移两种方式：（1）保险转移。保险转移是指通过向保险公司投保，将工程实施过程中可能出现的因自然灾害和意外事故造成的损失转移给保险公司。如建筑工程一切险、安装工程一切险、第三者责任险、施工人员意外伤害保险等。（2）非保险转移。施工承包风险的非保险转移主要有三种方式：①工程分包。经建设单位同意，将工程项目中风险较大的部分工作内容分包给其他单位，是一种减轻风险和转移风险的有效策略。②签订合同时明确计价方式。例如对于存在价格上涨风险的材料设备，可以通过签订总价合同方式将风险转移给材料设备供应商。③第三方担保。如承包商履约担保、业主工程款支付担保等。

93. A、C、D。本题考核的是优化网络计划。选择缩短持续时间的关键工作应考虑下列因素：（1）缩短持续时间对质量和安全影响不大的工作；（2）有充足备用资源的工作；（3）缩短持续时间所需增加费用最少的工作。

94. A、D、E。本题考核的是承包人建议书。承包人建议书是对"发包人要求"的响应文件，包括工程设计方案和设备方案说明、分包方案，以及对发包人要求中的错误说明。

95. A、C、D、E。本题考核的是需要对施工组织设计进行修改或补充的情形。工程施工过程中发生下列情形时，应及时对施工组织设计进行修改或补充：（1）工程设计有重大修改；（2）有关法律、法规及标准实施、修订和废止；（3）主要施工方法有重大调整；（4）主要施工资源配置有重大调整；（5）施工环境有重大改变。

96. B、D、E。本题考核的是工程竣工验收的基本作用。工程竣工验收是工程建设实施阶段最后一个环节，是投资成果转入生产或使用的标志，也是全面考核工程建设成果、检验工程质量的重要步骤。

97. A、B、E。本题考核的是固定节拍流水施工的特点。等节奏流水施工也称为固定节拍流水施工或全等节拍流水施工。具有以下特点：（1）所有施工过程在各个施工段上的流水节拍均相等；（2）相邻施工过程的流水步距相等，且等于流水节拍；（3）专业工作队数等于施工过程数，即每一个施工过程组建一个专业工作队；（4）各专业工作队在各施工段上能够连续作业，施工段之间没有空闲时间。选项C、D属于非节奏流水施工的特点。

98. A、B、C、D。本题考核的是建设工程专项施工方案审批。专项施工方案应由施工单位技术负责人审核签字、加盖单位公章，并由总监理工程师审查签字、加盖执业印章后方可实施。

99. B、C。本题考核的是孤岛型直方图。观察直方图形状，判断产品质量状况。将直方图分布状态与正态分布图进行对比，可分析判断产品质量状况。

（1）正常型直方图基本符合正态分布规律，其形状特征为中间高、两侧低，左右接近对称。表示工序处于稳定状态，只存在随机误差。

（2）折齿型直方图是由于分组不当或组距确定不当而造成的。

（3）左（或右）缓坡型直方图主要是由于操作中对上限（或下限）控制太严造成的。

（4）孤岛型直方图是因原材料发生变化，或短时间内工人操作不熟练造成的，故选项B、C正确。

（5）双峰型直方图往往是因取样时混批所致，如将两台设备、两种不同施工方法的产品混在一起或在两个不同批量中取样等。

（6）峭壁型直方图通常是因数据收集不正常，可能有意识地去掉下限以下的数据，或是在检测过程中某种人为因素造成的。

100. A、B。本题考核的是抽样检验的种类。抽样检验可从不同角度划分为不同类型。

（1）按检验目的的不同，抽样检验可分为监督检验和验收检验。

31

（2）按产品质量特征不同，抽样检验可分为计数抽样检验和计量抽样检验，故选项 A、B 正确。

（3）按抽取样本次数不同，抽样检验可分为一次、二次、多次抽样。

（4）按抽样方案是否可调整，抽样检验可分为调整型抽样检验和非调整型抽样检验。

（5）按是否可组成批，抽样检验可分为逐批检验和连续抽样检验。

2023 年度全国一级建造师执业资格考试

《建设工程项目管理》

真题及解析

2023 年度《建设工程项目管理》真题

一、单项选择题（共 70 题，每题 1 分。每题的备选项中，只有 1 个最符合题意）

1. 建设工程管理工作是一种增值服务工作，其核心任务是（　　）。
   A. 为工程的管理和使用增值
   B. 为工程的质量和成本管理增值
   C. 为工程的设计和施工增值
   D. 为工程的建设和使用增值

2. 组织论的观点认为系统的组织是由（　　）决定的。
   A. 系统的目标
   B. 系统的活动
   C. 系统的结构
   D. 系统的流程

3. 关于组织结构模式和组织分工的说法，正确的是（　　）。
   A. 组织结构模式是动态的，组织分工是相对静态的
   B. 组织结构模式是相对静态的，组织分工是动态的
   C. 组织结构模式和组织分工都是相对静态的
   D. 组织结构模式和组织分工都是动态的

4. 项目管理过程中，当使用管理职能分工表不足以明确每个工作部门的管理职能时，通常解决的方法是（　　）。
   A. 明确管理职能的管理过程
   B. 辅以管理职能分工描述书
   C. 强化决策部门的管理职能
   D. 辅以岗位责任描述书

5. 在国际上，民用项目总承包的招标多数用（　　）描述项目。
   A. 项目投资
   B. 项目构造
   C. 项目功能
   D. 项目质量

6. 建设工程项目实施阶段策划的时间是（　　）。
   A. 在建设项目立项之后
   B. 在建设项目施工招标之前
   C. 在建设项目可行性研究之前
   D. 在建设项目建议书批准之后

7. 根据《建设工程项目管理规范》GB/T 50326—2017，项目管理规划应包括的内容是（　　）。
   A. 项目管理规划大纲和项目管理策划
   B. 项目管理策划和项目管理实施规划
   C. 项目管理配套策划和项目管理实施规划

D. 项目管理规划大纲和项目管理实施规划

8. 根据《建筑施工组织设计规范》GB/T 50502—2009，按照编制对象不同，施工组织设计可分为（　　）。
A. 施工组织总设计、单位工程施工组织设计和施工方案
B. 单位工程施工组织设计、分部工程施工组织设计和施工方案
C. 单位工程施工组织设计、施工方案和专项施工指导书
D. 施工组织总设计、分部工程施工组织设计和施工部署

9. 下列施工承包合同计价方式中，承包商承担风险最小的是（　　）。
A. 固定总价合同   B. 固定单价合同
C. 变动总价合同   D. 变动单价合同

10. 根据《财政部关于印发〈企业产品成本核算制度（试行）〉的通知》（财会〔2013〕17号），下列费用中，可以列入"直接材料"成本项目的是（　　）。
A. 材料搬运费   B. 周转材料租赁费
C. 材料装卸保管费   D. 检验试验费

11. 下列施工质量事故预防措施中，属于严格按照基本建设程序办事的是（　　）。
A. 严格控制建筑材料质量
B. 禁止任意修改设计和不按图纸施工
C. 严禁脚手架超载堆放材料
D. 推行终身职业技能培训制度

12. 关于现场围挡的说法，正确的是（　　）。
A. 沿工地四周可以不连续设置围挡
B. 市区主要路段的工地围挡设置高度不低于2.2m
C. 围挡材料必须采用机制砖类坚固材料
D. 涉及市容景观路段的工地围挡设置高度不低于2.5m

13. 根据《建设工程施工合同（示范文本）》GF—2017—0201通用合同条款规定的优先解释顺序，排在投标函及其附录之前的文件是（　　）。
A. 招标文件   B. 中标通知书
C. 专用合同条款   D. 通用合同条款

14. 项目质量控制包括下列活动：①评价分析；②设定目标；③测量检查；④纠正偏差。上述活动的正确顺序是（　　）。
A. ②—①—④—③   B. ③—①—④—②
C. ②—③—①—④   D. ③—④—②—①

15. 工程网络计划在执行过程中，需根据检查情况进行调整。当实际情况要求改变施工顺序时，应优先调整的内容是（　　）。
A. 压缩关键线路的长度   B. 改变工作的逻辑关系
C. 调整非关键工作的时差   D. 加强资源投入的强度

16. 成本管理的基础工作是多方面的，其中最根本、最重要的基础工作是（　　）。
A. 建立成本管理计划体系   B. 建立成本管理核算体系
C. 建立成本管理程序体系   D. 建立成本管理责任体系

17. 施工过程质量验收环节中，应由总监理工程师组织验收的是（　　）。

A. 检验批质量验收 B. 分部工程质量验收
C. 分项工程质量验收 D. 竣工质量验收

18. 建设工程项目信息管理的目的是通过对项目信息传输的有效组织和控制，为项目（　　）提供增值服务。
A. 建设 B. 运营维护
C. 档案管理 D. 数据处理

19. 某工程的单代号搭接网络计划如图 1 所示（时间单位：d）。该工程的计算工期是（　　）d。

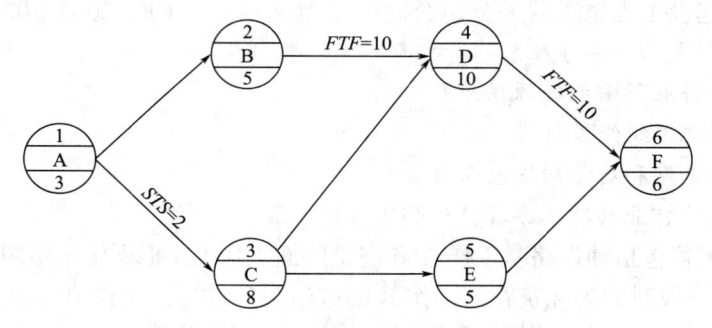

图 1　某工程的单代号搭接网络计划

A. 24 B. 30
C. 26 D. 27

20. 某分部工程双代号网络计划如图 2 所示（时间单位：d）。若计划工期等于计算工期，关于工作时间参数的说法，正确的是（　　）。

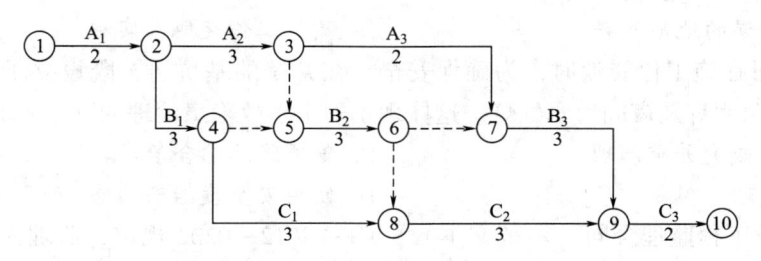

图 2　某分部工程双代号网络计划

A. 工作 A_2 的自由时差是 1d
B. 工作 B_2 的最迟完成时间是第 8 天
C. 工作 C_2 的总时差是 1d
D. 工作 B_3 的最早开始时间是第 7 天

21. 装配式建筑中，混凝土预制构件出厂时的混凝土强度不宜低于设计混凝土强度等级值的（　　）。
A. 50% B. 75%
C. 90% D. 100%

22. 下列装配式混凝土建筑预制构件中，应根据设计要求确定是否进行结构性能检验及其检验方式的是（　　）。

A. 叠合梁构件　　　　　　　　　　B. 简支受弯的预制板
C. 简支受弯的预制梁　　　　　　　D. 叠合板预制底板

23. 根据《建筑施工组织设计规范》GB/T 50502—2009，专业承包工程的施工方案由（　　）审批。
A. 专业承包单位技术负责人或其授权的技术人员
B. 施工总承包单位技术负责人或其授权的技术人员
C. 施工总承包项目技术负责人或其授权的技术人员
D. 专业承包项目技术负责人或其授权的技术人员

24. 根据《建设工程施工劳务分包合同（示范文本）》GF—2003—0214，属于劳务分包人责任和义务的是（　　）。
A. 满足劳务作业所需的能源供应
B. 负责编制施工组织设计
C. 对工程的工期和质量向发包人负责
D. 为从事危险作业的职工办理意外伤害保险

25. 某道路工程包括铺设路基工作 A 和浇筑路面工作 B。根据施工组织安排，需待铺设路基工作 A 开始一段时间为浇筑路面工作 B 创造施工条件后，工作 B 才能开始进行，则制定施工计划时应将工作 A 与 B 的关系确定为（　　）搭接关系。
A. FTS　　　　　　　　　　　　　B. STS
C. STF　　　　　　　　　　　　　D. FTF

26. 根据《建设工程施工合同（示范文本）》GF—2017—0201，在合同实施过程中发生的下列事项中，属于工程变更的是（　　）。
A. 更换施工技术负责人　　　　　　B. 改动工程的施工顺序
C. 提供错误的地质资料　　　　　　D. 删除工作交他人实施

27. 某项目在施工化粪池时，为确保安全，在开挖的基坑边，既设立了防护栏及警示牌，又设立了照明灯及夜间警示红灯。这体现了安全事故隐患治理的（　　）原则。
A. 预防与减灾并重治理　　　　　　B. 单项隐患综合治理
C. 重点治理　　　　　　　　　　　D. 冗余安全度治理

28. 《建设工程监理合同（示范文本）》GF—2012—0202 规定，监理人更换总监理工程师时，应提前（　　）d 向委托人书面报告。
A. 7　　　　　　　　　　　　　　B. 3
C. 5　　　　　　　　　　　　　　D. 14

29. 根据《建设工程监理规范》GB/T 50319—2013，下列工作中，属于工程监理任务的是（　　）。
A. 编制施工预算　　　　　　　　　B. 编制施工进度计划
C. 验收隐蔽工程　　　　　　　　　D. 组织工程竣工验收

30. 物资采购合同中对委托运输部门或单位代运的产品，其交货日期一般以（　　）的日期为准。
A. 承运单位开始运输产品时
B. 供货方发运产品时承运单位签发
C. 供货方向承运单位提出交货申请

D. 所发运的产品到达收货人所在地

31. 根据《安全生产许可证条例》，对建筑施工企业安全生产许可证的颁发进行监督指导的是（　）。
   A. 国务院发展与改革主管部门
   B. 国务院安全生产监督管理主管部门
   C. 国务院住房和城乡建设主管部门
   D. 国务院应急管理主管部门

32. 下列质量管理数理统计方法中，采用ABC分类管理法的是（　）。
   A. 分层法　　　　　　　　　　B. 直方图法
   C. 因果分析图法　　　　　　　D. 排列图法

33. 某工程中期检查时，已完工作预算费用为820万元，计划工作预算费用为800万元，已完工作实际费用为860万元，则中期检查时，该工程的费用绩效指数为（　）。
   A. 0.953　　　　　　　　　　B. 1.025
   C. 0.930　　　　　　　　　　D. 1.075

34. 某拆除工程施工时，发生倒塌事故，造成60人重伤、8人死亡。根据事故分类等级，该事故属于（　）。
   A. 一般事故　　　　　　　　　B. 较大事故
   C. 重大事故　　　　　　　　　D. 特大事故

35. 下列工作内容中，属于施工单位质量责任及义务的是（　）。
   A. 组织建设工程的竣工验收
   B. 提供真实的地质、测量、水文等勘察成果
   C. 采取旁站、巡视和平行检验方式对工程质量进行监督
   D. 严格工序管理，做好隐蔽工程的质量检查、记录

36. 关于施工预算与施工图预算的说法，正确的是（　）。
   A. "两算"对比的方法有实物对比法和金额对比法
   B. 一般情况下，施工预算的材料消耗量比施工图预算的材料消耗量高
   C. 施工预算和施工图预算既适用于发包人，也适用于承包人
   D. 施工预算的编制以预算定额为依据，施工图预算的编制以施工定额为依据

37. 与质量保证金方式相比，质量保证金保函的特点是（　）。
   A. 有利于加大承包人的缺陷维修责任
   B. 有利于业主降低质量保证风险
   C. 有利于降低承包人维修缺陷的费用
   D. 有利于承包人提前取回被扣留的现金

38. 对施工质量应进行动态控制。下列工作中，属于事前质量控制的是（　）。
   A. 工序质量控制　　　　　　　B. 质量控制点的检查
   C. 工序质量偏差的纠正　　　　D. 质量管理点的设置

39. 美国建筑师学会（AIA）颁布的施工合同通用条件将保险分为（　）三个部分。
   A. 承包商责任保险、业主责任保险、财产保险
   B. 工程一切险、意外伤害保险、保证保险
   C. 承包商责任保险、意外伤害保险、保证保险

5

D. 工程一切险、业主责任保险、财产保险

40. 省级人民政府建设行政主管部门对质量监督机构的监督人员进行岗位考核的频次是（   ）。

A. 每半年一次　　　　　　　　　B. 每一年一次
C. 每三年一次　　　　　　　　　D. 每两年一次

41. 在人口稠密区进行施工作业时，停止强噪声作业的时段一般是（   ）。

A. 晚上10时到次日早6时　　　　B. 晚上11时到次日早6时
C. 晚上9时到次日早5时　　　　 D. 晚上8时到次日早8时

42. 关于施工现场宿舍安全卫生要求的说法，正确的是（   ）。

A. 现场宿舍内应设置生活用品专柜和垃圾桶
B. 现场宿舍每间居住人数不得超过18人
C. 现场宿舍的室内净高不得小于2.1m
D. 现场宿舍通道宽度不得小于0.6m

43. 应用曲线法进行施工成本偏差分析时，已完工作实际费用曲线与已完工作预算费用曲线的竖向距离，表示（   ）。

A. 进度累计偏差　　　　　　　　B. 进度局部偏差
C. 费用累计偏差　　　　　　　　D. 费用局部偏差

44. 以项目施工方案为依据，通过施工预算编制而形成的成本计划是（   ）。

A. 竞争性成本计划　　　　　　　B. 指导性成本计划
C. 实施性成本计划　　　　　　　D. 预测性成本计划

45. 某工程双代号网络计划如图3所示（时间单位：周）。其关键线路有（   ）条。

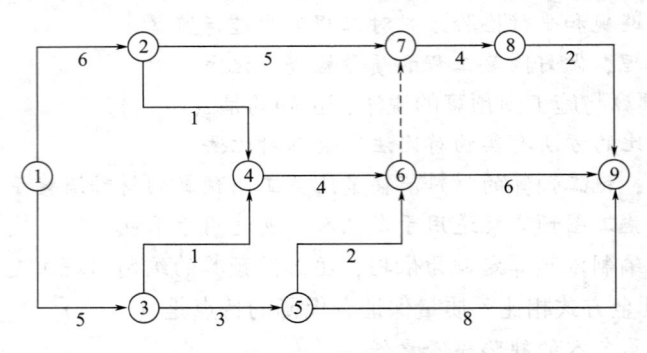

图3 某工程双代号网络计划

A. 1　　　　　　　　　　　　　　B. 2
C. 3　　　　　　　　　　　　　　D. 4

46. 下列文件中，既是业主方控制设计进度的依据，也是设计方进度控制依据的是（   ）。

A. 设计准备阶段工作进度计划　　B. 设计和施工招标文件
C. 施工图设计审查计划　　　　　D. 设计图纸出图计划

47. 下列施工成本分析方法中，最适用于分析各因素对成本影响程度的是（   ）。

A. 相关比率法　　　　　　　　　B. 比重分析法
C. 连环置换法　　　　　　　　　D. 动态比率法

48. 某项目因材料质量检验不严引发质量事故。该质量事故发生的原因属于（   ）。
   A. 技术原因　　　　　　　　　　　B. 管理原因
   C. 社会、经济原因　　　　　　　　D. 人为事故原因

49. 下列工作任务中，属于施工方进度控制任务的是（   ）。
   A. 编制项目生产机具需求计划　　　B. 控制项目招标工作的进度
   C. 编制设计图纸的出图计划　　　　D. 组织工程设备的加工制造

50. 根据《建设工程施工合同（示范文本）》GF—2017—0201，招标发包工程的基准日期是（   ）前28d的日期。
   A. 合同签订日　　　　　　　　　　B. 开工日
   C. 投标截止日　　　　　　　　　　D. 中标通知书发出日

51. 在工程实施过程中发生索赔事件或承包人发现索赔机会后，承包人应首先提出的文件是（   ）。
   A. 索赔意向通知　　　　　　　　　B. 索赔初步意见
   C. 索赔报告　　　　　　　　　　　D. 索赔款项计算

52. 根据《建设工程施工合同（示范文本）》GF—2017—0201，项目经理应常驻施工现场，确需离开施工现场时应（   ）。
   A. 事先通知发包人，并取得上级单位的书面同意
   B. 取得监理人的书面同意，并报告上级单位
   C. 取得监理人的书面同意，并报告发包人
   D. 事先通知监理人，并取得发包人的书面同意

53. 关于施工材料费控制的说法，正确的是（   ）。
   A. 主要是控制材料的采购价格　　　B. 应遵循"量价分离"原则
   C. 应由施工作业者包干控制　　　　D. 主要是定额控制

54. 在工程网络计划执行中，关键线路的实际进度落后于进度计划时，应在尚未完成的关键工作中，选择（   ）的工作赶工。
   A. 资源强度小或费率低　　　　　　B. 资源强度大或费率高
   C. 资源强度大或费率低　　　　　　D. 资源强度小或费率高

55. 建设项目的职业健康安全和环境管理涉及大量的露天作业，受气候条件、工程地质和水文地质、地理条件和地域资源等不可控因素的影响较大，反映出职业健康安全与环境管理具有（   ）特点。
   A. 多样性　　　　　　　　　　　　B. 多变性
   C. 复杂性　　　　　　　　　　　　D. 协调性

56. 下列生产安全事故应急预案的相关内容中，属于现场处置方案内容的是（   ）。
   A. 应急演练总结　　　　　　　　　B. 应急经费安排
   C. 事故整改措施　　　　　　　　　D. 事故特征分析

57. 建设工程总进度目标论证的工作包括：①进度计划系统的结构分析；②项目结构分析；③编制各层进度计划；④项目的工作编码。上述工作的正确顺序是（   ）。
   A. ①—②—③—④　　　　　　　　B. ②—①—④—③
   C. ③—②—①—④　　　　　　　　D. ④—①—②—③

58. 根据工程项目目标动态控制工作程序，下列工作中，属于项目目标动态控制准备工

作的是（　　）。

A. 确定项目目标控制措施　　B. 进行项目目标对比分析
C. 收集项目目标实际值　　　D. 进行项目目标分解

59. 对国际工程承包合同，采用争端裁决委员会（DAB）方式处理解决合同争端的特点是（　　）。

A. 具有中立性和专业性并有利于早期解决争端
B. 具有中立性和终局性并有利于保护守约方权益
C. 具有强制性和终局性并有利于争端决定的执行
D. 具有专业性和强制性并有利于快速启动仲裁

60. 某项目施工成本数据见表1。应用差额计算法分析，该项目成本降低率提高对成本降低额的影响是（　　）万元。

表1　某项目施工成本数据

项目	单位	计划	实际
成本	万元	220	240
成本降低率	%	3	3.5
成本降低额	万元	6.6	8.4

A. 0.6　　　　　　　　　　　B. 1.1
C. 1.2　　　　　　　　　　　D. 1.8

61. 当两个或两个以上的延误事件从发生到终止有部分时间重合时，这些事件引起的延误是（　　）。

A. 交叉延误　　　　　　　　B. 共同延误
C. 连续延误　　　　　　　　D. 重复延误

62. 某工程网络计划中，M工作持续时间2d，自由时差1d，M工作有3项紧后工作，紧后工作的最早开始时间分别为第5天、第6天和第8天，总时差分别为3d、2d、1d，则M工作最迟开始时间是第（　　）天。

A. 3　　　　　　　　　　　　B. 4
C. 6　　　　　　　　　　　　D. 5

63. 建设工程项目质量控制体系的建立包括下列工作：①制定质量控制制度；②编制质量控制计划；③建立系统质量控制网络；④分析质量控制界面。上述工作的正确顺序是（　　）。

A. ①—②—③—④　　　　　B. ③—①—④—②
C. ③—④—①—②　　　　　D. ①—③—②—④

64. 项目风险管理过程中，属于项目风险评估任务的是（　　）。

A. 分析各种风险的损失量
B. 确定各种风险因素
C. 编制项目风险清单
D. 分析风险应对策略的可行性

65. 项目信息门户建立和运行的理论基础是（　　）。

A. 综合集成　　　　　　　　B. 网络互联

C. 远程合作　　　　　　　　　　D. 协同优化

66. 根据《中华人民共和国招标投标法实施条例》，投标保证金不得超过招标项目估算价的（　　）。
   A. 2%　　　　　　　　　　　　B. 3%
   C. 5%　　　　　　　　　　　　D. 10%

67. 成本管理的每一个环节是相互联系和相互作用的，其中成本决策的前提是（　　）。
   A. 成本计划　　　　　　　　　B. 成本核算
   C. 成本预测　　　　　　　　　D. 成本考核

68. 建设工程项目的全面质量管理（TQC）强调的是（　　）。
   A. 勘察设计和施工组织全过程的质量管理
   B. 全面、全过程、全员参与的质量管理
   C. 最高管理者和组织管理岗位的全员质量管理
   D. 全方位、全要素、全流程的质量管理

69. 下列施工质量缺陷问题，可不做处理的是（　　）。
   A. 混凝土结构出现了0.4mm宽裂缝
   B. 混凝土结构误用了安定性不合格水泥
   C. 预应力构件张拉系数不满足设计要求
   D. 混凝土现浇楼面平整度偏差10mm

70. 下列安全生产管理预警体系的构成要素中，属于企业内部管理不良预警系统的是（　　）。
   A. 自然环境突变预警　　　　　B. 技术变化预警
   C. 质量管理预警　　　　　　　D. 政策法规变化预警

二、多项选择题（共30题，每题2分。每题的备选项中，有2个或2个以上符合题意，至少1个错项。错选，本题不得分；少选，所选的每个选项得0.5分）

71. 建设工程项目决策阶段管理工作的主要任务是确定项目的定义，包括的内容有（　　）。
   A. 确定建设项目的质量目标　　B. 确定和落实项目建设资金
   C. 确定和落实项目设备品牌　　D. 确定和落实建设地点
   E. 确定和落实设计单位

72. 根据《建设工程项目管理规范》GB/T 50326—2017，项目管理规划大纲的内容包括（　　）。
   A. 项目总体工作安排　　　　　B. 设计与技术措施
   C. 项目质量管理　　　　　　　D. 风险管理计划
   E. 项目收尾管理

73. 工程网络计划中，工作N有紧后工作，确定其总时差的方法有（　　）。
   A. 工作N紧后工作的最早开始时间减去工作N的最早完成时间
   B. 工作N的最迟完成时间减去其最早完成时间
   C. 工作N紧后工作的自由时差加工作N与该紧后工作之间时距的最小值
   D. 工作N与其紧后工作之间间隔时间的最小值

E. 工作 N 紧后工作的总时差加工作 N 与该紧后工作之间间隔时间的最小值

74. 关于双代号网络计划中关键工作的说法，正确的有（   ）。

A. 关键工作间的时距必为零

B. 关键工作的总时差最小

C. 关键工作可以在非关键线路上

D. 关键工作的自由时差全部为零

E. 关键线路上相邻关键工作之间的间隔时间必为零

75. 建设单位的建设工程项目质量控制责任和义务包括（   ）。

A. 依法对工程建设有关的重要设备、材料的采购进行招标

B. 对涉及结构安全的试块、试件及有关材料进行检测

C. 在开工前按照国家相关规定办理工程质量监督手续

D. 在建设工程竣工验收后向有关部门移交建设项目档案

E. 隐蔽工程在隐蔽前通知监理单位和建设工程质量监督机构

76. 根据《建设工程施工专业分包合同（示范文本）》GF—2003—0213，分包人责任和义务包括（   ）。

A. 提供具备施工条件的施工场地

B. 协调与同一场地其他分包人之间的交叉配合

C. 编制、提交分包工程详细的施工组织设计

D. 负责已完工程交付前的成品保护

E. 直接向工程师提交分包工程进度统计报表

77. 竣工验收合格工程的移交是建设工程项目合同实施过程中的一个重要的里程碑。该事件代表（   ）。

A. 业主认可并接收工程 B. 工程照管责任的转移

C. 承包人保修责任的开始 D. 工程所有权的转让

E. 承包人履约义务的结束

78. 根据 FIDIC《施工合同条件》，不可抗力事件需要满足的条件有（   ）。

A. 一方无法控制

B. 不主要归因于他方

C. 该方在签订合同前可对其合理预防

D. 发生后将导致合同非正常终止

E. 发生后该方不能合理避免或克服

79. 下列成本管理的措施中，属于组织措施的有（   ）。

A. 进行技术经济分析，确定最佳的施工方案

B. 编制成本管理工作计划

C. 对成本管理目标进行风险分析，并制定防范性对策

D. 确定合理详细的成本管理工作流程

E. 编制资金使用计划，确定成本管理目标

80. 在建设工程项目决策阶段，建设单位职业健康安全和环境管理的任务包括（   ）。

A. 办理有关安全生产与环境保护方面的各种审批手续

B. 委托相关单位进行建设工程项目环境影响评价
C. 提出生产安全事故防范的指导意见
D. 提出保障施工作业人员安全和预防生产安全事故的措施建议
E. 提供建设工程有关安全施工措施的资料

81. 关于施工成本考核的说法，正确的有（   ）。
A. 成本考核可以衡量成本降低的实际成果
B. 公司应以项目成本计划的数量指标作为对项目管理机构成本考核的主要指标
C. 成本考核的主要依据是成本计划确定的各类指标
D. 成本考核要总结和评价成本指标的完成情况
E. 项目管理机构应根据成本考核结果对相关人员进行奖惩

82. 建设工程施工安全技术交底的主要内容包括（   ）。
A. 本工程项目的施工作业特点和危险点
B. 作业过程中应注意的安全事项
C. 针对危险点的具体预防措施
D. 事故报告的程序与基本要求
E. 发生事故后应采取的避难和急救措施

83. 项目监理机构对施工作业质量进行监督检查的形式有（   ）。
A. 现场旁站   B. 现场互检
C. 现场专检   D. 巡视
E. 平行检验

84. 按费用构成要素划分，下列建筑安装工程费用中，应计入企业管理费的有（   ）。
A. 材料采购及保管费   B. 管理人员工资
C. 固定资产使用费   D. 工具用具使用费
E. 特殊情况下支付的工资

85. 项目管理机构实施成本控制的依据包括（   ）。
A. 合同文件   B. 成本计划
C. 进度报告   D. 质量验收记录
E. 工程变更资料

86. 根据《建设工程项目管理规范》GB/T 50326—2017，项目管理机构负责人的权限有（   ）。
A. 参与组建项目管理机构   B. 负责与项目相关方的协调决策
C. 主持选定施工分包单位   D. 主持项目管理机构工作
E. 参与签订合同

87. 关于生产安全事故应急预案管理的说法，正确的有（   ）。
A. 非参建单位的安全生产及应急管理方面的专家，均可受邀参加应急方案评审
B. 地方各级人民政府应急管理部门的应急预案，应报同级人民政府备案
C. 生产经营单位应每半年至少组织1次现场处置方案演练
D. 生产经营单位应每年至少组织2次综合应急预案演练或者专项应急预案演练
E. 面临的风险发生重大变化时，应急预案应当及时修订并归档

11

88. 某工程双代号时标网络计划执行至第 6 周末和第 10 周末检查进度时，实际进度前锋线如图 4 所示。下列分析结论中，正确的有（　　）。

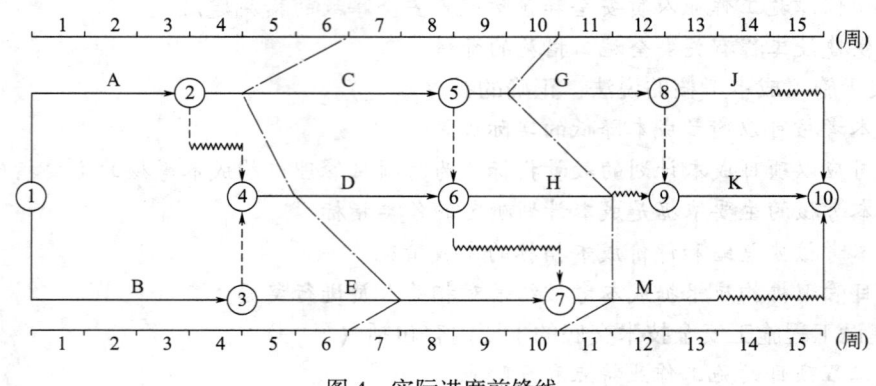

图 4　实际进度前锋线

A. 第 6 周末检查进度时，工作 C 拖后 2 周，影响工期 2 周
B. 第 6 周末检查进度时，工作 D 拖后 1 周，影响工期 1 周
C. 第 6 周末检查进度时，工作 E 提前 1 周，不影响工期
D. 第 10 周末检查进度时，工作 G 拖后 1 周，不影响工期
E. 第 10 周末检查进度时，工作 H 已提前完成，不影响工期

89. 政府对工程质量监督管理的内容包括（　　）。
A. 组织工程竣工验收
B. 抽查工程结算文件的编制质量
C. 抽查主要建筑材料、建筑构配件的质量
D. 抽查工程质量责任主体和质量检测单位的工程质量行为
E. 组织或参与工程质量事故调查处理

90. 根据《中华人民共和国招标投标法实施条例》，下列招标人的行为中，属于以不合理条件限制、排斥潜在投标人或者投标人的有（　　）。
A. 要求投标人不得以联合体的形式投标
B. 要求投标人的性质必须是国有企业
C. 设定的资格条件明显高于招标项目的实际需要
D. 以项目所在地的业绩作为评标加分条件
E. 在技术文件中明确了主要设备的性能指标

91. 与邀请招标方式相比，公开招标方式的特点有（　　）。
A. 有利于降低招标采购的费用　　B. 有利于合理限制不良投标人
C. 招标人有较大的选择范围　　　D. 资格审查和评标的工作量大
E. 有利于保证竞争的公平性

92. 施工项目成本核算的方法主要有（　　）。
A. 业务核算法　　　　　　　　　B. 差额计算法
C. 因素分析法　　　　　　　　　D. 表格核算法
E. 会计核算法

93. 项目质量控制体系的运行环境主要包括（　　）。

12

A. 质量管理的动力机制　　　　　　B. 项目的合同结构
C. 质量管理的持续改进机制　　　　D. 质量管理的资源配置
E. 质量管理的组织制度

94. 下列建设工程项目进度控制的措施中，属于组织措施的有（　　）。
A. 编制进度控制的工作流程　　　　B. 进度控制会议的组织设计
C. 编制相应的资源需求计划　　　　D. 为实现进度目标变更设计
E. 明确调整进度计划的管理职能

95. 双代号网络计划中，虚箭线的作用有（　　）。
A. 联系作用　　　　　　　　　　　B. 区分作用
C. 断路作用　　　　　　　　　　　D. 强调作用
E. 分层作用

96. 根据《建筑施工组织设计规范》GB/T 50502—2009，施工方案的主要内容包括（　　）。
A. 施工进度计划　　　　　　　　　B. 资源配置计划
C. 施工方法及工艺要求　　　　　　D. 施工平面布置
E. 施工成本计划

97. 施工现场空气污染的防治要求有（　　）。
A. 施工现场垃圾渣土要及时清理出现场
B. 施工现场道路应指定专人定期洒水清扫
C. 及时焚烧施工现场的油毡、橡胶、各种包装物等废弃物品
D. 工地茶炉应尽量采用电热水器
E. 车辆开出工地要做到不带泥砂，基本做到不撒土、不扬尘

98. 英国合同审定联合会制定的建筑工程合同条件（JCT98）的适用条件包括（　　）。
A. 传统的施工总承包项目
B. 工期较长的大型项目
C. 设计和项目管理之间的配合度高
D. 业主项目管理人员有丰富经验
E. 工程量清单单价合同

99. 单代号网络计划中，关键线路是指（　　）的线路。
A. 总的工作持续时间最长
B. 自始至终全部由关键工作组成
C. 自始至终全部由关键节点组成
D. 相邻两项工作之间间隔时间均为零的关键工作组成
E. 自由时差为零的工作组成

100. 工程施工质量验收环节中，需要进行观感质量验收的有（　　）。
A. 检验批质量验收　　　　　　　　B. 分项工程质量验收
C. 分部工程质量验收　　　　　　　D. 单位工程质量验收
E. 装配式结构质量验收

2023 年度真题参考答案及解析

一、单项选择题

1. D；	2. A；	3. C；	4. B；	5. C；
6. A；	7. D；	8. A；	9. D；	10. B；
11. B；	12. D；	13. B；	14. C；	15. B；
16. D；	17. B；	18. A；	19. B；	20. B；
21. B；	22. A；	23. A；	24. D；	25. B；
26. B；	27. D；	28. A；	29. C；	30. B；
31. C；	32. D；	33. A；	34. C；	35. D；
36. A；	37. D；	38. D；	39. A；	40. D；
41. A；	42. A；	43. C；	44. C；	45. C；
46. D；	47. C；	48. B；	49. C；	50. C；
51. A；	52. D；	53. B；	54. A；	55. C；
56. D；	57. B；	58. D；	59. A；	60. C；
61. A；	62. C；	63. B；	64. A；	65. C；
66. A；	67. C；	68. B；	69. D；	70. C。

【解析】

1. D。本题考核的是建设工程管理的任务。建设工程管理工作是一种增值服务工作，其核心任务是为工程的建设和使用增值。

2. A。本题考核的是系统的目标和系统的组织的关系。系统的目标决定了系统的组织，而组织是目标能否实现的决定性因素，这是组织论的一个重要结论。

3. C。本题考核的是组织论和组织工具。组织结构模式和组织分工是一种相对静态的组织关系；而工作流程组织则反映一个组织系统中各项工作之间的逻辑关系，是一种动态关系。

4. B。本题考核的是管理职能分工表。如使用管理职能分工表还不足以明确每个工作部门的管理职能，则可辅以使用管理职能分工描述书。

5. C。本题考核的是项目总承包从招标开始至确定合同价的基本工作程序。在国际上，民用项目总承包的招标多数采用项目功能描述的方式，而不采用项目构造描述的方式，因为项目构造描述的招标依据是设计文件，而项目总承包招标时业主方还不可能提供具体的设计文件。

6. A。本题考核的是项目实施阶段策划的工作内容。建设工程项目实施阶段策划是在建设项目立项之后，为了把项目决策付诸实施而形成的指导性的项目实施方案。

7. D。本题考核的是建设工程项目管理规划的内容。根据《建设工程项目管理规范》GB/T 50326—2017，项目管理规划包括项目管理规划大纲和项目管理实施规划。

8. A。本题考核的是施工组织设计的分类及其内容。按编制对象不同，施工组织设计可分为三个层次：施工组织总设计、单位工程施工组织设计和施工方案。

9. D。本题考核的是单价合同。当采用变动单价合同时，合同双方可以约定一个估计的工程量，当实际工程量发生较大变化时可以对单价进行调整，同时还应该约定如何对单价进行调整；当然也可以约定，当通货膨胀达到一定水平或者国家政策发生变化时，可以对哪些工程内容的单价进行调整以及如何调整等。因此，承包商的风险就相对较小。

10. B。本题考核的是成本核算的范围。直接材料是指在施工过程中所耗用的、构成工程实体的材料、结构件机械配件和有助于工程形成的其他材料以及周转材料的租赁费和摊销等。

11. B。本题考核的是严格按照基本建设程序办事。严格按照基本建设程序办事：首先要做好项目可行性论证，不可未经深入的调查分析和严格论证就盲目拍板定案；要彻底搞清工程地质水文条件方可开工；杜绝无证设计、无图施工；禁止任意修改设计和不按图纸施工；工程竣工不进行试车运转、不经验收不得交付使用。

12. D。本题考核的是现场围挡、标牌。沿工地四周连续设置围挡，市区主要路段和其他涉及市容景观路段的工地设置围挡的高度不低于2.5m，其他工地的围挡高度不低于1.8m，围挡材料要求坚固、稳定、统一、整洁、美观。

13. B。本题考核的是施工承包合同文件解释顺序。《建设工程施工合同（示范文本）》GF—2017—0201通用条款规定的优先顺序：

（1）合同协议书；

（2）中标通知书（如果有）；

（3）投标函及其附录（如果有）；

（4）专用合同条款及其附件；

（5）通用合同条款；

（6）技术标准和要求；

（7）图纸；

（8）已标价工程量清单或预算书；

（9）其他合同文件。

14. C。本题考核的是质量控制与工程项目质量控制。质量控制是质量管理的一部分，是致力于满足质量要求的一系列相关活动。这些活动主要包括：

（1）设定目标。按照质量要求，确定需要达到的标准和控制的区间、范围、区域。

（2）测量检查。测量实际成果满足所设定目标的程度。

（3）评价分析。评价控制的能力和效果，分析偏差产生的原因。

（4）纠正偏差。对不满足设定目标的偏差，及时采取针对性措施尽量纠正偏差。

15. B。本题考核的是调整逻辑关系。逻辑关系的调整只有当实际情况要求改变施工方法或组织方法时才可进行。调整时应避免影响原定计划工期和其他工作的顺利进行。

16. D。本题考核的是成本管理的任务和程序。成本管理首先要做好基础工作，成本管理的基础工作是多方面的，成本管理责任体系的建立是最重要的基础工作，涉及成本管理的一系列组织制度、工作程序、业务标准和责任制度的建立。

17. B。本题考核的是施工过程质量验收的内容。检验批质量验收与分项工程质量验收由专业监理工程师组织，选项A、C错误。分部工程应由总监理工程师组织施工单位项目负责人和项目技术负责人等进行验收，选项B正确。竣工质量验收由建设单位组织，选项D错误。

18. A。本题考核的是项目的信息管理。项目的信息管理的目的旨在通过有效的项目信息传输的组织和控制为项目建设提供增值服务。

19. B。本题考核的是单代号搭接网络计划时间参数的计算。本题的计算过程如下：

（1）工作 A 的最早开始时间=0，最早完成时间=0+3=3。

（2）相邻时距为 STS 时，工作 C 的最早开始时间=$ES_A+STS_{A,C}$=1+2=2，工作 C 的最早完成时间=2+8=10。

（3）工作 B 的最早开始时间=EF_A=3，最早完成时间=3+5=8。

（4）工作 D 紧前工作有工作 B、C，最早开始时间应分别计算后取其最大值。

工作 B、D 搭接关系为 FTF，则工作 D 最早开始时间=$EF_B+FTF_{B,D}-D_D$=8+10-10=8。

工作 B、C 无搭接关系，则工作 D 最早开始时间=EF_C=10。

取其最大值，则工作 D 的最早开始时间=10，最早完成时间=10+10=20。

（5）工作 E 的最早开始时间=EF_C=10，最早完成时间=10+5=15。

（6）工作 F 的紧前工作有工作 D、E，最早开始时间应分别计算后取其最大值。

工作 D、F 搭接关系为 FTF，则工作 F 最早开始时间=$EF_D+FTF_{D,F}-D_F$=20+10-6=24。

工作 E、F 无搭接关系，则工作 F 最早开始时间=EF_E=15。

取其最大值，则工作 F 的最早开始时间=24，最早完成时间=24+6=30。

搭接网络计划计算工期由于终点相联系的工作的最早完成时间的最大值决定，则该工程的计算工期为 30d。

20. B。本题考核的是双代号网络时间参数的计算。工作 A_2 是关键工作，自由时差是 0d，选项 A 错误。工作 C_2 是关键工作，其总时差是 0d，选项 C 错误。工作 B_3 的最早开始时间是第 8 天，选项 D 错误。

21. B。本题考核的是材料设备的质量控制。混凝土预制构件出厂时的混凝土强度不宜低于设计混凝土强度等级值的 75%。

22. A。本题考核的是预制构件的质量验收。对叠合梁构件，是否进行结构性能检验、结构性能检验的方式应根据设计要求确定。

23. A。本题考核的是施工组织设计的编制和审批。由专业承包单位施工的分部（分项）工程或专项工程的施工方案，应由专业承包单位技术负责人或技术负责人授权的技术人员审批。

24. D。本题考核的是保险。劳务分包人必须为从事危险作业的职工办理意外伤害保险，并为施工场地内自有人员生命财产和施工机械设备办理保险，支付保险费用。

25. B。本题考核的是开始到开始时距（$STS_{i,j}$）的连接方法。道路工程中的铺设路基和浇筑路面，待路基开始工作一定时间为路面工程创造一定工作条件之后，路面工程即可开始进行，这种开始工作时间之间的间隔就是 STS 时距。

26. B。本题考核的是工程变更的范围。根据我国《建设工程施工合同（示范文本）》GF—2017—0201 第 10.1 条变更的范围，除专用合同条款另有约定外，合同履行过程中发生以下情形的，应按照本条约定进行变更：

（1）增加或减少合同中任何工作，或追加额外的工作。

（2）取消合同中任何工作，但转由他人实施的工作除外。

（3）改变合同中任何工作的质量标准或其他特性。

（4）改变工程的基线、标高、位置和尺寸。

（5）改变工程的时间安排或实施顺序。

27. D。本题考核的是安全事故隐患治理原则。冗余安全度治理原则是为确保安全，在治理事故隐患时应考虑设置多道防线，即使发生有一两道防线无效，还有冗余的防线可以控制事故隐患。例如：道路上有一个坑，既要设防护栏及警示牌，又要设照明及夜间警示灯。

28. A。本题考核的是项目监理机构和人员。监理人更换总监理工程师时，应提前7d向委托人书面报告，经委托人同意后方可更换。

29. C。本题考核的是工程监理任务。核验施工测量放线，验收隐蔽工程、分部分项工程，签署分项、分部工程和单位工程质量评定表属于工程施工阶段建设监理工作的主要任务。

30. B。本题考核的是交货期限。交货日期的确定可以按照下列方式：

（1）供货方负责送货的，以采购方收货戳记的日期为准。

（2）采购方提货的，以供货方按合同规定通知的提货日期为准。

（3）凡委托运输部门或单位运输、送货或代运的产品，一般以供货方发运产品时承运单位签发的日期为准，不是以向承运单位提出申请的日期为准。

31. C。本题考核的是安全生产许可证制度。国务院建设主管部门负责中央管理的建筑施工企业安全生产许可证的颁发和管理，其他企业由省、自治区、直辖市人民政府建设主管部门进行颁发和管理，并接受国务院建设主管部门的指导和监督。

32. D。本题考核的是排列图法。排列图法又称主次因素分析法或帕累托图法，是用来分析影响质量主次因素的有效方法。排列图法采用 ABC 分类管理法，一般将累计频率在 0~80% 范围内的因素定为 A 类因素，即主要因素；累计频率在 80%~90% 范围内的因素定为 B 类因素，即次要因素；累计频率在 90%~100% 范围内的因素定为 C 类因素，即一般因素。A 类因素是需要加强控制、重点管理的对象；对 B 类因素可按常规管理；对 C 类因素则可放宽管理，以利于将主要精力放在改善 A 类因素上。

33. A。本题考核的是费用绩效指数。费用绩效指数=已完工作预算费用/已完工作实际费用 = 820/860 ≈ 0.953。

34. C。本题考核的是生产安全事故按事故造成损失的程度分级。生产安全事故按事故造成损失的程度分级如图 5 所示。

	一般	较大	重大	特大
死亡		3人	10人	30人
重伤		10人	50人	100人
直接经济损失	100万元	1000万元	5000万元	1亿元

图 5 生产安全事故按事故造成损失的程度分级

8 人死亡属于较大事故，60 人重伤属于重大事故，取大，应为重大事故。

35. D。本题考核的是施工单位的质量责任和义务。选项 A 属于建设单位的责任和义务，选项 A 错误。选项 B 属于勘察单位的责任和义务，选项 B 错误。选项 C 属于监理单位的责任和义务，选项 C 错误。

36. A。本题考核的是施工图预算与施工预算的对比。一般施工预算的材料消耗量及材料费低于施工图预算，选项 B 错误。施工预算是施工企业内部管理用的一种文件，与发包人无直接关系，选项 C 错误。施工图预算既适用于发包人，又适用于承包人；施工预算的编制以施工定额为依据，施工图预算的编制以预算定额为依据，选项 D 错误。

17

37. D。本题考核的是关于工期和维修期。承包人应力争以维修保函来代替业主扣留的质量保证金。与质量保证金相比，维修保函对承包人有利，主要是因为可提前取回被扣留的现金，而且保函是有时效的，期满将自动作废。

38. D。本题考核的是事前质量控制。选项A、B属于事中控制，选项C属于事后控制。

39. A。本题考核的是保险。AIA合同将保险分为三部分，即承包商责任保险、业主责任保险、财产保险。

40. D。本题考核的是质量监督管理机构人员。省、自治区、直辖市人民政府建设主管部门每两年对监督人员进行一次岗位考核，每年进行一次法律法规、业务知识培训，并适时组织开展继续教育培训。

41. A。本题考核的是施工现场环境保护的措施。凡在人口稠密区进行强噪声作业时，须严格控制作业时间，一般晚10时到次日早6时之间停止强噪声作业。

42. A。本题考核的是现场宿舍的管理。每间宿舍居住人数不得超过16人，选项B错误。室内净高不得小于2.4m，选项C错误。通道宽度不得小于0.9m，选项D错误。

43. C。本题考核的是偏差分析的表达方式。已完工作实际成本曲线与已完工作预算成本曲线的竖向距离为费用累计偏差。费用偏差=已完工作预算费用-已完工作实际费用。

44. C。本题考核的是实施性成本计划。实施性成本计划是项目施工准备阶段的施工预算成本计划，它是以项目实施方案为依据，以落实项目经理责任目标为出发点，采用企业的施工定额通过施工预算的编制而形成的实施性成本计划。

45. C。本题考核的是关键线路的确定。自始至终全部由关键工作组成的线路为关键线路，或线路上总的工作持续时间最长的线路为关键线路。本题包括的关键线路有：①→②→⑦→⑧→⑨、①→②→④→⑥→⑨、①→②→④→⑥→⑦→⑧→⑨。

46. D。本题考核的是项目进度控制的任务。在国际上，设计进度计划主要是各设计阶段的设计图纸（包括有关的说明）的出图计划，在出图计划中标明每张图纸的名称、图纸规格、负责人和出图日期。出图计划是设计方进度控制的依据，也是业主方控制设计进度的依据。

47. C。本题考核的是因素分析法。因素分析法又称连环置换法，可用来分析各种因素对成本的影响程度。

48. B。本题考核的是施工质量事故发生的原因。管理原因指引发质量事故是由于管理上的不完善或失误。例如，施工单位或监理单位的质量管理体系不完善，质量管理措施落实不力，施工管理混乱，不遵守相关规范，违章作业，检验制度不严密，质量控制不严格，检测仪器设备管理不善而失准以及材料质量检验不严等原因引起质量事故。

49. A。本题考核的是项目进度控制的任务。选项B属于业主方进度控制的任务，选项C属于设计方进度控制的任务，选项D属于供货方进度控制的任务。

50. C。本题考核的是对"日期和期限"的定义。招标发包的工程以投标截止日前28d的日期为基准日期，直接发包的工程以合同签订日前28d的日期为基准日期。

51. A。本题考核的是索赔意向通知。在工程实施过程中发生索赔事件以后，或者承包人发现索赔机会，首先要提出索赔意向，即在合同规定时间内将索赔意向用书面形式及时通知发包人或者工程师，向对方表明索赔愿望、要求或者声明保留索赔权利，这是索赔工作程序的第一步。

52. D。本题考核的是项目经理的工作性质。项目经理应常驻施工现场，且每月在施工现场时间不得少于专用合同条款约定的天数。项目经理不得同时担任其他项目的项目经理。项目经理确需离开施工现场时，应事先通知监理人，并取得发包人的书面同意。

53．B。本题考核的是材料费的控制。材料费控制按照"量价分离"原则，控制材料用量和材料价格。

54．A。本题考核的是网络计划调整的方法。当关键线路的实际进度比计划进度拖后时，应在尚未完成的关键工作中，选择资源强度小或费用低的工作缩短其持续时间，并重新计算未完成部分的时间参数，将其作为一个新计划实施。

55．C。本题考核的是建设工程职业健康安全与环境管理的特点。复杂性：建设项目的职业健康安全和环境管理涉及大量的露天作业，受到气候条件、工程地质和水文地质、地理条件和地域资源等不可控因素的影响较大。

56．D。本题考核的是现场处置方案的主要内容。现场处置方案的主要内容：（1）事故特征；（2）应急组织与职责；（3）应急处置；（4）注意事项。

57．B。本题考核的是建设工程总进度目标论证的工作步骤。总进度目标论证的工作步骤：

（1）调查研究和收集资料。

（2）进行项目结构分析。

（3）进行进度计划系统的结构分析。

（4）确定项目的工作编码。

（5）编制各层进度计划。

（6）协调各层进度计划的关系和编制总进度计划。

（7）若所编制的总进度计划不符合项目进度目标，则设法调整。

（8）若经过多次调整，进度目标无法实现，则报告项目决策者。

58．D。本题考核的是项目目标动态控制的工作程序。项目目标动态控制的工作程序：

（1）第一步，项目目标动态控制的准备工作。将项目的目标进行分解，以确定用于目标控制的计划值。

（2）第二步，在项目实施过程中项目目标的动态控制。

①收集项目目标的实际值，如实际投资、实际进度等。

②定期（如每两周或每月）进行项目目标的计划值和实际值的比较。

③通过项目目标的计划值和实际值的比较，如有偏差，则采取纠偏措施进行纠偏。

（3）第三步，如有必要，则进行项目目标的调整，目标调整后再回复到第一步。

59．A。本题考核的是DAB的优点。采用DAB方式解决争端的优点在于以下几个方面：

（1）DAB委员可以在项目开始时就介入项目，了解项目管理情况及其存在的问题。

（2）DAB委员公正性、中立性的规定通常情况下可以保证他们的决定不带有任何主观倾向或偏见；DAB的委员有较高的业务素质和实践经验，特别是具有项目施工方面的丰富经验。

（3）周期短，可以及时解决争议。

（4）DAB的费用较低。

（5）DAB委员是发包人和承包人自己选择的，其裁决意见容易为他们所接受。

（6）由于DAB提出的裁决不是强制性的，不具有终局性，合同双方或一方对裁决不满意，仍然可以提请仲裁或诉讼。

60．C。本题考核的是差额计算法。差额计算法是因素分析法的一种简化形式，它利用

19

各个因素的目标值与实际值的差额来计算其对成本的影响程度。该项目成本降低率提高对成本降低额的影响：240×（3.5%−3%）= 1.2万元。

61. A。本题考核的是交叉延误。当两个或两个以上的延误事件从发生到终止只有部分时间重合时，称为交叉延误；由于工程项目是一个较为复杂的系统工程，影响因素众多，常常会出现多种原因引起的延误交织在一起的情况，这种交叉延误的补偿分析更加复杂。

62. C。本题考核的是计算工作最迟开始时间。总时差=最迟开始时间−最早开始时间，该工作紧后工作的最早开始时间分别是第5天、第6天、第8天，总时差分别为3d、2d、1d，所以3项紧后工作的最迟开始时间分别是第8天、第8天、第9天。M工作的最迟完成时间等于其紧后所有工作最迟开始时间的最小值，故M的最迟完成时间是第8天，持续时间为2d，故M工作最迟开始时间是8−2=6d。

63. B。本题考核的是项目质量体系的建立程序。项目质量体系的建立程序包括：建立系统质量控制网络、制定质量控制制度、分析质量控制界面、编制质量控制计划。

64. A。本题考核的是项目风险评估。项目风险评估包括以下工作：

（1）利用已有数据资料（主要是类似项目有关风险的历史资料）和相关专业方法分析各种风险因素发生的概率。

（2）分析各种风险的损失量，包括可能发生的工期损失、费用损失，以及对工程的质量、功能和使用效果等方面的影响。

（3）根据各种风险发生的概率和损失量，确定各种风险的风险量和风险等级。

65. C。本题考核的是项目信息门户运行的组织理论基础。项目信息门户的建立和运行的理论基础是远程合作理论。

66. A。本题考核的是投标保证金的担保额度。根据《中华人民共和国招标投标法实施条例》，投标保证金不得超过招标项目估算价的2%。投标保证金有效期应当与投标有效期一致。

67. C。本题考核的是成本考核。成本预测是成本决策的前提，成本计划是成本决策所确定目标的具体化。

68. B。本题考核的是全面质量管理（TQC）的思想。全面质量管理（TQC）的思想其基本原理就是在强调在企业或组织最高管理者的质量方针下，实行全面、全过程和全员参与的质量管理。

69. D。本题考核的是施工质量缺陷处理的基本方法。后道工序可以弥补的质量缺陷，例如，混凝土结构表面的轻微麻面，可通过后续的抹灰、刮涂、喷涂等弥补，也可不作处理；再比如，混凝土现浇楼面的平整度偏差达10mm，但由于后续垫层和面层的施工可以弥补，所以也可不做处理。

70. C。本题考核的是内部管理不良预警系统。内部管理不良预警系统包括：质量管理预警、设备管理预警、人的行为活动管理预警。

二、多项选择题

71. A、B、D；　　　　72. C、E；　　　　　73. B、E；
74. B、C、E；　　　　75. A、C、D；　　　76. C、D；
77. A、B、C、D；　　78. A、B、E；　　　79. B、D；
80. A、B；　　　　　81. A、C、D、E；　　82. A、B、C、E；

83. A、D、E；	84. B、C、D；	85. A、B、C、E；
86. A、D、E；	87. B、C、E；	88. A、C、E；
89. C、D、E；	90. B、C、D；	91. C、D、E；
92. D、E；	93. B、D、E；	94. A、B、E；
95. A、B、C；	96. A、B、C；	97. A、B、D、E；
98. A、B、C、D；	99. A、D；	100. C、D。

【解析】

71. A、B、D。本题考核的是建设工程管理的内涵。决策阶段管理工作的主要任务是确定项目的定义，一般包括如下内容：
（1）确定项目实施的组织。
（2）确定和落实建设地点。
（3）确定建设目的、任务和建设的指导思想及原则。
（4）确定和落实项目建设的资金。
（5）确定建设项目的投资目标、进度目标和质量目标等。

72. C、E。本题考核的是项目管理规划大纲的内容。项目管理规划大纲的内容有：（1）项目概况；（2）项目范围管理；（3）项目管理目标；（4）项目管理组织；（5）项目采购与投标管理；（6）项目进度管理；（7）项目质量管理；（8）项目成本管理；（9）项目安全生产管理；（10）绿色建造与环境管理；（11）项目资源管理；（12）项目信息管理；（13）项目沟通与相关方管理；（14）项目风险管理；（15）项目收尾管理。

73. B、E。本题考核的是总时差的计算。在双代号网络计划中，总时差等于其最迟开始时间减去最早开始时间，或等于最迟完成时间减去最早完成时间，选项 B 正确。在单代号网络计划中，总时差等于该工作的各个紧后工作的总时差加该工作与其紧后工作之间的时间间隔之和的最小值，选项 E 正确。

74. B、C、E。本题考核的是关键工作的确定。总时差为最小的工作是关键工作。将这些关键工作相连保证相邻两项关键工作之间的时间间隔为零而构成的线路就是关键线路，选项 B、E 正确。关键线路上的工作为关键工作，关键工作也可以在非关键线路上，选项 C 正确。

75. A、C、D。本题考核的是建设单位的质量责任和义务。施工人员对涉及结构安全的试块、试件以及有关材料，应当在建设单位或者工程监理单位监督下现场取样，并送具有相应资质等级的质量检测单位进行检测，选项 B 错误。隐蔽工程在隐蔽前通知监理单位和建设工程质量监督机构是施工单位的质量责任和义务，选项 E 错误。

76. C、D。本题考核的是分包人的工作。在合同约定的时间内，向承包人提交详细的施工组织设计，承包人应在专用条款约定的时间内批准，分包人方可执行，所以选项 C 正确。已竣工工程未交付承包人之前，分包人应负责已完分包工程的成品保护工作，保护期间发生损坏，分包人自费予以修复，选项 D 正确。选项 A、B 为工程承包人的责任和义务。未经承包人允许，分包人不得以任何理由与发包人或监理人发生直接工作联系，分包人不得直接致函发包人或监理人，也不得直接接受发包人或监理人的指令，选项 E 错误。

77. A、B、C、D。本题考核的是工程的验收、移交和保修。竣工验收合格即办理移交。移交作为一个重要的合同事件，同时又是一个重要的法律概念。它表示：
（1）业主认可并接收工程，承包人工程施工任务的完结。

21

（2）工程所有权的转让。

（3）承包人工程照管责任的结束和业主工程照管责任的开始。

（4）保修责任的开始。

（5）合同规定的工程款支付条款有效。

78. A、B、E。本题考核的是不可抗力事件。不可抗力事件引起的索赔，在新版 FIDIC 施工合同条件中，不可抗力通常是满足以下条件的特殊事件或情况：一方无法控制的、该方在签订合同前不能对之进行合理防备的、发生后该方不能合理避免或克服的、不主要归因于他方的。不可抗力事件发生导致承包人损失，通常应该由发包人承担，即承包人可以据此提出索赔。

79. B、D。本题考核的是成本管理的组织措施。组织措施的一方面是编制成本管理工作计划，确定合理详细的工作流程。选项 A 属于技术措施，选项 C、E 属于经济措施。

80. A、B。本题考核的是建设工程项目决策阶段的职业健康安全和环境管理。建设单位应按照有关建设工程法律法规的规定和强制性标准的要求，办理各种有关安全与环境保护方面的审批手续。对需要进行环境影响评价或安全预评价的建设工程项目，应组织或委托有相应资质的单位进行建设工程项目环境影响评价和安全预评价。

81. A、C、D、E。本题考核的是成本考核的依据和方法。公司应以项目成本降低额、项目成本降低率作为对项目管理机构成本考核主要指标，所以选项 B 错误。

82. A、B、C、E。本题考核的是安全技术交底主要内容。安全技术交底主要内容如下：

（1）工程项目和分部分项工程的概况。

（2）本施工项目的施工作业特点和危险点。

（3）针对危险点的具体预防措施。

（4）作业中应遵守的安全操作规程以及应注意的安全事项。

（5）作业人员发现事故隐患应采取的措施。

（6）发生事故后应及时采取的避难和急救措施。

83. A、D、E。本题考核的是《建设工程质量管理条例》的有关规定。《建设工程质量管理条例》规定，监理工程师应当按照工程监理规范的要求，采取旁站、巡视和平行检验等形式，对建设工程实施监理。

84. B、C、D。本题考核的是企业管理费。材料采购及保管属于材料费，选项 A 错误。特殊情况下支付的工资属于人工费，选项 E 错误。

85. A、B、C、E。本题考核的是成本控制的依据。项目管理机构实施成本控制的依据包括：合同文件、成本计划、进度报告、工程变更与索赔资料、各种资源的市场信息。

86. A、D、E。本题考核的是项目管理机构负责人的权限。项目管理机构负责人的权限如下：

（1）参与项目招标，投标和合同签订。

（2）参与组建项目管理机构。

（3）参与组织对项目各阶段的重大决策。

（4）主持项目管理机构工作。

（5）决定授权范围内的项目资源使用。

（6）在组织制度的框架下制定项目管理机构管理制度。

（7）参与选择并直接管理具有相应资质的分包人。

（8）参与选择大宗资源的供应单位。

（9）在授权范围内与项目相关方进行直接沟通。

（10）法定代表人和组织授予的其他权利。

87. B、C、E。本题考核的是安全事故应急预案管理。参加应急预案评审的人员应当包括应急预案涉及的政府部门工作人员和有关安全生产及应急管理方面的专家。评审人员与所评审预案的生产经营单位有利害关系的，应当回避，选项 A 错误。根据本单位的事故预防重点，每年至少组织 1 次综合应急预案演练或者专项应急预案演练，每半年至少组织 1 次现场处置方案演练，选项 D 错误。

88. A、C、E。本题考核的是进度计划的检查。第 6 周末检查进度时，工作 C 为关键工作，拖后 2 周，影响工期 2 周，选项 A 正确。工作 D 的总时差为 1 周，拖后 1 周不影响总工期，选项 B 错误。工作 E 为非关键工作，提前 1 周，不影响工期，选项 C 正确。第 10 周末检查进度时，工作 G 为关键工作，拖后 1 周，影响总工期 1 周，选项 D 错误。工作 H 为非关键工作，提前完成，不影响工期，所以选项 E 正确。

89. C、D、E。本题考核的是政府对工程质量监督的内容。政府建设行政主管部门和其他有关部门的工程质量监督管理应当包括下列内容：

（1）执行法律法规和工程建设强制性标准的情况。

（2）抽查涉及工程主体结构安全和主要使用功能的工程实体质量。

（3）抽查工程质量责任主体和质量检测等单位的工程质量行为。

（4）抽查主要建筑材料、建筑构配件的质量。

（5）对工程竣工验收进行监督。

（6）组织或者参与工程质量事故的调查处理。

（7）定期对本地区工程质量状况进行统计分析。

（8）依法对违法违规行为实施处罚。

90. B、C、D。本题考核的是资格预审。招标人有下列行为之一的，属于以不合理条件限制、排斥潜在投标人或者投标人：

（1）就同一招标项目向潜在投标人或者投标人提供有差别的项目信息。

（2）设定的资格、技术、商务条件与招标项目的具体特点和实际需要不相适应或者与合同履行无关。

（3）依法必须进行招标的项目以特定行政区域或者特定行业的业绩、奖项作为加分条件或者中标条件。

（4）对潜在投标人或者投标人采取不同的资格审查或者评标标准。

（5）限定或者指定特定的专利、商标、品牌、原产地或者供应商。

（6）依法必须进行招标的项目非法限定潜在投标人或者投标人的所有制形式或者组织形式。

（7）以其他不合理条件限制、排斥潜在投标人或者投标人。

91. C、D、E。本题考核的是公开招标的特点。公开招标的优点是招标人有较大的选择范围，可在众多的投标人中选择报价合理、工期较短、技术可靠、资信良好的中标人。但是公开招标的资格审查和评标的工作量比较大，耗时长、费用高，且有可能因资格预审把关不严导致鱼目混珠的现象发生。

92. D、E。本题考核的是成本核算的方法。业务核算法属于成本分析的依据，选项 A

23

错误。差额计算法与因素分析法属于成本分析的基本方法，选项B、C错误。

93. B、D、E。本题考核的是项目质量控制体系的运行。项目质量控制体系的运行环境主要包括：（1）项目的合同结构；（2）质量管理的资源配置；（3）质量管理的组织进度。

94. A、B、E。本题考核的是项目进度控制的组织措施。组织是目标能否实现的决定性因素，为实现项目的进度目标，应充分重视健全项目管理的组织体系。在项目组织结构中应有专门的工作部门和符合进度控制岗位资格的专人负责进度控制工作。进度控制的主要工作环节包括进度目标的分析和论证、编制进度计划、定期跟踪进度计划的执行情况、采取纠偏措施以及调整进度计划。这些工作任务和相应的管理职能应在项目管理组织设计的任务分工表和管理职能分工表中标示并落实。项目进度控制应编制项目进度控制的工作流程。进度控制工作包含了大量的组织和协调工作，而会议是组织和协调的重要手段，应进行有关进度控制会议的组织设计。

95. A、B、C。本题考核的是双代号网络图的箭线（工作）。虚箭线的作用包括联系、区分和断路。

96. A、B、C。本题考核的是施工方案的内容。施工方案的主要内容如下：（1）工程概况；（2）施工安排；（3）施工进度计划；（4）施工准备与资源配置计划；（5）施工方法及工艺要求。

97. A、B、D、E。本题考核的是施工现场空气污染的防治措施。除设有符合规定的装置外，禁止在施工现场焚烧油毡、橡胶、塑料、皮革、树叶、枯草、各种包装物等废弃物品以及其他会产生有毒、有害烟尘和恶臭气体的物质。

98. A、B、C、D。本题考核的是英国JCT合同条件。JCT的建筑工程合同条件（JCT98）用于业主和承包商之间的施工总承包合同，主要适用于传统的施工总承包，属于总价合同。JCT98的适用条件如下：

（1）传统的房屋建筑工程，发包前的准备工作完善。

（2）项目复杂程度由低到高都可以适用，尤其适用项目比较复杂，有较复杂的设备安装或专业工作。

（3）设计与项目管理之间的配合紧密程度高，业主主导项目管理的全过程，对业主项目管理人员的经验要求高。

（4）大型项目，合同总金额高，工期较长，至少1年以上。

（5）从设计到施工的执行速度较慢。

（6）对变更的控制能力强，成本确定性较高。

（7）索赔条件较清晰。

（8）违约和质量缺陷的风险主要由承包商承担，但工期延误风险由业主和承包商共同承担。

99. A、D。本题考核的是关键线路的确定。单代号网络计划关键线路的确定：（1）总的工作持续时间最长；（2）从起点节点开始到终点节点均为关键工作，且所有工作的时间间隔为零的线路为关键线路。

100. C、D。本题考核的是工程施工质量验收。需进行观感验收的有分部工程验收和竣工验收。竣工验收也就是单位工程质量验收。

2022 年度全国一级建造师执业资格考试

《建设工程项目管理》

真题及解析

学习遇到问题？
扫码在线答疑

2022 年度《建设工程项目管理》真题

一、单项选择题（共 70 题，每题 1 分。每题的备选项中，只有 1 个最符合题意）

1. 建设工程项目决策阶段的管理主体是（　　）。
   A. 投资方和设计方　　　　　　　B. 投资方和开发方
   C. 开发方和设计方　　　　　　　D. 开发方和供货方

2. 由施工方自行确定的项目管理目标是（　　）。
   A. 环保　　　　　　　　　　　　B. 安全
   C. 质量　　　　　　　　　　　　D. 成本

3. 下列组织工具中，采用双向箭线表达连接对象之间关系的是（　　）。
   A. 项目结构图　　　　　　　　　B. 合同结构图
   C. 工作流程图　　　　　　　　　D. 组织结构图

4. 建设工程项目决策阶段策划工作内容中，项目编码体系分析属于（　　）的工作内容。
   A. 组织策划　　　　　　　　　　B. 管理策划
   C. 合同策划　　　　　　　　　　D. 技术策划

5. 某建设工程项目施工任务采用施工总承包模式，对各个分包单位的工程款项，应由（　　）负责支付。
   A. 施工总承包单位　　　　　　　B. 施工总承包管理单位
   C. 业主方　　　　　　　　　　　D. 业主委托的第三方机构

6. 项目管理规划可分为项目管理规划大纲和（　　）。
   A. 实施规划　　　　　　　　　　B. 决策规划
   C. 规划策划　　　　　　　　　　D. 配套策划

7. 根据《建筑施工组织设计规范》GB/T 50502—2009，单位工程施工组织设计应由（　　）审批。
   A. 施工项目负责人　　　　　　　B. 总承包单位负责人
   C. 施工单位技术负责人　　　　　D. 施工项目技术负责人

1

8. 某项目由于电梯设备采购延误导致总体工程进度延误，项目经理部研究决定调整项目采购负责人，该纠偏措施属于项目目标控制的（　　）。
   A. 组织措施　　　　　　　　　　　B. 合同措施
   C. 经济措施　　　　　　　　　　　D. 技术措施

9. 建筑施工企业因暂时生产经营困难无法按劳动合同约定的日期支付工资的，应向劳动者说明情况，并经与工会或职工代表协商一致后，可以延期支付工资，但最长不得超过（　　）d。
   A. 7　　　　　　　　　　　　　　B. 14
   C. 21　　　　　　　　　　　　　D. 30

10. 项目风险管理工作包括：①风险应对；②风险评估；③风险识别；④风险监控。正确的工作流程是（　　）。
    A. ③—②—④—①　　　　　　　　B. ②—③—④—①
    C. ①—③—②—④　　　　　　　　D. ③—②—①—④

11. 下列工作中，属于工程监理单位施工质量控制任务的是（　　）。
    A. 核查施工进度计划的调整
    B. 验收隐蔽工程
    C. 核对工程形象进度
    D. 参加项目应急预案演练

12. 关于成本计划的说法，正确的是（　　）。
    A. 成本计划由建设单位或项目监理机构编制
    B. 成本计划是目标成本的一种形式
    C. 成本计划是成本决策的前提
    D. 成本计划编制应贯穿于项目实施全过程

13. 下列成本管理措施中，属于合同措施的是（　　）。
    A. 编制科学合理的成本计划
    B. 对成本管理目标进行风险分析
    C. 在项目实施过程中寻找索赔机会
    D. 对不同的技术方案进行比选

14. 按建筑安装工程费用构成要素划分，应计入企业管理费的是（　　）。
    A. 劳动保护费　　　　　　　　　　B. 社会保险费
    C. 住房公积金　　　　　　　　　　D. 工伤保险费

15. 成本计划编制过程中，可按（　　）编制"时间—成本累计曲线"成本计划。
    A. 成本组成　　　　　　　　　　　B. 项目结构
    C. 工程实施阶段　　　　　　　　　D. 工程量清单

16. 某分部工程计划工程量5000m³，计划成本500元/m³。某检查时点实际完成工程量4500m³，实际成本520元/m³。用赢得值法分析该分部工程在检查时点的施工成本偏差是（　　）万元。

A. -9　　　　　　　　　　　　　B. -10
C. -16　　　　　　　　　　　　　D. -35

17. 施工成本过程控制中，控制人工费通常采用的方法是（　　）。
   A. 弹性管理　　　　　　　　　　B. 量价分离
   C. 指标包干　　　　　　　　　　D. 计量控制

18. 成本管理过程中，检验成本计划是否实现的环节是（　　）。
   A. 成本控制　　　　　　　　　　B. 成本考核
   C. 成本分析　　　　　　　　　　D. 成本核算

19. 某施工单位在2021年6月为订立某项目承包合同发生差旅费、投标费共30万元，该项目于2022年6月完工时发生人工费500万元，差旅费4万元，项目管理人员工资85万元，材料搬运费15万元，施工机械租赁费40万元及生产用具使用费25万元。根据《财政部关于印发〈企业产品成本核算制度（试行）〉的通知》，应计入其他直接费用的是（　　）万元。
   A. 74　　　　　　　　　　　　　B. 70
   C. 59　　　　　　　　　　　　　D. 34

20. 某工程商品混凝土的目标产量为200m³，目标单价430元/m³，损耗率4%。实际产量为270m³，实际单价480元/m³，损耗率3%。采用因素分析法进行分析，因产量增加使成本增加（　　）元。
   A. 31003　　　　　　　　　　　B. 31304
   C. 45344　　　　　　　　　　　D. 44908

21. 成本分析的工作内容包括：①选择成本分析方法；②进行成本数据处理；③分析成本形成原因；④收集成本信息；⑤确定成本结果。正确的成本分析步骤是（　　）。
   A. ①—④—②—③—⑤　　　　　B. ①—⑤—④—②—③
   C. ④—①—②—③—⑤　　　　　D. ④—⑤—①—②—③

22. 下列各项进度计划中，不属于施工方进度计划的是（　　）。
   A. 施工准备工作计划
   B. 施工总进度计划
   C. 施工招标工作计划
   D. 单位工程施工进度计划

23. 建设工程项目总进度目标应在（　　）阶段确定。
   A. 决策　　　　　　　　　　　　B. 设计准备
   C. 设计　　　　　　　　　　　　D. 动用前准备

24. 关于横道图进度计划功能的说法，正确的是（　　）。
   A. 确定进度计划的关键线路
   B. 分析进度目标完成的概率
   C. 计算项目资源的需要量
   D. 调整资源需要量的均衡度

25. 某工程双代号网络图如图1所示，图中存在的错误是（　　）。

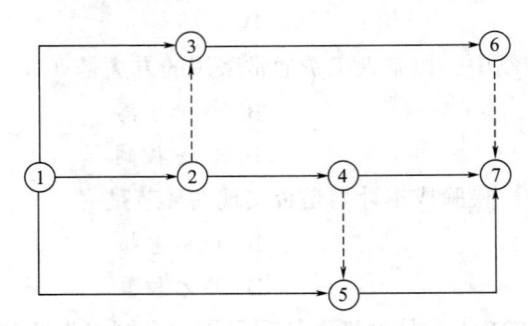

图 1　某工程双代号网络图

A. 节点编号混乱　　　　　　　B. 存在多余的虚箭线
C. 存在逆向箭线　　　　　　　D. 存在多个终点节点

26. 某工程双代号时标网络计划（时间：d）如图2所示，图中表达的正确信息是（　　）。

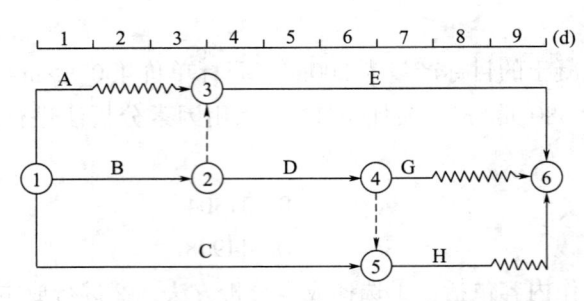

图 2　某工程双代号时标网络计划

A. 工作 A 的总时差和自由时差不同
B. 工作 C 为关键工作
C. 工作 D 的总时差为零
D. 工作 E 为关键工作

27. 关于单代号网络图中箭线的说法，正确的是（　　）。

A. 箭线不能自右向左绘制
B. 箭线代表的工作不消耗资源
C. 相邻工作间的时间间隔用波形线表示
D. 用虚箭线表示工作之间的工艺关系

28. 修一条堤坝的护坡时，一定要等土堤自然沉降完成后开始。用单代号搭接网络计划表达堤坝填筑和堤坝护坡的逻辑关系时，应采用的搭接关系是（　　）。

A. 完成到开始（FTS）　　　　B. 完成到完成（FTF）
C. 开始到开始（STS）　　　　D. 开始到完成（STF）

29. 某工程网络计划中，工作 M 的持续时间是 1d，最早第 4 天开始。工作 M 的两个紧后工作的最迟开始时间分别为第 7 天和第 9 天。工作 M 的总时差是（　　）d。

A. 1　　　　　　　　　　　　B. 2
C. 3　　　　　　　　　　　　D. 5

30. 某工程网络计划中，工作 N 的持续时间是 1d，最早第 14 天上班时刻开始，工作 N 的三个紧前工作 A、B、C 最早完成时间分别是第 9 天、第 11 天、第 13 天下班时刻，则工作 B 与工作 N 的时间间隔是（　　）d。
A. 0　　　　　　　　　　　　B. 1
C. 2　　　　　　　　　　　　D. 4

31. 下列建设工程项目进度控制措施中，属于组织措施的是（　　）。
A. 进度控制会议的组织设计
B. 分析施工方案对工程进度的影响
C. 编制相应的资源需求计划
D. 对比分析工程物资采购模式

32. 建设工程中使用的施工设施属于工程项目质量影响因素中的（　　）因素。
A. 材料　　　　　　　　　　B. 机械
C. 环境　　　　　　　　　　D. 方法

33. 根据《质量管理体系 基础和术语》GB/T 19000—2016，质量控制是指（　　）。
A. 针对特定时间段所策划并具有特定目标的一组安排
B. 对建筑产品具备的满足规定要求能力的程度进行的系统检查
C. 为达到工程项目质量要求所采取的作业技术和活动
D. 致力于满足质量要求的一系列相关活动

34. 项目总负责单位建立项目质量控制体系的第一步工作是（　　）。
A. 建立系统质量控制网络　　B. 建立质量控制制度
C. 分析质量控制界面　　　　D. 编制质量控制计划

35. 施工企业为落实质量管理工作而建立的各项管理标准，属于质量管理体系文件中的（　　）范畴。
A. 质量手册　　　　　　　　B. 程序文件
C. 质量计划　　　　　　　　D. 质量记录

36. 合理划分施工区段，属于施工生产要素质量控制中的（　　）质量控制内容。
A. 施工人员　　　　　　　　B. 材料设备
C. 施工环境因素　　　　　　D. 工艺技术方案

37. 下列施工质量控制活动中，属于事中控制的是（　　）。
A. 设置质量管理点　　　　　B. 工序质量检查
C. 质量活动结果评价　　　　D. 编制施工质量报告

38. 设计单位项目负责人应参加验收的是（　　）分部工程。
A. 节能　　　　　　　　　　B. 防水
C. 装饰装修　　　　　　　　D. 设备安装

39. 工程竣工验收合格后，应由（　　）及时提出工程竣工验收报告。

A. 监理单位 B. 质量监督机构
C. 施工单位 D. 建设单位

40. 某工程施工中发生一起质量事故，导致3人死亡，直接经济损失5000万元。该质量事故属于（　　）。

A. 特别重大事故 B. 重大事故
C. 较大事故 D. 一般事故

41. 施工质量事故的处理工作包括：①事故调查；②事故原因分析；③事故处理；④事故处理的鉴定验收；⑤制定事故处理方案。正确的工作程序是（　　）。

A. ①—②—③—④—⑤ B. ①—②—⑤—④—③
C. ①—②—⑤—③—④ D. ②—①—③—④—⑤

42. 关于因果分析图法的说法，正确的是（　　）。

A. 因果分析图可以反映质量数据的分布特征
B. 通常采用QC小组活动的方式进行因果分析
C. 可以定量分析影响质量的主次因素
D. 一张因果分析图可以分析多个质量问题

43. 在工程竣工验收时，政府质量监督机构的监督重点是（　　）。

A. 核验参与竣工验收人员的资格
B. 检查执行工程建设强制性标准的情况
C. 监督检查质量问题的整改情况
D. 监督竣工验收的程序及验收过程

44. 关于政府质量监督机构和监督人员的说法，正确的是（　　）。

A. 质量监督机构经建设行政主管部门授权后即实施质量监督
B. 质量监督人员应占质量监督机构总人数的70%以上
C. 质量监督机构应有固定的工作场所和满足监督检查所需的仪器、设备和工具
D. 质量监督人员具有1年以上工程质量管理或者设计、施工、监理等工作经历

45. 职业健康安全管理体系与环境管理体系运行中，由组织的最高管理者对管理体系进行系统评价属于（　　）工作。

A. 内部审核 B. 外部审核
C. 管理评审 D. 合规性评价

46. 下列职业健康安全与环境管理体系文件中，以体系标准中管理要素为对象编写的文件是（　　）。

A. 质量手册 B. 内部审核计划
C. 作业指导书 D. 记录表格

47. 根据《中华人民共和国建筑法》，下列保险种类中，由建筑施工企业自主决定为从事危险作业的职工投保的是（　　）。

A. 工伤保险 B. 意外伤害险
C. 基本医疗保险 D. 失业保险

48. 设备管理预警属于安全生产管理预警体系要素中（　　）的内容。
   A. 外部环境预警系统　　　　　　　B. 预警信息管理系统
   C. 内部管理不良预警系统　　　　　D. 事故预警系统

49. 工程项目部的工作人员在施工作业前，必须对所用的机械设备和工具进行仔细检查，发现问题立即上报。这种检查工作被称为（　　）。
   A. 全面安全检查　　　　　　　　　B. 专业人员安全检查
   C. 要害部门重点安全检查　　　　　D. 经常性安全检查

50. 某项目发生职工触电事故后，工程项目部在组织安全用电培训的同时，对现场配电箱进行防护改造，设置漏电开关。此项工作遵循了安全事故隐患治理的（　　）原则。
   A. 重点治理　　　　　　　　　　　B. 冗余安全度治理
   C. 动态治理　　　　　　　　　　　D. 综合治理

51. 关于生产安全事故应急预案管理的说法，正确的是（　　）。
   A. 生产经营单位的安全生产管理专家可参加本单位应急预案评审
   B. 应急预案应报同级人民政府和上一级安全生产监督管理部门备案
   C. 生产经营单位应每年至少组织2次综合应急预案演练或者专项应急预案演练
   D. 生产经营单位应每半年至少组织1次现场处置方案演练

52. 某生产经营单位生产规模小、危险因素小，编写应急预案的正确做法是（　　）。
   A. 可以合并编写综合应急预案和专项应急预案
   B. 仅编写现场处置方案
   C. 仅编写专项应急预案
   D. 不需要编写综合应急预案

53. 某拆除工程施工中发生倒塌事故，造成70人重伤、6人死亡。根据《生产安全事故报告和调查处理条例》，该事故属于（　　）。
   A. 一般事故　　　　　　　　　　　B. 较大事故
   C. 重大事故　　　　　　　　　　　D. 特别重大事故

54. 关于施工场界内污染防治的说法，正确的是（　　）。
   A. 属于环境保护问题
   B. 属于职业健康安全问题
   C. 既属于环境保护问题，也属于职业健康安全问题
   D. 属于对周围环境污染防治的一部分

55. 根据《建筑施工场界环境噪声排放标准》GB 12523—2011，建筑施工机械在昼间和夜间的噪声排放限值分别为（　　）dB（A）。
   A. 70和55　　　　　　　　　　　　B. 75和55
   C. 70和60　　　　　　　　　　　　D. 80和55

56. 根据《中华人民共和国招标投标法》，招标人对已发出的招标文件进行必要的澄清或者修改的，应当在招标文件要求提交投标文件截止时间至少（　　）日前发出。

A. 7　　　　　　　　　　　　B. 14
C. 15　　　　　　　　　　　　D. 21

57. 关于暂停施工的说法，正确的是（　　）。

A. 监理人认为有必要时，并经发包人同意后，可向承包人发出暂停施工的指示

B. 因发包人原因引起暂停施工的，监理人不必征询发包人同意，应及时下达暂停施工指示

C. 因监理人原因引起暂停施工的，发包人应承担由此增加的费用，承包人承担延误的工期

D. 因紧急情况需暂停施工，在监理人未下达暂停施工指示前，不得先暂停施工

58. 发包人负责采购的铝合金窗，运到工地与承包人共同清点验收后存入承包人仓库。安装完毕后，监理人检查发现铝合金窗存在质量问题，要求承包人拆除。处理此质量事故的正确做法是（　　）。

A. 所需费用和（或）延误工期由承包人承担

B. 所需费用和（或）延误工期由发包人承担

C. 所需费用给予补偿，延误工期由承包人承担

D. 延误工期给予顺延，所需费用由承包人承担

59. 某建筑材料采购合同约定由运输部门送货，其相应的交货日期应约定为（　　）。

A. 采购方收货戳记的日期

B. 供货方通知的提货日期

C. 供货方向承运单位提出运输申请的日期

D. 供货方交货时承运单位签发的日期

60. 根据《建设工程监理合同（示范文本）》GF—2012—0202，关于监理人职责的说法，正确的是（　　）。

A. 当委托人与承包人之间发生合同争议时，监理人应不参与争议处理

B. 当委托人与承包人之间的合同争议提交仲裁机构仲裁时，监理人应提交必要的证明资料

C. 监理人可以遵循公平合理原则，适度超越授权范围处理委托人与承包人所签合同的变更事宜

D. 除专用条件另有约定外，监理人发现承包人的人员不能胜任本职工作的，有权要求发包人责令承包人予以调换

61. 采用单价合同时，最终工程结算总价是按（　　）计算确定的。

A. 发包人提供的清单工程量及承包人所填报的单价

B. 发包人提供的清单工程量及承包人实际发生的单价

C. 实际完成并经（咨询）工程师计量的工程量及承包人所填报的单价

D. 实际完成并经（咨询）工程师计量的工程量及承包人实际发生的单价

62. 计算一般性的项目规划和可行性研究、工程设计和施工监理服务费用时，最常用的费用计算方法是（　　）。

A. 按日计费法 B. 按实计量法
C. 人月费单价法 D. 工程建设费用百分比法

63. 施工项目投标保证金有效期应当与（　　）一致。
A. 投标截止日期 B. 中标通知书发出日期
C. 评标报告提交日期 D. 投标有效期

64. 工程担保中，最重要且担保金额最大的是（　　）。
A. 投标担保 B. 履约担保
C. 支付担保 D. 预付款担保

65. 采用增加劳务分包队伍处理合同偏差，属于调整措施中的（　　）措施。
A. 组织 B. 经济
C. 合同 D. 技术

66. 某工程因政府部门的要求导致工程变更，承包人做法正确的是（　　）。
A. 要求工期延长，补偿费用，再执行工程变更
B. 执行工程变更，要求发包人补偿费用
C. 拒绝执行变更，由发包人另行选择执行人
D. 执行工程变更，同时向发包人提出工程索赔

67. 下列延误工期的情形中，承包人不能提出工期索赔的是（　　）。
A. 开工前业主未能及时交付合格施工场地
B. 因地震原因造成暂时停工
C. 监理人指令有误导致工程延误
D. 季节性雨天导致连续3天不能施工

68. 工程施工合同履行中，可用来计算工期索赔时间的方法是（　　）。
A. 比例分析法 B. 动态比率法
C. 工期定额法 D. 挣值分析法

69. 在FIDIC施工合同条件下，合同双方在收到争端裁决决定后（　　）d内均未提出异议的，则该决定即为最终决定。
A. 14 B. 21
C. 28 D. 42

70. 依据项目管理的组织结构图，对每一个工作部门进行的编码属于（　　）。
A. 项目结构编码 B. 项目实施的工作项编码
C. 项目管理组织结构编码 D. 项目参与单位编码

二、多项选择题（共30题，每题2分。每题的备选项中，有2个或2个以上符合题意，至少有1个错项。错选，本题不得分；少选，所选的每个选项得0.5分）

71. 下列工作流程中，属于物质流程的有（　　）。
A. 合同管理流程
B. 设计变更流程
C. 钢结构深化设计工作流程

D. 弱电工程物资采购工作流程

E. 外立面施工工作流程

72. 施工组织设计应及时进行修改或补充的情形有（　　）。

A. 某房屋建筑项目的机电系统进行大调整

B. 因规范调整需要对工程进行检查验收

C. 因造价原因需要对某房屋建筑的电梯品牌及参数进行修改

D. 因自然灾害导致某在建项目工期严重滞后

E. 某在建工程施工场地变化造成现场布置和施工方式改变

73. 工程项目风险管理中常用的风险对策有（　　）。

A. 风险规避　　　　　　　　　B. 风险减轻

C. 风险自留　　　　　　　　　D. 风险监控

E. 风险转移

74. 关于施工总承包管理模式的说法，正确的有（　　）。

A. 业主的招标及合同管理工作量较大

B. 有利于业主控制工程总投资

C. 对分包人的质量控制由施工总承包管理单位进行

D. 业主的协调管理工作量小

E. 可减少业主实施工程的风险

75. 下列成本管理措施中，属于经济措施的有（　　）。

A. 编制项目资金使用计划

B. 对施工方案进行技术经济比较

C. 明确成本管理人员的工作任务

D. 分解成本管理目标

E. 对成本管理目标进行风险分析

76. 某施工项目的进度和成本数据见表1。关于该项目成本计划的说法，正确的有（　　）。

表1　某施工项目的进度和成本数据

编码	工作名称	最早开始时间（月份）	持续时间（月）	成本强度（万元/月）
11	场地平整	1	1	25
12	基础施工	2	3	20
13	主体工程施工	4	6	40
14	砌筑工程施工	8	3	25
15	屋面工程施工	10	2	30

A. 项目总计划成本是460万元

B. 第4月内计划成本是60万元

10

C. 8月末计划成本累计310万元
D. 第4、5月两个月的计划成本相同
E. 第8、9月两个月的计划成本相同

77. 赢得值法评价指标中，适用于不同项目之间偏差分析的有（　　）。
A. 费用偏差
B. 进度偏差
C. 费用绩效指数
D. 进度绩效指数
E. 综合绩效指数

78. 关于成本核算中表格核算法的说法，正确的有（　　）。
A. 便于操作
B. 实用性好
C. 科学严密
D. 覆盖面较小
E. 对核算人员专业要求较高

79. 关于成本分析的说法，正确的有（　　）。
A. 业务核算可以对未发生、正在发生及已完成的经济活动进行核算
B. 统计核算不能用劳动量进行计量
C. 分部分项工程成本分析的对象为已完分部分项工程
D. 年度成本分析的重点是针对下一年度的施工进展情况制定的成本管理措施
E. 材料采购保管费会随材料采购数量增多而增加

80. 建设工程项目总进度纲要的主要内容有（　　）。
A. 项目实施的总体部署
B. 总进度规划
C. 与总进度规划对应的资源需求计划
D. 确定里程碑事件的计划进度目标
E. 总进度目标实现的条件和应采取的措施

81. 某工程双代号时标网络计划（时间：d）如图3所示，图中表达的正确信息有（　　）。

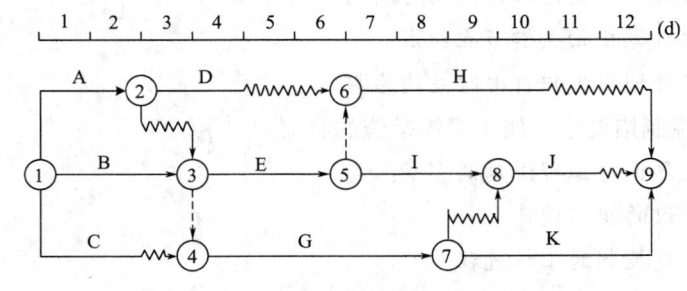

图3 某工程双代号时标网络计划

A. 工作A的总时差为1d
B. 工作B的自由时差为1d
C. 工作C的总时差与自由时差相等
D. 工作D的总时差为4d

E. 工作 E 的总时差为零

82. 某工程单代号网络计划（时间：d）如图 4 所示，图中节点上下方数字分别表示相应工作代号和持续时间。时间参数计算正确的有（　　）。

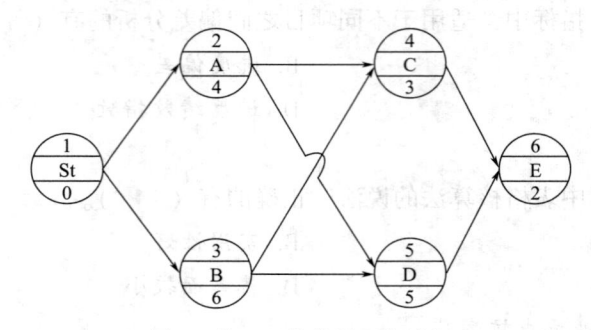

图 4　某工程单代号网络计划

A. $LS_A = 0$　　　　　　　　　B. $LS_B = 0$
C. $TF_C = 0$　　　　　　　　　D. $FF_D = 0$
E. $LF_E = 13$

83. 工程网络计划中，关键工作是指（　　）的工作。

A. 时标网络计划中无波形线
B. 与紧后工作之间间隔时间为零
C. 最早开始时间与最迟开始时间相差最小
D. 总时差最小
E. 双代号网络计划中两端节点均为关键节点

84. 工程网络计划中，关键线路是指（　　）的线路。

A. 双代号网络计划中无虚箭线
B. 双代号时标网络计划中无波形线
C. 单代号网络计划中关键工作之间时间间隔均为零
D. 双代号网络计划中由关键节点组成
E. 单代号网络计划中工作自由时差均为零

85. 下列进度控制措施中，属于组织措施的有（　　）。

A. 分析合同交界面对工程进度的影响
B. 进度控制会议的组织设计
C. 编制项目进度控制的工作流程
D. 分析影响进度的风险因素
E. 明确进度控制职能分工

86. 质量管理的实施职能在于将质量目标值，通过（　　）转换为质量实际值。

A. 生产要素投入　　　　　　B. 技术创新研发
C. 作业技术活动　　　　　　D. 产出过程
E. 管理活动

87. 施工作业质量自控的基本程序中包含的工作有（　　）。
A. 作业技术交底
B. 作业活动的实施
C. 质量监督机构的抽检
D. 专职管理人员的质量检查
E. 现场旁站检查

88. 施工检验批质量验收的主控项目是指对（　　）起决定性作用的检验项目。
A. 安全
B. 节能
C. 环境保护
D. 经济效果
E. 主要使用功能

89. 下列导致工程质量事故的原因中，属于技术原因的有（　　）。
A. 地质勘察水文地质情况判断错误
B. 结构设计方案不合理
C. 质量管理措施落实不力
D. 检测仪器设备管理不善而失准
E. 采用不合适的施工方法或施工工艺

90. 在工程质量管理中，采用直方图的作用有（　　）。
A. 确定产生质量问题的主次影响因素
B. 分析判断生产过程是否处于稳定状况
C. 分析质量数据的分布特征
D. 分析质量水平是否保持在公差允许范围内
E. 逐层深入排查产生质量问题的可能原因

91. 根据《建设工程安全生产管理条例》，下列危险性较大的分部分项工程中，施工单位应组织专家对专项施工方案进行论证的有（　　）。
A. 起重吊装工程
B. 脚手架工程
C. 地下暗挖工程
D. 深基坑工程
E. 高大模板工程

92. 根据《生产安全事故报告和调查处理条例》，下列事故中，县级人民政府应当自收到事故调查报告之日起 15 日内做出批复的有（　　）。
A. 造成人员伤亡的一般事故
B. 无人员死亡的较大事故
C. 直接经济损失较小的重大事故
D. 未造成人员伤亡的一般事故
E. 特别重大事故

93. 关于建设工程现场文明施工措施的说法，正确的有（　　）。
A. 施工平面布置应随工程实施的不同阶段进行调整和优化
B. 沿工地四周应连续设置围挡
C. 市区主要路段的工地围挡高度不低于 2.4m
D. 现场不得焚烧有毒、有害物质
E. 施工作业区适当地方设置吸烟处

94. 关于施工现场食堂管理的说法，正确的有（　　）。

13

A. 食堂必须有卫生许可证
B. 非炊事人员不得随意进入制作间
C. 门扇下方应设不低于0.1m的防鼠挡板
D. 制作间灶台及其周边应贴高度不宜小于1.5m的瓷砖
E. 各种作料和副食应贴好标识，存放在密闭器皿内

95. 关于合同订立程序的说法，正确的有（   ）。
A. 招标人发布招标公告或投标邀请函属于要约邀请
B. 投标人按照招标文件要求提交投标文件属于要约
C. 招标人发出中标通知书属于承诺
D. 招标人与中标人进行合同谈判是合同签订的必要条件
E. 招标人与中标人订立书面合同时合同成立

96. 某建设工程发包人与乙公司签订了工程承包合同，乙公司又与劳务分包人丙公司签订了劳务分包合同。关于丙公司应承担义务的说法，正确的有（   ）。
A. 应就工期和质量向发包人负责
B. 应服从乙公司转发的发包人指令
C. 应自觉接受乙公司及有关部门的管理、监督和检查
D. 应与发包人及有关部门建立工作联系
E. 应安排技术档案资料的收集整理及交工验收

97. 关于总价合同的说法，正确的有（   ）。
A. 发包人可以较早确定或预测工程成本
B. 承包人将承担较少的风险
C. 能极大地调动承包人控制进度的积极性
D. 必须完整而明确地规定承包人的工作
E. 将设计和施工变化控制在最小限度内

98. 关于工程保险的说法，正确的有（   ）。
A. 战争或军事行为所造成的损失属于保险人不承担责任的范围
B. 工程保险同时涉及财务保险和人身保险
C. 除专用合同条款另有约定外，发包人应投保建筑工程一切险
D. 除专用合同条款另有约定外，发包人变更保险合同时，应征得承包人同意
E. 工程保险并不能解决所有的风险问题，只能转移部分风险带来的损失

99. 关于工程变更管理的说法，正确的有（   ）。
A. 承包人对变更价格不满意的，有权停止执行变更工作
B. 设计人提出的工程变更应与业主协商，或经业主批复
C. 工程变更的补偿范围，通常以实际支付工程款的百分比表示
D. 有利于业主的施工方案变更仍然需要（咨询）工程师批准
E. 因业主在授标前要求承包人修改施工方案的承包人可向业主索赔

100. 下列承包人提出的索赔情形中，索赔能够成立的有（   ）。

A. 施工过程中，因施工方案缺陷导致的工程变更
B. 由于阴雨天气，造成工期延误和人员窝工
C. 总承包单位经建设单位代表同意更换项目经理，导致工期延误
D. 发包人减少工程量，造成进场人员材料损失
E. 基础工程覆盖后因建设单位要求进行剥离复验，复验结果合格

2022 年度真题参考答案及解析

一、单项选择题

1. B;　　　2. D;　　　3. B;　　　4. A;　　　5. A;
6. A;　　　7. C;　　　8. A;　　　9. D;　　　10. D;
11. B;　　12. B;　　13. C;　　14. A;　　15. C;
16. A;　　17. B;　　18. D;　　19. B;　　20. B;
21. A;　　22. C;　　23. A;　　24. C;　　25. A;
26. D;　　27. A;　　28. A;　　29. B;　　30. C;
31. A;　　32. B;　　33. D;　　34. A;　　35. B;
36. D;　　37. A;　　38. A;　　39. D;　　40. B;
41. C;　　42. B;　　43. D;　　44. C;　　45. C;
46. C;　　47. B;　　48. C;　　49. D;　　50. D;
51. D;　　52. A;　　53. C;　　54. B;　　55. A;
56. C;　　57. A;　　58. B;　　59. D;　　60. B;
61. C;　　62. C;　　63. B;　　64. B;　　65. A;
66. D;　　67. D;　　68. A;　　69. C;　　70. C。

【解析】

1. B。本题考核的是建设工程管理的内涵。依据图 5 选择正确答案。

	决策阶段	实施阶段		使用阶段
		准备　设计	施工	
投资方	DM	PM		FM
开发方	DM	PM		
设计方		PM		
施工方			PM	
供货方			PM	
项目使用期的管理方				FM

图 5　工程建设实施程序

2. D。本题考核的是施工方项目管理的目标。如果采用工程施工总承包或工程施工总承包管理模式，施工总承包方或施工总承包管理方必须按工程合同规定的工期目标和质量目标完成建设任务。而施工总承包方或施工总承包管理方的成本目标是由施工企业根据其生产和经营的情况自行确定的。

3. B。本题考核的是组织工具。项目结构图用直线表达；合同结构图用双向箭线表达；

组织结构图用单向箭线表达；工作流程图用单向箭线表达。

4. A。本题考核的是项目决策阶段策划的工作内容。项目决策阶段策划的工作内容包括：项目环境和条件的调查与分析；项目定义和项目目标论证；组织策划；管理策划；合同策划；经济策划；技术策划。

组织策划的主要工作内容包括：（1）决策期的组织结构；（2）决策期任务分工；（3）决策期管理职能分工；（4）决策期工作流程；（5）实施期组织总体方案；（6）项目编码体系分析。

5. A。本题考核的是施工总承包模式。当采用施工总承包管理模式时，对各个分包单位的工程款项可以通过施工总承包管理单位支付，也可以由业主直接支付。如果由业主直接支付，需要经过施工总承包管理单位的认可。而当采用施工总承包模式时，对各个分包单位的工程款项，一般由施工总承包单位负责支付。

6. A。本题考核的是项目管理规划。《建设工程项目管理规范》GB/T 50326—2017 对项目管理策划作了如下的术语解释：项目管理策划应由项目管理规划策划和项目管理配套策划组成。项目管理规划应包括项目管理规划大纲和项目管理实施规划。项目管理配套策划应包括项目管理规划策划以外的所有项目管理策划内容。

7. C。本题考核的是单位工程施工组织设计的审批。施工组织总设计应由总承包单位技术负责人审批；单位工程施工组织设计应由施工单位技术负责人或技术负责人授权的技术人员审批，施工方案应由项目技术负责人审批；重点、难点分部（分项）工程和专项工程施工方案应由施工单位技术部门组织相关专家评审，施工单位技术负责人批准。

8. A。本题考核的是项目目标控制的纠偏措施。组织措施是分析由于组织的原因而影响项目目标实现的问题，并采取相应的措施，如调整项目组织结构、任务分工、管理职能分工、工作流程组织和项目管理班子人员等。

9. D。本题考核的是建筑施工企业劳动用工的工资支付管理。建筑施工企业因暂时生产经营困难无法按劳动合同约定的日期支付工资的，应当向劳动者说明情况，并经与工会或职工代表协商一致后，可以延期支付工资，但最长不得超过 30 日。超过 30 日不支付劳动者工资的，属于无故拖欠工资行为。

10. D。本题考核的是项目风险管理的工作流程。风险管理过程包括项目实施全过程的项目风险识别、项目风险评估、项目风险应对和项目风险监控。

11. B。本题考核的是工程监理单位施工质量控制任务。工程施工阶段建设监理质量控制的主要任务有：（1）核验施工测量放线，验收隐蔽工程、分部分项工程，签署分项、分部工程和单位工程质量评定表；（2）进行巡视、旁站和平行检验，对发现的质量问题应及时通知施工单位整改，并做监理记录；（3）审查施工单位报送的工程材料、构配件、设备的质量证明资料，抽检进场的工程材料、构配件的质量；（4）审查施工单位提交的采用新材料、新工艺、新技术、新设备的论证材料及相关验收标准；（5）检查施工单位的测量、检测仪器设备、度量衡定期检验的证明文件；（6）监督施工单位对各类土木和混凝土试件按规定进行检查和抽查；（7）监督施工单位认真处理施工中发生的一般质量事故，并认真做好记录；（8）对大和重大质量事故以及其他紧急情况报告业主。选项 A、C 是工程施工阶段建设监理的进度控制的主要任务。选项 D 是工程施工阶段建设监理的安全生产管理的主要任务。

12. B。本题考核的是成本计划。项目成本计划一般由施工单位编制。成本预测是成本决策的前提，成本计划是成本决策所确定目标的具体化。成本分析贯穿于成本管理的全过程。成本控制应贯穿于项目从投标阶段开始直至保证金返还的全过程。

13. C。本题考核的是成本管理措施。选项 A 属于组织措施，选项 B 属于经济措施，选项 C 属于合同措施，选项 D 属于技术措施。

14. A。本题考核的是建筑安装工程费的组成。企业管理费包括：管理人员工资、办公费、差旅交通费、固定资产使用费、工具用具使用费、劳动保险和职工福利费、劳动保护费、检验试验费、工会经费、职工教育经费、财产保险费、财务费、税金、城市维护建设税、教育费附加、地方教育费附加、其他（包括技术转让费、技术开发费、业务招待费、绿化费、广告费、公证费、法律顾问费、审计费、咨询费等）。

15. C。本题考核的是成本计划的编制方法。编制成本计划可以按实施阶段，如基础、主体、安装、装修等或按月、季、年等实施进度进行编制。其表示方式有两种：一种是在时标网络图上按月编制的成本计划直方图；另一种是用时间-成本累计曲线（S 形曲线）表示。

16. A。本题考核的是赢得值法。已完工作预算费用＝已完成工作量×预算单价＝4500×500＝225 万元；已完工作实际费用＝已完成工作量×实际单价＝4500×520＝234 万元；成本偏差＝已完工作预算费用－已完工作实际费用＝225－234＝－9 万元。

17. B。本题考核的是成本的过程控制。人工费的控制实行"量价分离"的方法，将作业用工及零星用工按定额工日的一定比例综合确定用工数量与单价，通过专业作业分包合同进行控制。

18. D。本题考核的是成本管理过程。成本预测是成本决策的前提，成本计划是成本决策所确定目标的具体化。成本计划控制则是对成本计划的实施进行控制和监督，保证决策的成本目标的实现，而成本核算又是对成本计划是否实现的最后检验，它所提供的成本信息又将为下一个施工项目成本预测和决策提供基础资料。成本分析是在成本核算的基础上，对成本的形成过程和影响成本升降的因素进行分析，以寻求进一步降低成本的途径。成本考核是实现成本目标责任制的保证和实现决策目标的重要手段。

19. B。本题考核的是其他直接费用。其他直接费用是指施工过程中发生的材料搬运费、材料装卸保管费、燃料动力费、临时设施摊销、生产工具用具使用费、检验试验费、工程定位复测费、工程点交费、场地清理费以及能够单独区分和可靠计量的为订立建造承包合同而发生的差旅费、投标费等费用。

其他直接费用＝30＋15＋25＝70 万元。

20. B。本题考核的是成本分析的方法之一因素分析法。目标成本＝200×430×(1＋4%)＝89440 元；替代产量因素成本＝270×430×(1＋4%)＝120744 元；因产量增加使成本增加＝120744－89440＝31304 元。

21. A。本题考核的是成本分析的步骤。成本分析方法应遵循下列步骤：

(1) 选择成本分析方法；

(2) 收集成本信息；

(3) 进行成本数据处理；

(4) 分析成本形成原因；

(5) 确定成本结果。

22. C。本题考核的是施工方进度计划。施工招标计划属于建设单位的进度计划。

23. A。本题考核的是建设工程项目总进度目标。建设工程项目的总进度目标指的是整个工程项目的进度目标，是在项目决策阶段项目定义时确定的，项目管理的主要任务是在项目的实施阶段对项目的目标进行控制。

24. C。本题考核的是横道图进度计划的功能。横道图用于小型项目或大型项目的子项目上，或用于计算资源需要量和概要预示进度，也可用于其他计划技术的表示结果。

25. B。本题考核的是双代号网络计划的绘制。节点⑥和节点⑦之间的虚工作多余。

26. D。本题考核的是双代号时标网络计划的时间参数。工作 A 的总时差和自由时差均为 2d。关键工作包括工作 B 和 E。工作 D 的总时差为 1d。

27. A。本题考核的是单代号网络图的符号。单代号网络图中的箭线表示紧邻工作之间的逻辑关系，既不占用时间，也不消耗资源。箭线应画成水平直线、折线或斜线。箭线水平投影的方向应自左向右，表示工作的行进方向。工作之间的逻辑关系包括工艺关系和组织关系，在网络图中均表现为工作之间的先后顺序。

28. A。本题考核的是单代号搭接网络计划的搭接关系。例如修一条堤坝的护坡时，一定要等土堤自然沉降后才能修护坡，这种等待的时间就是 FTS 时距。例如相邻两工作，当紧前工作的施工速度小于紧后工作时，则必须考虑为紧后工作留有充分的工作面，否则紧后工作就将因无工作面而无法进行，这种结束工作时间之间的间隔就是 FTF 时距。例如道路工程中的铺设路基和浇筑路面，待路基开始工作一定时间为路面工程创造一定工作条件之后，路面工程即可开始进行，这种开始工作时间之间的间隔就是 STS 时距。例如要挖掘带有部分地下水的土壤，地下水位以上的土壤可以在降低地下水位工作完成之前开始，而在地下水位以下的土壤则必须要等降低地下水位之后才能开始。降低地下水位工作的完成与何时挖地下水位以下的土壤有关，至于降低地下水位何时开始，则与挖土没有直接联系，这种开始到结束的限制时间就是 STF 时距。

29. B。本题考核的是总时差的计算。工作 M 的最迟完成时间等于其紧后工作的最迟开始时间的最小值（即 7）。工作 M 的总时差=最迟完成时间−最早完成时间=7−(4+1)=2d。

30. C。本题考核的是双代号网络计划时间参数的计算。本题有一个陷阱：就是"工作 N 最早第 14 天上班时刻开始"，我们在计算时间参数时所计算的结果是指"下班时刻"，因此，我们首先要把第 14 天上班时刻转化为第 13 天下班时刻，也就是工作 N 的最早开始时间是第 13 天，工作 B 与工作 N 的时间间隔=工作 N 的最早开始时间−工作 B 的最早完成时间=13−11=2d。

31. A。本题考核的是项目进度控制的措施。选项 B 属于技术措施，选项 C 属于经济措施，选项 D 属于管理措施。

19

32. B。本题考核的是工程项目质量的影响因素分析。机械的因素主要是指施工机械和各类工器具,包括施工过程中使用的运输设备、吊装设备、操作工具、测量仪器、计量器具以及施工安全设施等。施工机械设备是所有施工方案和工法得以实施的重要物质基础,合理选择和正确使用施工机械设备是保证项目施工质量和安全的重要条件。

33. D。本题考核的是质量控制的概念。质量控制是质量管理的一部分,是致力于满足质量要求的一系列相关活动。这些活动主要包括:(1)设定目标;(2)测量检查;(3)评价分析;(4)纠正偏差。

34. A。本题考核的是项目质量控制体系的建立。项目质量控制体系的建立过程,一般可按以下环节依次展开工作:(1)建立系统质量控制网络;(2)制定质量控制制度;(3)分析质量控制界面;(4)编制质量控制计划。

35. B。本题考核的是企业质量管理体系文件。各种生产、工作和管理的程序文件是质量手册的支持性文件,是企业各职能部门为落实质量手册要求而规定的细则。企业为落实质量管理工作而建立的各项管理标准、规章制度都属于程序文件范畴。

36. D。本题考核的是施工生产要素的质量控制。对施工工艺技术方案的质量控制主要包括以下内容:(1)深入正确地分析工程特征、技术关键及环境条件等资料,明确质量目标、验收标准、控制的重点和难点。(2)制定合理有效的有针对性的施工技术方案和组织方案,前者包括施工工艺、施工方法,后者包括施工区段划分、施工流向及劳动组织等。(3)合理选用施工机械设备和设置施工临时设施,合理布置施工总平面图和各阶段施工平面图。(4)根据施工工艺技术方案选用和设计保证质量和安全的模具、脚手架等施工设备;成批生产的混凝土预制构件模具应具有足够的强度、刚度和整体稳固性。(5)编制工程所采用的新材料、新技术、新工艺的专项技术方案和质量管理方案。(6)针对工程具体情况,分析气象、地质等环境因素对施工的影响,制定应对措施。

37. B。本题考核的是施工质量控制的基本环节。事中质量控制的目标是确保工序质量合格,杜绝质量事故发生;控制的关键是坚持质量标准;控制的重点是工序质量、工作质量和质量控制点的控制。选项A、D属于事前质量控制,选项C属于事后质量控制。

38. A。本题考核的是分部工程质量验收。分部工程应由总监理工程师组织施工单位项目负责人和项目技术负责人等进行验收;勘察、设计单位项目负责人和施工单位技术、质量部门负责人应参加地基与基础分部工程验收;设计单位项目负责人和施工单位技术、质量部门负责人应参加主体结构、节能分部工程验收。

39. D。本题考核的是工程竣工验收报告。工程竣工验收合格后,建设单位应当及时提出工程竣工验收报告。工程竣工验收报告主要包括工程概况,建设单位执行基本建设程序情况,对工程勘察、设计、施工、监理等方面的评价,工程竣工验收时间、程序、内容和组织形式,工程竣工验收意见等内容。

40. B。本题考核的是质量事故的等级。根据《关于做好房屋建筑和市政基础设施工程质量事故报告和调查处理工作的通知》,根据工程质量事故造成的人员伤亡或者直接经济损失,将工程质量事故分为4个等级:

(1)特别重大事故,是指造成30人以上死亡,或者100人以上重伤,或者1亿元以上直接经济损失的事故。

（2）重大事故，是指造成 10 人以上 30 人以下死亡，或者 50 人以上 100 人以下重伤，或者 5000 万元以上 1 亿元以下直接经济损失的事故。

（3）较大事故，是指造成 3 人以上 10 人以下死亡，或者 10 人以上 50 人以下重伤，或者 1000 万元以上 5000 万元以下直接经济损失的事故。

（4）一般事故，是指造成 3 人以下死亡，或者 10 人以下重伤，或者 100 万元以上 1000 万元以下直接经济损失的事故。

该等级划分所称的"以上"包括本数，所称的"以下"不包括本数。

按造成 3 人死亡来说属于较大事故，按造成 5000 万元直接经济损失来说属于重大事故，取其级别高者，就是重大事故。

41．C。本题考核的是施工质量事故报告和调查处理的一般程序。施工质量事故调查处理的一般程序是：事故报告；事故调查；事故的原因分析；制定事故处理的技术方案；事故处理；事故处理的鉴定验收；提交事故处理报告。

42．B。本题考核的是因果分析图法。直方图反映质量数据的分布特征，选项 A 错误。排列图法具有直观、主次分明的特点，选项 C 错误。因果分析图法应用时的注意事项有：（1）一个质量特性或一个质量问题使用一张图分析，选项 D 错误。（2）通常采用 QC 小组活动的方式进行，集思广益，共同分析，选项 B 正确。（3）必要时可以邀请小组以外的有关人员参与，广泛听取意见。（4）分析时要充分发表意见，层层深入，排出所有可能的原因。（5）在充分分析的基础上，由各参与人员采用投票或其他方式，从中选择 1~5 项多数人达成共识的最主要原因。

43．D。本题考核的是政府质量监督机构监督工程竣工验收。在竣工阶段，监督机构主要是按规定对工程竣工验收工作进行监督。

（1）竣工验收前，针对在质量监督检查中提出的质量问题进行复查，检查其是否按要求整改完毕。

（2）竣工验收时，参加竣工验收的会议，对验收的程序及验收的过程进行监督。

44．C。本题考核的是政府质量监督机构和监督人员。监督机构经过考核合格后方可实施监督工作，选项 A 错误。

监督机构应当具备下列条件：

（1）具有符合规定条件的监督人员，人员数量由县级以上地方人民政府建设主管部门根据实际需要确定，监督人员应当占监督机构总人数的 75%以上，选项 B 错误。

（2）有固定的工作场所和满足工程质量监督检查工作所需要的仪器、设备和工具等，选项 C 正确。

（3）有健全的质量监督工作制度，具备与质量监督工作相适应的信息化管理条件。

监督人员有 3 年以上的工程质量管理或者设计、施工、监理等经历，选项 D 错误。

45．C。本题考核的是职业健康安全管理体系与环境管理体系的维持。管理评审是由组织的最高管理者对管理体系的系统评价，判断组织的管理体系面对内部情况和外部环境的变化是否充分适应有效，由此决定是否对管理体系做出调整，包括方针、目标、机构和程序等。内部审核是组织对其自身的管理体系进行的审核，是对体系是否正常运行以及是否达到了规定的目标所做的独立的检查和评价，是管理体系自我保证和自我监督的一种机制。合规性评价是为了履行遵守法律法规要求的承诺，合规性评价分为公司级和项目组级评价两个层次进行。

46．C。本题考核的是职业健康安全与环境管理体系文件。程序文件要针对需要编制程序文件体系的管理要素。程序文件的内容可按"4W1H"的顺序和内容来编写。作业指导书编写的内容和格式与程序文件的要求基本相同。

47．B。本题考核的是意外伤害保险。《中华人民共和国建筑法》第四十八条规定：建筑施工企业应当依法为职工参加工伤保险缴纳工伤保险费。鼓励企业为从事危险作业的职工办理意外伤害保险，支付保险费。《中华人民共和国建筑法》与《中华人民共和国社会保险法》《工伤保险条例》等法律法规的规定保持一致，明确了建筑施工企业作为用人单位，为职工参加工伤保险并缴纳工伤保险费是其应尽的法定义务，但为从事危险作业的职工投保意外伤害险并非强制性规定，是否投保意外伤害险由建筑施工企业自主决定。

48．C。本题考核的是安全生产管理预警体系要素。一个完整的预警体系应由外部环境预警系统、内部管理不良的预警系统、预警信息管理系统和事故预警系统四部分构成。内部管理不良预警系统包括：质量管理预警、设备管理预警、人的行为活动管理预警。

49．D。本题考核的是安全生产检查监督的主要类型。工程项目和班组应开展经常性安全检查，及时排除事故隐患。工作人员必须在工作前，对所用的机械设备和工具进行仔细的检查，发现问题立即上报。

50．D。本题考核的是安全事故隐患治理的原则。单项隐患综合治理原则是指人、机、料、法、环境五者任一环节产生安全事故隐患，都要从五者安全匹配的角度考虑，调整匹配的方法，提高匹配的可靠性。一件单项隐患问题的整改需综合（多角度）治理。人的隐患，既要治人也要治机具及生产环境等各环节。例如某工地发生触电事故，一方面要进行人的安全用电操作教育，同时现场也要设置漏电开关，对配电箱、用电线路进行防护改造，也要严禁非专业电工乱接乱拉电线。

51．D。本题考核的是生产安全事故应急预案管理。参加应急预案评审的人员与所评审预案的生产经营单位有利害关系的，应当回避，选项 A 错误。

地方各级人民政府应急管理部门的应急预案，应当报同级人民政府备案，同时抄送上一级人民政府应急管理部门，并依法向社会公布，选项 B 错误。

生产经营单位应当制定本单位的应急预案演练计划，根据本单位的事故预防重点，每年至少组织一次综合应急预案演练或者专项应急预案演练，选项 C 错误，每半年至少组织一次现场处置方案演练，选项 D 正确。

52．A。本题考核的是应急预案的编写。应急预案应形成体系，针对各级各类可能发生的事故和所有危险源制定专项应急预案和现场应急处置方案，并明确事前、事发、事中、事后的各个过程中相关部门和有关人员的职责。生产规模小、危险因素少的生产经营单位，其综合应急预案和专项应急预案可以合并编写。

53．C。本题考核的是职业健康安全事故的分类。依据《生产安全事故报告和调查处理条例》规定，按生产安全事故（以下简称事故）造成的人员伤亡或者直接经济损失，事故分为：（1）特别重大事故，是指造成30人以上死亡，或者100人以上重伤（包括急性工业中毒，下同），或者1亿元以上直接经济损失的事故。（2）重大事故，是指造成10人以上30人以下死亡，或者50人以上100人以下重伤，或者5000万元以上1亿元以下直接经济损失的事故。（3）较大事故，是指造成3人以上10人以下死亡，或者10人以上50人以下重伤，或者1000万元以上5000万元以下直接经济损失的事故。（4）一般事故，是指造成3人以下死亡，或者10人以下重伤，或者1000万元以下直接经济损失的事故。

54．B。本题考核的是建设工程施工现场环境保护的措施。工程建设过程中的污染主要包括对施工场界内的污染和对周围环境的污染。对施工场界内的污染防治属于职业健康安全问题，而对周围环境的污染防治是环境保护的问题。

55．A。本题考核的是环境噪声排放限值。70和55这两个数据一定要记住。

56．C。本题考核的是招标信息的修正。如果招标人在招标文件已经发布之后，发现有问题需要进一步澄清或修改，必须依据以下原则进行：

（1）时限：招标人对已发出的招标文件进行必要的澄清或者修改，应当在招标文件要求提交投标文件截止时间至少15日前发出。

（2）形式：所有澄清文件必须以书面形式进行。

（3）全面：所有澄清文件必须直接通知所有招标文件收受人。

57．A。本题考核的是暂停施工。选项B的正确说法：因发包人原因引起暂停施工的，监理人经发包人同意后，应及时下达暂停施工指示。选项C的正确说法：因监理人原因引起暂停施工的，发包人应承担由此增加的费用和延误的工期。选项D的正确说法：因紧急情况需暂停施工，且监理人未及时下达暂停施工指示的，承包人可先暂停施工，并及时通知监理人。

58．B。本题考核的是发包人提供的材料和工程设备质量不合格的处理。发包人自行供应材料、工程设备的，承包人应根据项目进度计划的安排，提前28d以书面形式通知工程师材料与工程设备的进场计划。发包人应在材料和工程设备到货7d前通知承包人，承包人应会同工程师在约定的时间内，赴交货地点共同进行验收。除专用合同条件另有约定外，发包人提供的材料和工程设备验收后，由承包人负责接收、运输和保管。发包人需要对进场计划进行变更的，承包人不得拒绝，并由发包人承担承包人由此增加的费用，以及引起的工期延误。承包人需要对进场计划进行变更的，应事先报请工程师批准，由此增加的费用和（或）工期延误由承包人承担。发包人提供的材料和工程设备的规格、数量或质量不符合合同要求，或由于发包人原因发生交货日期延误及交货地点变更等情况的，发包人应承担由此增加的费用和（或）工期延误，并向承包人支付合理利润。

59．D。本题考核的是建筑材料的交货期限。交货日期的确定可以按照下列方式：（1）供货方负责送货的，以采购方收货戳记的日期为准。（2）采购方提货的，以供货方按合同规定通知的提货日期为准。（3）凡委托运输部门或单位运输、送货或代运的产品，一般以供货方发运产品时承运单位签发的日期为准，不是以向承运单位提出申请的日期为准。

60．B。本题考核的是监理人的职责。当委托人与承包人之间发生合同争议时，监理人

23

应协助委托人、承包人协商解决，选项A错误。

当委托人与承包人之间的合同争议提交仲裁机构仲裁或人民法院审理时，监理人应提供必要的证明资料，选项B正确。

监理人应在专用条件约定的授权范围内，处理委托人与承包人所签订合同的变更事宜。如果变更超过授权范围，应以书面形式报委托人批准，选项C错误。

除专用条件另有约定外，监理人发现承包人的人员不能胜任本职工作的，有权要求承包人予以调换，选项D错误。

61. C。本题考核的是单价合同。在工程实践中，采用单价合同有时也会根据估算的工程量计算一个初步的合同总价，作为投标报价和签订合同之用。但是，当上述初步的合同总价与各项单价乘以实际完成的工程量之和发生矛盾时，则肯定以后者为准，即单价优先。实际工程款的支付也将以实际完成工程量乘以合同单价进行计算。

62. C。本题考核的是常用的咨询费计算方法。人月费单价法是咨询服务中最常用、最基本的以服务时间为基础的计费方法。通常是按每人每月所需费用（即人月费率）乘以相应的人月数，再加上其他非工资性开支（即可报销费用）计算。这种计算方法广泛用于一般性的项目规划和可行性研究、工程设计、项目管理和施工监理以及技术援助任务。

按日计费法一般适用于咨询工作期限短或不连续、咨询人员少的咨询项目，如管理或法律咨询、专家论证等。

按实计量法不是咨询费计算的方法。

工程建设费用百分比法一般适用于工程规模较小、工期较短（一般不超过一年）的建筑工程项目。

63. D。本题考核的是投标保证金有效期。根据《中华人民共和国招标投标法实施条例》，投标保证金不得超过招标项目估算价的2%。投标保证金有效期应当与投标有效期一致。

64. B。本题考核的是工程担保。投标担保是指投标人向招标人提供的担保，保证投标人一旦中标即按中标通知书、投标文件和招标文件等有关规定与业主签订承包合同。根据《工程建设项目施工招标投标办法》规定，施工投标保证金的数额一般不得超过投标总价的2%，但最高不得超过80万元人民币。根据《中华人民共和国招标投标法实施条例》，投标保证金不得超过招标项目估算价的2%。根据《工程建设项目勘察设计招标投标办法》规定，招标文件要求投标人提交投标保证金的，保证金数额一般不超过勘察设计费投标报价的2%，最多不超过10万元人民币。

支付担保是中标人要求招标人提供的保证履行合同中约定的工程款支付义务的担保。支付担保的额度为工程合同总额的20%~25%。

履约担保是指招标人在招标文件中规定的要求中标的投标人提交的保证履行合同义务和责任的担保。这是工程担保中最重要也是担保金额最大的工程担保。

预付款担保是在建设工程合同签订以后，发包人往往会支付给承包人一定比例的预付款，一般为合同金额的10%，如果发包人有要求，承包人应该向发包人提供预付款担保。

65. A。本题考核的是合同偏差的调整措施。根据合同实施偏差分析的结果，承包商应该采取相应的调整措施，调整措施可以分为：（1）组织措施，如增加人员投入，调整人员安排，调整工作流程和工作计划等。（2）技术措施，如变更技术方案，采用新的高效率的施工方案等。（3）经济措施，如增加投入，采取经济激励措施等。（4）合同措施，如进行合同变更，签订附加协议，采取索赔手段等。

66. D。本题考核的是工程变更的责任分析与补偿要求。由于业主要求、政府部门要求、环境变化、不可抗力、原设计错误等导致的设计修改，应该由业主承担责任。由此所造成的施工方案的变更以及工期的延长和费用的增加应该向业主索赔。

67. D。本题考核的是工程延期索赔。因为发包人未按合同要求提供施工条件，或者发包人指令工程暂停或不可抗力事件等原因造成工期拖延的，承包人向发包人提出索赔；如果由于承包人原因导致工期拖延，发包人可以向承包人提出索赔；由于非分包人的原因导致工期拖延，分包人可以向承包人提出索赔。

68. A。本题考核的是计算工期索赔的方法。工期索赔的计算方法包括：直接法、比例分析法和网络分析法。动态比率法是成本分析的基本方法。

69. C。本题考核的是DAB方式。合同双方经过协商，选定一个独立公正的争端裁决委员会（DAB），当发生合同争议时，由该委员会对其争议作出决定。合同双方在收到决定后28d内，均未提出异议，则该决定即是最终的，对双方均具有约束力。

70. C。本题考核的是项目信息编码。项目的结构编码是依据项目结构图对项目结构的每一层的每一个组成部分进行编码。

项目实施的工作项编码是项目实施的工作过程的编码。

项目管理组织结构编码是依据项目管理的组织结构图，对每一个工作部门进行编码。

二、多项选择题

71. C、D、E；   72. A、B、D、E；   73. A、B、C、E；
74. A、C、D；   75. A、D、E；   76. A、B、C、E；
77. C、D；   78. A、B、D；   79. A、C、D、E；
80. A、B、D、E； 81. A、C、D；   82. B、C、E；
83. C、D；   84. B、C；   85. B、C、E；
86. A、C、D；   87. A、C、D；   88. A、C、D、E；
89. A、B、E；   90. B、C、D；   91. C、D、E；
92. A、D；   93. A、C、D；   94. A、B、D、E；
95. A、B、C、E； 96. B、C；   97. A、B、D、E；
98. A、B、E；   99. B、D；   100. D、E。

【解析】

71. C、D、E。本题考核的是工作流程组织。工作流程组织包括：（1）管理工作流程组织，如投资控制、进度控制、合同管理、付款和设计变更等流程。（2）信息处理工作流程组织，如与生成月度进度报告有关的数据处理流程。（3）物质流程组织，如钢结构深化设计工作流程、弱电工程物资采购工作流程、外立面施工工作流程等。

25

72. A、B、D、E。本题考核的是施工组织设计的动态管理。项目施工过程中，发生以下情况之一时，施工组织设计应及时进行修改或补充：

（1）工程设计有重大修改。选项 A 属于该条。

（2）有关法律、法规、规范和标准实施、修订和废止。选项 B 属于该条。

（3）主要施工方法有重大调整。

（4）主要施工资源配置有重大调整。

（5）施工环境有重大改变。选项 D、E 属于该条。

73. A、B、C、E。本题考核的是风险对策。常用的工程项目风险对策包括风险规避、减轻、转移、自留及其组合等策略。

74. A、C、D。本题考核的是施工总承包管理模式。在对施工总承包管理单位进行招标时，只确定施工总承包管理费，而不确定工程总造价，这可能成为业主控制总投资的风险，选项 B 错误。多数情况下，由业主方与分包商直接签约，这样有可能增加业主方的风险，对质量控制有利，选项 E 错误。

75. A、D、E。本题考核的是成本管理措施。经济措施是最易为人们所接受和采用的措施。管理人员应编制资金使用计划，确定、分解成本管理目标。对成本管理目标进行风险分析，并制定防范性对策。在施工中严格控制各项开支，及时准确地记录、收集、整理、核算实际支出的费用。对各种变更，应及时做好增减账，落实业主签证并结算工程款。通过偏差分析和对未完工程的预测，发现一些潜在的可能引起未完工程成本增加的问题，及时采取预防措施。因此，经济措施的运用绝不仅仅是财务人员的事情。

76. A、B、C、E。本题考核的是成本计划。解答本题最好画出横道图，或者按下面的表格（表2）绘制也可以。

表 2 成本计划表（单位：万元）

月份	1	2	3	4	5	6	7	8	9	10	11
场地平整	25										
基础施工		20	20	20							
主体工程施工				40	40	40	40	40	40		
砌筑工程施工								25	25	25	
屋面工程施工										30	30
每月合计	25	20	20	60	40	40	40	65	65	55	30
逐月累计	25	45	65	125	165	205	245	310	375	430	460

绘制好表格后，对照选项逐一判断是否正确。

77. C、D。本题考核的是赢得值法评价指标。费用偏差和进度偏差仅适合于对同一项目作偏差分析。费用绩效指数和进度绩效指数反映的是相对偏差，不受项目层次的限制，也不受项目实施时间的限制，因而在同一项目和不同项目比较中均可采用。

78. A、B、D。本题考核的是成本核算方法。表格核算的优点是简便易懂，方便操作，实用性较好；缺点是难以实现较为科学严密的审核制度，精度不高，覆盖面较小。

79. A、C、D、E。本题考核的是成本分析。统计核算是利用会计核算资料和业务核算资料，把企业生产经营活动客观现状的大量数据，按统计方法加以系统整理，以发现其规律性。计量尺度比会计核算宽，可以用货币计算，也可以用实物或劳动量计量。

80. A、B、D、E。本题考核的是总进度纲要。总进度纲要的主要内容包括：（1）项目实施的总体部署；（2）总进度规划；（3）各子系统进度规划；（4）确定里程碑事件的计划进度目标；（5）总进度目标实现的条件和应采取的措施等。

81. A、C、D。本题考核的是双代号时标网络计划。工作 B 的自由时差为 0；工作 E 的总时差为 2d；工作 C 的总时差与自由时差为 1d。

82. B、D、E。本题考核的是单代号网络计划时间参数的计算。解题过程：

（1）本题的关键线路为：B→D→E。

（2）总时差等于该工作的各个紧后工作的总时差加该工作与其紧后工作之间时间间隔之和的最小值。工作 A 的紧后工作包括工作 C 和工作 D，工作 C 的总时差（TF_C）= 0+2 = 2，工作 D 的总时差为 0，则工作 A 的总时差 = min{(2+2),(0+2)} = 2。工作 A 的最早开始时间为 0，则工作 A 的最迟开始时间（LS_A）= 工作 A 的最早开始时间（ES_A）+ 总时差（TF_A）= 0+2 = 2，选项 A、C 错误。

（3）工作 B 的总时差（TF_B）为 0，工作 B 的最早开始时间为 0，工作 B 的最迟开始时间（LS_B）= 工作 B 的最早开始时间（ES_B）+ 总时差（TF_B）= 0，选项 B 正确。

（4）自由时差等于该工作与其紧后工作之间的时间间隔最小值。工作 D 为关键工作，与其紧后工作的时间间隔为 0，则其自由时差 FF_D = 0，选项 D 正确。

（5）最迟完成时间等于该工作的最早完成时间与其总时差之和。工作 E 为关键工作，总时差为 0，其最早开始时间为 6+5 = 11，最早完成时间为 11+2 = 13，则其最迟完成时间（LF_E）= 13+0 = 13，选项 E 正确。

83. C、D。本题考核的是网络计划的关键工作。网络计划中总时差最小的工作是关键工作。最迟开始时间与最早开始时间之差就是总时差。

84. B、C。本题考核的是网络计划的关键线路。双代号网络计划自始至终全部由关键工作组成的线路为关键线路，或线路上总的工作持续时间最长的线路为关键线路。单代号网络计划关键线路的确定按以下规定：从起点节点开始到终点节点均为关键工作，且所有工作的时间间隔为零的线路为关键线路。双代号时标网络计划中无波形线的线路为关键线路。

85. B、C、E。本题考核的是进度控制的措施。选项 A、D 属于管理措施。

86. A、C、D。本题考核的是质量管理的 PDCA 循环。实施职能在于将质量的目标值，通过生产要素的投入、作业技术活动和产出过程，转化为质量的实际值。

87. A、B、D。本题考核的是施工作业质量自控的基本程序。施工作业质量的自控过程是由施工作业组织的成员进行的，其基本的控制程序包括：作业技术交底、作业活动的实施和作业质量的自检自查、互检互查以及专职管理人员的质量检查等。

88. A、B、C、E。本题考核的是检验批质量验收。主控项目是指建筑工程中的对安全、节能、环境保护和主要使用功能起决定性作用的检验项目。

89. A、B、E。本题考核的是施工质量事故发生的原因。技术原因是指引发质量事故是由于在项目勘察、设计、施工中技术上的失误。例如，地质勘察过于疏略，对水文地质情况判断错误，致使地基基础设计采用不正确的方案；结构设计方案不正确，计算失误，构造设计不符合规范要求；施工管理及实际操作人员的技术素质差，采用了不合适的施工方法或施工工艺等。这些技术上的失误是造成质量事故的常见原因。选项C、D属于管理原因。

90. B、C、D。本题考核的是直方图的作用。直方图法的主要用途：（1）整理统计数据，了解统计数据的分布特征，即数据分布的集中或离散状况，从中掌握质量能力状态。（2）观察分析生产过程质量是否处于正常、稳定和受控状态以及质量水平是否保持在公差允许的范围内。

91. C、D、E。本题考核的是专项施工方案。《建设工程安全生产管理条例》规定：对下列达到一定规模的危险性较大的分部（分项）工程编制专项施工方案，并附具安全验算结果，经施工单位技术负责人、总监理工程师签字后实施：

（1）基坑支护与降水工程。

（2）土方开挖工程。

（3）模板工程。

（4）起重吊装工程。

（5）脚手架工程。

（6）拆除爆破工程。

（7）国务院建设行政主管部门或者其他有关部门规定的其他危险性较大的工程。

以上所列工程中涉及深基坑、地下暗挖工程、高大模板工程的专项施工方案，施工单位还应当组织专家进行论证、审查。

92. A、D。本题考核的是安全事故调查报告的批复。特别重大事故由国务院或者国务院授权有关部门组织事故调查组进行调查。重大事故、较大事故、一般事故分别由事故发生地省级人民政府、设区的市级人民政府、县级人民政府负责调查。重大事故、较大事故、一般事故，负责事故调查的人民政府应当自收到事故调查报告之日起15日内作出批复；特别重大事故，30日内作出批复，特殊情况下，批复时间可以适当延长，但延长的时间最长不超过30日。一般事故由县级人民政府负责调查。对于本题，只选择一般事故的选项就可以。

93. A、B、D。本题考核的是建设工程现场文明施工措施。市区主要路段和其他涉及市容景观路段的工地设置围挡的高度不低于2.5m。施工现场适当地方设置吸烟处，作业区内禁止随意吸烟。

94. A、B、D、E。本题考核的是建设工程现场职业健康安全卫生的措施。食堂必须有卫生许可证，炊事人员必须持身体健康证上岗，选项A正确。炊事人员上岗应穿戴洁净的工作服、工作帽和口罩，并应保持个人卫生。不得穿工作服出食堂，非炊事人员不得随意进入制作间，选项B正确。门扇下方应设不低于0.2m的防鼠挡板，选项C错误。制作间灶台及其周边应贴瓷砖，所贴瓷砖高度不宜小于1.5m，地面应做硬化和防滑处理，选项D

正确。各种作料和副食应存放在密闭器皿内，并应有标识，选项 E 正确。

95. A、B、C、E。本题考核的是合同订立程序。招标人通过媒体发布招标公告，或向符合条件的投标人发出招标文件，为要约邀请；投标人根据招标文件内容在约定的期限内向招标人提交投标文件，为要约；招标人通过评标确定中标人，发出中标通知书，为承诺；招标人和中标人按照中标通知书、招标文件和中标人的投标文件等订立书面合同时，合同成立并生效。

96. B、C。本题考核的是劳务分包人的主要义务。劳务分包人丙公司对劳务分包范围内的工程质量向承包人乙公司负责，选项 A 错误。未经承包人乙公司授权或允许，劳务分包人丙公司不得擅自与发包人及有关部门建立工作联系，选项 D 错误。承包人乙公司负责统一安排技术档案资料的收集整理及交工验收，选项 E 错误。

97. A、C、D、E。本题考核的是总价合同的特点。总价合同的特点是：
（1）发包单位可以在报价竞争状态下确定项目的总造价，可以较早确定或者预测工程成本。
（2）业主的风险较小，承包人将承担较多的风险。
（3）评标时易于迅速确定最低报价的投标人。
（4）在施工进度上能极大地调动承包人的积极性。
（5）发包单位能更容易、更有把握地对项目进行控制。
（6）必须完整而明确地规定承包人的工作。
（7）必须将设计和施工方面的变化控制在最小限度内。

98. A、B、E。本题考核的是工程保险。工程保险保险人不承担责任的范围：
（1）投保人故意行为所造成的损失。
（2）因被保险人不忠实履行约定义务所造成的损失。
（3）战争或军事行为所造成的损失，选项 A 正确。
（4）保险责任范围以外，其他原因所造成的损失。

根据保险标的的不同，保险可以分为财产保险（包括财产损失保险、责任保险、信用保险等）和人身保险（包括人寿保险、健康保险、意外伤害保险等）两大类，而工程保险既涉及财产保险，也涉及人身保险，选项 B 正确。

为了保证一切险的有效性和连贯性，国内工程通常由项目法人办理保险，国际工程一般要求承包人办理保险，选项 C 错误。

工程保险并不能解决所有的风险问题，只是转移了部分重大风险可能带来的损害，业主和承包商仍然要采取各种有力措施防止事故和灾害发生，并阻止事故的扩大，选项 E 正确。

99. B、D。本题考核的是工程变更管理。根据工程惯例，除非工程师明显超越合同权限，承包人应该无条件地执行工程变更的指示。即使工程变更价款没有确定，或者承包人对工程师答应给予付款的金额不满意，承包人也必须一边进行变更工作，一边根据合同寻求解决办法，选项 A 错误。

工程变更的补偿范围，通常以合同金额一定的百分比表示。通常这个百分比越大，承包人的风险越大,选项C错误。

业主向承包人授标前(或签订合同前),可以要求承包人对施工方案进行补充、修改或作出说明,以便符合业主的要求。在授标后(或签订合同后)业主为了加快工期、提高质量等要求变更施工方案,由此所引起的费用增加可以向业主索赔,选项E错误。

100. D、E。本题考核的是索赔成立的情形。施工方案缺陷属于承包人的责任,选项A的索赔不能够成立。阴雨天气是承包人可以预见的气候条件,选项B的索赔不能够成立。建设单位代表同意更换项目经理并不意味着要承担由于更换而带来的后果,选项C的索赔不能够成立。选项D、E属于发包人应承担的责任。

2021年度全国一级建造师执业资格考试

《建设工程项目管理》

真题及解析

学习遇到问题？
扫码在线答疑

2021 年度《建设工程项目管理》真题

一、单项选择题（共70题，每题1分。每题的备选项中，只有1个最符合题意）

1. 下列项目策划工作内容中，属于实施阶段管理策划的是（　　）。
   A. 业主方项目管理组织机构　　　　B. 生产运营期设施管理总体方案
   C. 项目风险管理与工程保险方案　　D. 项目实施期管理总体方案

2. 根据《建筑施工组织设计规范》GB/T 50502—2009，主持编制施工组织设计的应是（　　）。
   A. 项目总监理工程师　　　　　　　B. 项目技术负责人
   C. 施工单位技术负责人　　　　　　D. 项目负责人

3. 建设工程管理的核心任务是（　　）。
   A. 实现项目建设阶段的目标　　　　B. 为项目建设的决策或实施提供依据
   C. 项目的目标控制　　　　　　　　D. 为工程建设和使用增值

4. 下列沟通过程的要素中，处于主导地位的是（　　）。
   A. 沟通渠道　　　　　　　　　　　B. 沟通环境
   C. 沟通客体　　　　　　　　　　　D. 沟通主体

5. 关于施工成本核算的说法，正确的是（　　）。
   A. 竣工工程现场成本应由企业财务部门进行核算分析
   B. 施工成本核算对象只能是单位工程
   C. 施工成本核算包括四个基本环节
   D. 施工成本核算应按规定的会计周期进行

6. 某分项工程某月计划工程量为3200m²，计划单价为15元/m²，月末核定实际完成工程量为2800m²，实际单价为20元/m²。则该分项工程的已完工作预算费用（BCWP）是（　　）元。
   A. 56000　　　B. 64000　　　C. 42000　　　D. 48000

7. 关于进度控制的说法，正确的是（　　）。
   A. 各项目管理方进度控制的目标和时间范畴应相同
   B. 施工方对整个工程项目进度目标的实现具有决定性作用
   C. 施工方必须在确保工程质量的前提下，控制工程进度

1

D. 进度控制的目的是实现建设项目的总进度目标

8. 某双代号网络计划如图 1 所示，存在的不妥之处是（   ）。

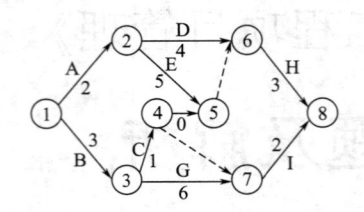

图 1　某双代号网络计划

A. 节点编号不连续　　　　　　　　B. 有多余时间参数
C. 工作表示方法不一致　　　　　　D. 有多个起点节点

9. 下列组织工具中，反映一个组织系统各项工作之间逻辑关系的是（   ）。
A. 工作流程图　　　　　　　　　　B. 组织结构图
C. 项目结构图　　　　　　　　　　D. 组织分工图

10. 根据《建设工程项目管理规范》GB/T 50326—2017，项目管理实施规划的编制过程包括：①熟悉相关法规和文件；②分析项目具体特点和环境条件；③履行报批手续；④实施编制活动；⑤了解相关方的要求。正确的程序是（   ）。
A. ①→②→⑤→④→③　　　　　　B. ②→⑤→①→③→④
C. ①→⑤→②→③→④　　　　　　D. ⑤→②→①→④→③

11. 与单价合同相比较，总价合同的特点是（   ）。
A. 在施工进度上能调动承包人的积极性
B. 发包人的协调工作量大
C. 发包人可以缩短招标准备时间
D. 承包人的风险较小

12. 某防水工程施工出现了设计变更，导致工程量由 1600m² 增加到了 2400m²，原定施工工期 60d。合同约定工程量增减 10% 为承包商应承担的风险，则承包商可索赔工期（   ）d。
A. 60　　　　　B. 12　　　　　C. 30　　　　　D. 24

13. 下列项目目标动态控制的纠偏措施中，属于技术措施的是（   ）。
A. 选用高效的施工机具　　　　　　B. 调整项目管理职能分工
C. 改变控制的方法和手段　　　　　D. 优化项目管理任务分工

14. 某工作有两个紧前工作，最早完成时间分别为第 2 天和第 4 天，该工作持续时间是 5d，则其最早完成时间是第（   ）天。
A. 7　　　　　B. 11　　　　　C. 6　　　　　D. 9

15. 关于固定单价合同的说法，正确的是（   ）。
A. 当国家政策发生变化时，可对单价进行调整
B. 当通货膨胀达到一定水平时，可对单价进行调整
C. 无论发生哪些影响价格的因素都不对单价进行调整
D. 当实际工程量发生较大变化时，可对单价进行调整

16. 根据《建筑市场诚信行为信息管理办法》，不良行为记录信息公布期限最短不得少

于（　　）个月。
　A. 24　　　　　B. 12　　　　　C. 6　　　　　D. 3

17. 某施工单位于2020年6月为订立某项目建造合同共发生差旅费、投标费50万元，该项目于2021年6月完成，工程完工时共发生人工费700万元，差旅费5万元，项目管理人员工资98万元，材料采购及保管费15万元。根据《财政部关于印发〈企业产品成本核算制度（试行）〉的通知》，应计入直接费用的是（　　）万元。
　A. 798　　　　　B. 765　　　　　C. 813　　　　　D. 770

18. 关于横道图进度计划的说法，正确的是（　　）。
　A. 计划的资源需要量无法计算　　　B. 计划的关键工作无法确定
　C. 横道图中工作的时间参数无法计算　D. 横道图中的工作均无机动时间

19. 根据合同风险产生的原因分类，属于合同工程风险的是（　　）。
　A. 偷工减料　　　　　　　　　　　B. 以次充好
　C. 非法分包　　　　　　　　　　　D. 物价上涨

20. 某网络计划执行情况的检查结果分析见表1，对工作M的判断分析，正确的是（　　）。

表1　某网络计划执行情况的检查结果分析

工作编号	工作名称	尚需工作天数(d)	总时差(d) 原有	总时差(d) 目前尚有	自由时差(d) 原有	自由时差(d) 目前尚有
…						
i-j	M	3	5	1	2	0
…						

　A. 比计划提前4d，不影响工期
　B. 比计划延迟4d，不影响紧后工作，不影响工期
　C. 比计划延迟4d，影响紧后工作2d，不影响工期
　D. 比计划延迟4d，影响工期1d

21. 建设工程项目风险有多种类型，承包方技术管理人员能力欠缺属于（　　）。
　A. 技术风险　　　　　　　　　　　B. 工程环境风险
　C. 经济与管理风险　　　　　　　　D. 组织风险

22. 施工项目年度成本分析的内容，除了月（季）度成本分析的六个方面以外，重点是（　　）。
　A. 通过实际成本与计划成本的对比，分析成本降低水平
　B. 针对下一年度施工进展情况，制定切实可行的成本管理措施
　C. 通过实际成本与目标成本的对比，分析目标成本控制措施落实情况
　D. 通过对技术组织措施执行效果的分析，寻求更加有效的节约途径

23. 关于网络计划中箭线的说法，正确的是（　　）。
　A. 箭线都要占用时间，多数要消耗资源
　B. 箭线的长度表示工作的持续时间
　C. 箭线的水平投影方向不能从右往左

D. 箭线在网络计划中只表示工作

24. 在进度控制中，缺乏动态控制观念的表现是（   ）。
A. 不重视进度计划的比选
B. 不重视进度计划的调整
C. 不注意分析影响进度的风险
D. 同一项目不同进度计划之间的关联性不够

25. 下列施工准备的质量控制工作中，属于现场施工准备工作的是（   ）。
A. 编制作业指导书　　　　　　　B. 复核测量控制点
C. 组织设计交底　　　　　　　　D. 细化施工方案

26. 下列项目管理工具中，服务于项目所有参与单位的是（   ）。
A. 项目信息门户　　　　　　　　B. 设施管理信息系统
C. 管理信息系统　　　　　　　　D. 项目管理信息系统

27. 工程监理人员在实施监理过程中，发现工程设计不符合工程质量标准或合同约定的质量要求时，应当采取的措施是（   ）。
A. 报告建设单位要求设计单位改正　　　B. 直接与设计单位确认修改工程设计
C. 要求设计单位改正并报告建设单位　　D. 要求施工单位报告设计单位改正

28. 关于施工预算和施工图预算的说法，正确的是（   ）。
A. 施工预算的编制以预算定额为主要依据
B. 施工图预算的编制以施工定额为主要依据
C. 施工图预算只适用于建设单位，而不适用于施工单位
D. 施工预算是施工企业内部管理用的一种文件，与建设单位无直接关系

29. 关于建设工程项目总进度目标论证的说法，正确的是（   ）。
A. 总进度目标论证应涉及工程实施的条件分析及工程实施策划
B. 总进度目标论证就是论证施工进度目标实现的可能性
C. 已编制总进度规划的项目，可以不进行总进度目标论证
D. 总进度目标论证时，应论证项目动用后的工作进度

30. 第三方认证机构对认证合格单位质量管理体系维持情况进行定期检查的频次通常是（   ）。
A. 每年一次　　　　　　　　　　B. 一季度一次
C. 两年一次　　　　　　　　　　D. 每年两次

31. 下列直方图中，表明施工生产过程处于正常、稳定状态的是（   ）。

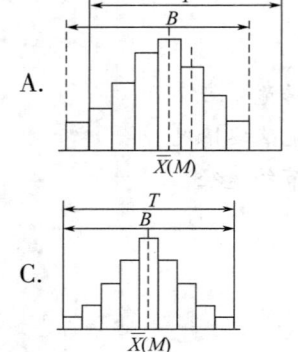

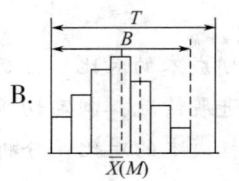

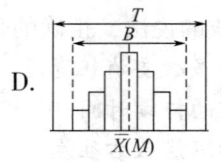

32. 根据工伤保险和社会保险相关法律规定，由建筑施工企业自主决定是否投保的险种是（ ）。
   A. 失业保险
   B. 医疗保险
   C. 意外伤害保险
   D. 养老保险

33. 某工程的合同总额为1000万元，则发包人合理的支付担保额是（ ）万元。
   A. 1000
   B. 200
   C. 500
   D. 100

34. 关于施工方项目管理目标的说法，正确的是（ ）。
   A. 施工总承包方的工期目标和质量目标必须符合合同的要求
   B. 施工总承包方的成本目标由施工企业根据合同确定
   C. 与业主方签订分包合同的工程，其工期目标和质量目标由分包方负责
   D. 分包方的成本目标由施工总承包方确定

35. 根据《建筑工程施工质量验收统一标准》GB 50300—2013，单位工程竣工预验收的组织方式是（ ）。
   A. 建设单位项目负责人组织总监理工程师、专业监理工程师进行
   B. 总监理工程师组织各专业监理工程师进行
   C. 总监理工程师组织施工单位项目负责人、专业负责人进行
   D. 施工单位项目负责人组织各专业负责人进行

36. 施工质量事故的调查处理程序包括：①事故调查；②事故原因分析；③事故处理；④事故处理的鉴定验收；⑤制定事故处理的技术方案。正确的程序是（ ）。
   A. ②→①→③→④→⑤
   B. ①→②→⑤→③→④
   C. ①→②→③→④→⑤
   D. ④→②→⑤→①→③

37. 下列分部分项工程中，应当组织专家论证、审查专项施工方案的是（ ）。
   A. 拆除工程
   B. 起重吊装工程
   C. 地下暗挖工程
   D. 爆炸工程

38. 下列建设工程安全事故中，县级人民政府可以委托事故发生单位组织事故调查组进行调查的是（ ）。
   A. 1人轻伤，无其他损失
   B. 无伤亡，直接经济损失1000万元以下
   C. 2人轻伤，总损失1000万元
   D. 1人重伤，直接经济损失200万元

39. 下列工程总承包合同义务中，属于承包人义务的是（ ）。
   A. 提供与施工有关的现场障碍资料
   B. 按照行业工程建设标准规范规定的设计深度开展工程设计
   C. 负责组织设计阶段审查会议，并承担会议费用
   D. 办理施工许可证

40. 关于施工专业分包合同的说法，正确的是（ ）。
   A. 分包人须服从由发包人直接发出的与分包工程有关的指令
   B. 承包人要求分包人采取特殊措施保护所增加的费用，由分包人负责
   C. 分包人不得将劳务作业再分包给具有相应劳务分包资质的劳务分包企业

D. 分包合同约定的工程变更调整的合同价款应与工程进度款同期调整支付

41. 建设工程政府质量监督机构履行质量监督职责时，可以采取的措施是（　　）。

A. 暂时扣押被检查单位的固定资产

B. 发现有影响工程质量的问题时，责令改正

C. 吊销被检查单位的资质证书

D. 对被检查单位负责人进行处罚

42. 某单代号网络计划如图 2 所示（时间单位：d），计算工期是（　　）d。

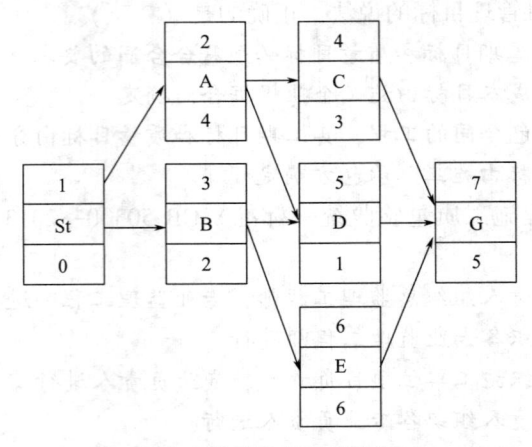

图 2　某单代号网络计划

A. 13　　　　　　　　　　　　　　B. 10
C. 12　　　　　　　　　　　　　　D. 8

43. 某工程混凝土浇筑过程中，因工人直接浇筑高度超出施工方案要求造成质量事故，该事故按照事故责任分类属于（　　）。

A. 指导责任事故　　　　　　　　　B. 管理责任事故
C. 操作责任事故　　　　　　　　　D. 技术责任事故

44. 根据《职业健康安全管理体系 要求及使用指南》GB/T 45001—2020，属于"运行"部分的内容是（　　）。

A. 危险源辨识　　　　　　　　　　B. 理解组织及其所处的环境
C. 应急准备和响应　　　　　　　　D. 管理评审

45. 关于建设工程现场文明施工措施的说法，正确的是（　　）。

A. 施工现场严禁设置吸烟处，应设置于生活区

B. 施工总平面图应随工程实施的不同阶段进行调整

C. 一般工地围挡高度不得低于 1.6m

D. 施工现场应设置排水系统，直接排入市政管网

46. 关于 FIDIC《施工合同条件》的说法，正确的是（　　）。

A. 由业主或业主代表管理合同

B. "新红皮书"适用于由承包商做绝大部分设计的工程项目

C. 合同计价方式采用单价合同，但也有些子项采用包干单价

D. "新红皮书"的应用范围比原"红皮书"较小

47. 关于建筑施工企业劳动用工的说法，错误的是（   ）。
   A. 建筑施工企业与劳动者应当自试用期满后，按照有关法规签订书面劳动合同
   B. 建筑施工企业应当按照相关规定办理用工手续，不得使用零散工
   C. 劳动合同应一式三份，双方当事人各持一份，劳动者所在工地保留一份备查
   D. 每个工程项目中作业人员的有关情况应按相关规定如实填报

48. 建设工程项目决策阶段策划的主要任务是（   ）。
   A. 定义建设项目的建设目标
   B. 确定项目的开发或建设模式
   C. 确定项目建设的指导思想
   D. 定义项目开发或建设的任务和意义

49. 建筑材料采购合同中应明确结算的（   ）。
   A. 地点、时间和人员
   B. 时间、方式和人员
   C. 地点、人员和手续
   D. 时间、方式和手续

50. 下列质量检查内容中，可通过目测法中"照"的手段检查的是（   ）。
   A. 内墙抹灰的大面是否平直
   B. 管道井内管线、设备安装质量
   C. 油漆的光滑度
   D. 混凝土的强度是否符合要求

51. 下列成本管理的职责中，属于成本会计岗位的是（   ）。
   A. 制定采用新技术降低成本的措施
   B. 编制月材料盘点表
   C. 开具限额领料单
   D. 每月编制一次材料复核报告

52. 建设工程项目总承包的基本出发点是借鉴工业生产组织的经验，实现建设生产过程的（   ）。
   A. 组织柔性化
   B. 组织扁平化
   C. 组织标准化
   D. 组织集成化

53. 某工程在地基施工过程中，遇到大量不可预见的地下水，承包人处理地下水的费用应该向（   ）索赔。
   A. 设计人
   B. 发包人
   C. 勘察单位
   D. 保险公司

54. 关于网络计划中节点的说法，正确的是（   ）。
   A. 节点在网络计划中只表示事件，即前后工作的交接点
   B. 所有节点均既有向内又有向外的箭线
   C. 所有节点编号不能重复
   D. 节点内可以用工作名称代替编号

55. 某承包单位在施工中有针对性地制定和落实施工质量保证措施来降低质量事故发生概率，这一行为属于质量风险应对的（   ）策略。
   A. 转移
   B. 自留
   C. 规避
   D. 减轻

56. 在建设工程项目施工成本管理的程序中，"进行项目过程成本分析"的紧后工作是（   ）。
   A. 进行项目过程成本考核
   B. 编制项目成本报告
   C. 编制成本计划
   D. 确定项目合同价

57. 绘制时间—成本累积曲线的步骤中，紧接"计算规定时间 t 计划累计支出的成本额"之后的工作是（   ）。

A. 计算单位时间的成本
B. 在时标网络图上，按时间编制成本支出计划
C. 确定工程项目进度计划，编制进度计划的横道图
D. 绘制 S 形曲线

58. 在成本核算中，应当对可能发生的损失和费用作出合理预计，以增强抵御风险的能力。这体现了成本核算原则的（　　）。
 A. 谨慎原则　　　　　　　　　　B. 一贯性原则
 C. 配比原则　　　　　　　　　　D. 相关性原则

59. 一般情况下，负责特别重大事故调查的人民政府应当自收到事故调查报告之日起（　　）日内作出批复。
 A. 15　　　　　　　　　　　　　B. 60
 C. 90　　　　　　　　　　　　　D. 30

60. 关于建设工程施工现场环境保护措施的说法，正确的是（　　）。
 A. 严格控制噪声作业，夜间作业将噪声控制在 70dB（A）以下
 B. 施工现场设置符合规定的装置用于熔化沥青
 C. 经无害化处理后的建筑废弃残渣用于土方回填
 D. 工地茶炉不得使用烧煤茶炉

61. 安全生产管理预警体系运行中，"找出诸多致灾因素中危险性最高、危险程度最严重的主要因素，并对其成因进行分析"属于（　　）环节的工作。
 A. 监测　　　　　　　　　　　　B. 识别
 C. 评价　　　　　　　　　　　　D. 诊断

62. 关于投标申请人资格预审的说法，正确的是（　　）。
 A. 规定截止日期后，潜在投标人可以根据发包人要求修改资格预审文件
 B. 资格预审结果不需要通知所有的投标意向者
 C. 资格预审可以在招标开始之前或者初期进行
 D. 公开招标只能采用资格预审方式

63. 下列施工项目综合成本的分析方法中，可以全面了解单位工程的成本构成和降低成本来源的是（　　）。
 A. 月（季）度成本分析　　　　　B. 竣工成本的综合分析
 C. 年度成本分析　　　　　　　　D. 分部分项工程成本分析

64. 建设工程项目质量控制体系的建立过程包括：①制定质量控制制度；②编制质量控制计划；③建立系统质量控制网络；④分析质量控制界面。正确的程序是（　　）。
 A. ③→④→①→②　　　　　　　B. ①→③→②→④
 C. ①→②→③→④　　　　　　　D. ③→①→④→②

65. 根据《建筑工程施工质量验收统一标准》GB 50300—2013，分项工程质量验收的组织者是（　　）。
 A. 项目技术负责人　　　　　　　B. 项目经理
 C. 专业监理工程师　　　　　　　D. 总监理工程师

66. 在领取施工许可证或者开工报告前，按照国家有关规定，办理工程质量监督手续的是（　　）。

A. 监理方 B. 设计方
C. 业主方 D. 施工方

67. 下列合同实施偏差的调整措施中，属于组织措施的是（　　）。
A. 签订附加协议 B. 变更技术方案
C. 调整工作流程 D. 增加投入

68. 下列建设工程项目信息中，属于技术类信息的是（　　）。
A. 质量控制信息 B. 进度控制信息
C. 工作量控制信息 D. 投资控制信息

69. 在工程项目质量监督的"双随机、一公开"方法中，"双随机"是指（　　）。
A. 随机选派监督检查人员、随机确定抽检部位
B. 随机抽取检查对象、随机选派监督检查人员
C. 随机选派监督检查人员、随机确定检查时间
D. 随机确定检查时间、随机抽取检查对象

70. 根据安全生产教育培训制度，新上岗的施工企业从业人员，岗前培训时间的最少学时是（　　）学时。
A. 36 B. 48
C. 12 D. 24

二、多项选择题（共30题，每题2分。每题的备选项中，有2个或2个以上符合题意，至少有1个错项。错选，本题不得分；少选，所选的每个选项得0.5分）

71. 根据《建筑施工组织设计规范》GB/T 50502—2009，施工方案的主要内容包括（　　）。
A. 施工现场平面布置 B. 施工准备与资源配置计划
C. 工程概况 D. 施工方法及工艺要求
E. 施工部署

72. 按施工成本构成要素分类，应计入企业管理费用的有（　　）。
A. 材料采购及保管费 B. 规费
C. 固定资产使用费 D. 管理人员工资
E. 工具用具使用费

73. 项目质量控制体系的运行环境包括（　　）。
A. 质量管理的组织制度 B. 质量管理的政府监督制度
C. 项目的合同结构 D. 质量管理的人员配置
E. 质量管理的物质资源配置

74. 关于安全技术交底要求的说法，正确的有（　　）。
A. 必须采用两阶段技术交底 B. 保持书面安全技术交底签字记录
C. 必须实行逐级安全技术交底制度 D. 必须采用新的安全技术措施
E. 定期向多工种交叉施工作业队伍书面交底

75. 建设工程施工招标应当具备的条件有（　　）。
A. 有编制招标文件和组织评标能力 B. 招标人已经依法成立
C. 有招标所需的设计图纸及技术资料 D. 有相应资金或资金来源已经落实
E. 初步设计及概算应当履行审批程序的，已经批准

76. 若承包商未按合同要求实施工程，关于业主向承包商索赔的说法，正确的有（   ）。
A. 质量不满足要求，业主另找公司完成的，只可向承包商索赔成本
B. 合同工期已到而工程仍未完工，可索赔误期损害赔偿费
C. 未按合同要求办理保险，业主可前去办理并索赔相应的费用
D. 工程进度太慢，要求承包商赶工时，可索赔业主方工程师的加班费
E. 未按合同条件要求，无故不向分包人付款，业主无权进行索赔

77. 某单代号搭接网络计划如图3所示（时间单位：d），其时间参数正确的有（   ）。

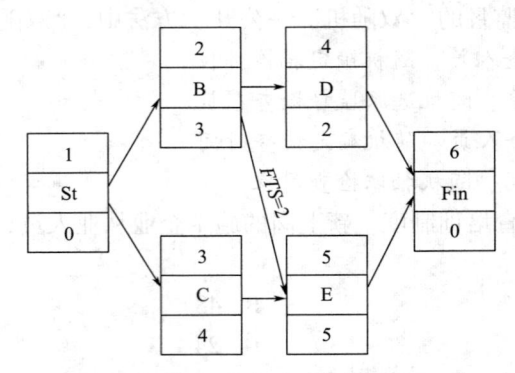

图3 某单代号搭接网络计划

A. $LS_D = 8$　　　　　　　　B. $LS_E = 5$
C. $LF_C = 5$　　　　　　　　D. $FF_B = 2$
E. $TF_C = 1$

78. 关于工作任务分工和管理职能分工的说法，正确的有（   ）。
A. 在项目实施的全过程中，应视具体情况对工作任务分工表进行调整
B. 编制工作任务分工表前应对项目实施各阶段的具体管理工作进行详细分解
C. 管理职能是由管理过程的多个环节组成
D. 项目各参与方应编制统一的工作任务分工表和管理职能分工表
E. 管理职能分工表既可用于项目管理，也可用于企业管理

79. 关于施工成本偏差分析表达方法的说法，正确的有（   ）。
A. 横道图法是最常用的一种方法　　　B. 表格法具有灵活、适用性强的优点
C. 表格法反映的信息量大　　　　　　D. 曲线法能够直接用于定量分析
E. 横道图法形象、直观，一目了然

80. 在项目的实施阶段，项目总进度应包括（   ）进度。
A. 设计工作　　　　　　　　　　　　B. 项目动用后的保修工作
C. 招标工作　　　　　　　　　　　　D. 设计前准备阶段的工作
E. 项目建议书的编制工作

81. 下列项目进度控制的措施中，与工程设计技术有关的措施有（   ）。
A. 分析施工组织设计对进度的影响　　B. 寻求设计变更加快施工进度的可能
C. 改变施工机械设计，提高机械效率　D. 组织工程设计方案的评审与选用
E. 重视信息技术在进度控制中的应用

82. 对某模板工程进行抽样检查，发现在表面平整度、截面尺寸、平面水平度、垂直度和标高等方面存在质量问题。按照排列图法进行统计分析，上述质量问题累计频率依次为 41%、79%、89%、98% 和 100%，需要进行重点管理的 A 类问题有（　　）。
   A. 表面平整度　　　　　　　　　B. 标高
   C. 平面水平度　　　　　　　　　D. 垂直度
   E. 截面尺寸

83. 下列施工现场噪声的控制措施中，属于控制传播途径的有（　　）。
   A. 压缩机风管处设置消声器　　　B. 振动源上涂覆阻尼材料
   C. 操作人员使用耳塞、耳罩　　　D. 利用多孔材料吸收声能
   E. 设置隔声屏障

84. 关于工程保险的说法，正确的有（　　）。
   A. 国内工程通常由项目法人办理工程一切险
   B. 承包人设备保险的保险范围包括准备用于永久工程的设备
   C. 国内工程开工前均要集中投保工程一切险
   D. 工程一切险要求投保人以项目法人的名义投保
   E. 第三者责任险一般附加在工程一切险中

85. 某双代号网络计划如图 4 所示（时间单位：d），其关键工作有（　　）。

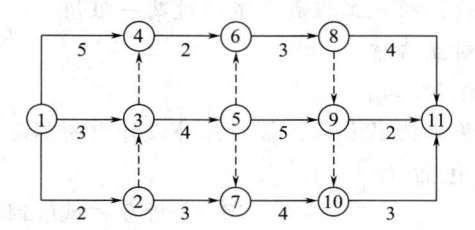

图 4　某双代号网络计划

   A. 工作⑧→⑪　　　　　　　　　B. 工作⑦→⑩
   C. 工作③→⑤　　　　　　　　　D. 工作①→④
   E. 工作⑤→⑨

86. 关于项目施工总承包模式特点的说法，正确的有（　　）。
   A. 开工日期不可能太早，建设周期会较长
   B. 合同价不明确，不利于业主的投资控制
   C. 工程质量在很大程度上取决于总承包方的管理水平和技术水平
   D. 业主选择承包方的招标及合同管理工作量小
   E. 与平行发包模式相比，组织协调工作量大

87. 某双代号时标网络计划如图 5 所示（时间单位：d），工作总时差正确的有（　　）。
   A. $TF_{A3} = 2$　　　　　　　　　B. $TF_{B3} = 1$
   C. $TF_{C1} = 2$　　　　　　　　　D. $TF_{A2} = 1$
   E. $TF_{A1} = 0$

88. 应当及时修订生产安全事故应急预案的情形有（　　）。

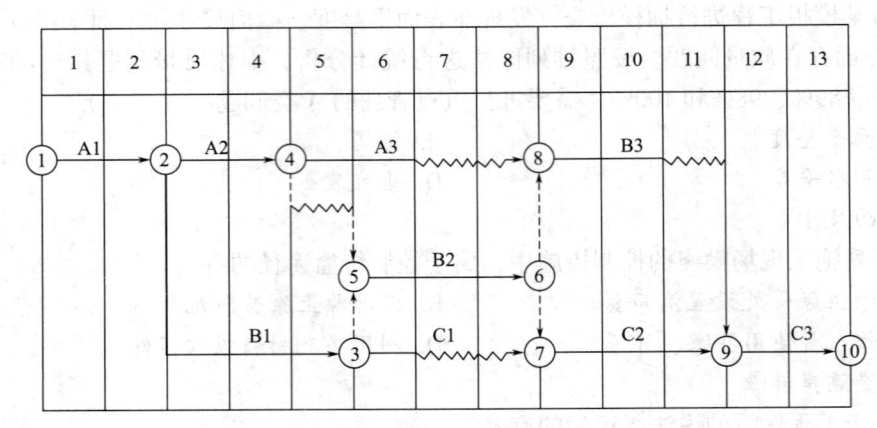

图5 某双代号时标网络计划

A. 重要应急资源发生重大变化　　B. 面临的事故风险发生重大变化
C. 编制人员构成发生重大变化　　D. 应急演练中发现问题需要修订
E. 依据的上位预案中的有关规定发生重大变化

89. 对业主而言，成本加酬金合同的优点有（　　）。
A. 便于对工程计划进行合理安排
B. 通过确定最大保证价格约束工程成本不超过某一限值
C. 可以减少承包商的对立情绪
D. 可以通过分段施工缩短工期
E. 可以利用承包商的施工技术专家，帮助弥补设计中的不足

90. 项目风险评估工作包括（　　）。
A. 确定风险因素　　　　　　B. 分析各种风险因素的发生概率
C. 确定应对各种风险的对策　　D. 分析各种风险的损失量
E. 确定各种风险的风险等级

91. 下列工程质量事故发生的原因中，属于技术原因的有（　　）。
A. 结构设计方案不正确　　　　B. 监理人员旁站检验不到位
C. 施工操作人员施工工艺错误　　D. 检验检查制度不严密
E. 检测设备管理不善造成仪器失准

92. 关于合同分析及其作用的说法，正确的有（　　）。
A. 合同分析往往由项目经理负责
B. 合同分析同招标文件分析的侧重点相同
C. 分析合同中的漏洞，解释有争议的内容
D. 合同分析要从合同执行的角度去分析
E. 合同分析的目的之一是合同任务分解、落实

93. 下列现场文明施工的管理措施中，属于现场消防、防火管理措施的有（　　）。
A. 建立消防管理制度及消防领导小组
B. 对违反消防条例的有关人员进行严肃处理
C. 建立门卫值班管理制度
D. 作业区与生活区必须明显划分

E. 现场必须有消防平面布置图

94. 关于施工总承包合同中费用控制条款的说法，正确的有（　　）。
A. 承包人可以使用预付款修建临时工程、组织施工队进场
B. 发包人应在进度款支付证书签发后 28d 内完成支付
C. 发包人在工程款中逐期扣回预付款后，预付款担保额度应相应减少
D. 发包人签发进度款支付证书，表明发包人已接受了承包人完成的相应工作
E. 发包人在收到预付款催告通知后 7d 内仍未支付的，承包人有权暂停施工

95. 关于分部分项工程成本分析的说法，正确的有（　　）。
A. 必须对施工项目的所有分部分项工程进行成本分析
B. 主要分部分项工程要做到从开工到竣工进行系统的成本分析
C. 分部分项工程成本分析是定期的中间成本分析
D. 分部分项工程成本分析是施工项目成本分析的基础
E. 分部分项工程成本分析的对象为已完分部分项工程

96. 关于工作最迟完成时间计算的说法，正确的有（　　）。
A. 双代号网络计划中，等于各紧后工作最迟开始时间的最小值
B. 双代号网络计划中，等于该工作完成节点的最迟时间
C. 单代号搭接网络计划中，等于该工作最早完成时间加上该工作的总时差
D. 双代号时标网络计划中，等于该工作实箭线结束点对应的时间坐标
E. 单代号搭接网络计划中，等于各紧后工作最迟开始（或结束）时间减相应时距加该工作持续时间的最小值

97. 关于成本核算方法的说法，正确的有（　　）。
A. 项目财务部门一般采用表格核算法
B. 表格核算法精度不高，实用性较差
C. 会计核算法对工程项目内各岗位成本的责任核算比较适用
D. 会计核算法科学严密，覆盖面较大
E. 表格核算法简便易懂，方便操作

98. 下列施工作业质量控制点中，属于"见证点"的有（　　）。
A. 压力容器特种作业　　　　　　B. 二次结构砌体施工
C. 预应力施工工艺　　　　　　　D. 隐蔽工程
E. 重要部位施工

99. 下列建设工程项目施工成本费用中，属于间接成本的有（　　）。
A. 管理人员工资　　　　　　　　B. 差旅交通费
C. 机械费　　　　　　　　　　　D. 人工费
E. 办公费

100. 钢筋混凝土构件和允许出现裂缝的预应力混凝土构件进场质量验收时，应进行的检验项目包括（　　）。
A. 挠度　　　　　　　　　　　　B. 裂缝宽度
C. 外观质量　　　　　　　　　　D. 承载力
E. 材料性能

2021年度真题参考答案及解析

一、单项选择题

1. C;	2. D;	3. D;	4. D;	5. D;
6. C;	7. C;	8. C;	9. A;	10. D;
11. A;	12. D;	13. A;	14. D;	15. C;
16. D;	17. B;	18. B;	19. D;	20. D;
21. D;	22. B;	23. C;	24. B;	25. B;
26. A;	27. A;	28. D;	29. A;	30. A;
31. D;	32. C;	33. D;	34. A;	35. B;
36. B;	37. A;	38. D;	39. B;	40. D;
41. B;	42. A;	43. D;	44. C;	45. B;
46. C;	47. A;	48. D;	49. D;	50. D;
51. D;	52. D;	53. D;	54. D;	55. D;
56. A;	57. D;	58. A;	59. D;	60. B;
61. D;	62. C;	63. B;	64. C;	65. C;
66. C;	67. C;	68. A;	69. B;	70. D。

【解析】

1. C。本题考核的是项目实施的管理策划。项目实施的管理策划内容包括：(1) 项目实施各阶段项目管理的工作内容；(2) 项目风险管理与工程保险方案。

2. D。本题考核的是施工组织设计的编制和审批。施工组织设计应由项目负责人主持编制，可根据需要分阶段编制和审批。

3. D。本题考核的是建设工程管理的任务。建设工程管理工作是一种增值服务工作，其核心任务是为工程的建设和使用增值。

4. D。本题考核的是沟通过程的要素。沟通主体可以选择和决定沟通客体、沟通介体、沟通环境和沟通渠道，在沟通过程中处于主导地位。

5. D。本题考核的是成本管理的任务。竣工工程完全成本应由企业财务部门进行核算分析，选项A错误。施工成本核算一般以单位工程为对象，但也可以按照承包工程项目的规模、工期、结构类型、施工组织和施工现场等情况，结合成本管理要求，灵活划分成本核算对象，选项B错误。施工成本核算包括两个基本环节，选项C错误。

6. C。本题考核的是赢得值法的三个基本参数。已完工作预算费用（BCWP）= 已完成工作量×预算单价 = 2800×15 = 42000元。

7. C。本题考核的是建设工程项目进度控制与进度计划系统。建设工程项目管理进度控制的目标和时间范畴不相同，选项A错误。业主方进度控制的任务是控制整个项目实施阶段的进度，选项B错误。进度控制的目的是通过控制以实现工程的进度目标，选项D错误。

8. C。本题考核的是双代号网络计划的绘图规则。选项C错误,节点1→节点3、节点7→节点8与其他节点的表示方法不一致。

9. A。本题考核的是组织论和组织工具。工作流程组织可反映一个组织系统中各项工作之间的逻辑关系,是一种动态关系。

10. D。本题考核的是项目管理实施规划的编制工作程序。项目管理实施规划的编制程序:(1)了解相关方的要求;(2)分析项目具体特点和环境条件;(3)熟悉相关的法规和文件;(4)实施编制活动;(5)履行报批手续。

11. A。本题考核的是总价合同的特点。总价合同的特点包括:(1)发包单位可以在报价竞争状态下确定项目的总造价,可以较早确定或者预测工程成本;(2)业主的风险较小,承包人将承担较多的风险;(3)评标时易于迅速确定最低报价的投标人;(4)在施工进度上能极大地调动承包人的积极性;(5)发包单位能更容易、更有把握地对项目进行控制;(6)必须完整而明确地规定承包人的工作;(7)必须将设计和施工方面的变化控制在最小限度内。

12. D。本题考核的是工期索赔的计算方法。工期索赔值=原工期×新增工程量/原工程量=60×[2400−1600×(1+10%)/1600]=24d。

13. A。本题考核的是项目目标动态控制的纠偏措施。技术措施是指分析由于技术(包括设计和施工的技术)的原因而影响项目目标实现的问题,并采取相应的措施,如调整设计、改进施工方法和改变施工机具等。

14. D。本题考核的是双代号网络计划时间参数计算。最早开始时间等于各紧前工作的最早完成时间的最大值。最早完成时间等于最早开始时间加上其持续时间。最早开始时间=max{2,4}=4d,最早完成时间=4+5=9d。

15. C。本题考核的是单价合同。固定单价合同条件下,无论发生哪些影响价格的因素都不对单价进行调整,因而对承包商而言就存在一定的风险。

16. D。本题考核的是施工合同履行过程中的诚信自律。省、自治区和直辖市建设行政主管部门负责审查整改结果,对整改确有实效的,由企业提出申请,经批准,可缩短其不良行为记录信息公布期限,但公布期限最短不得少于3个月。

17. B。本题考核的是成本核算的范围。直接费用包括:(1)耗用的材料费用;(2)耗用的人工费用;(3)耗用的机械使用费;(4)其他直接费用。本题解题过程:直接费用=700+50+15=765万元。

18. B。本题考核的是横道图进度计划的编制。横道图用于小型项目或大型项目的子项目上,或用于计算资源需要量和概要预示进度,也可用于其他计划技术的表示结果,故选项A错误。没有通过严谨的进度计划时间参数计算,不能确定计划的关键工作、关键路线与时差,故选项C错误。选项D表述过于绝对,应当排除。

19. D。本题考核的是工程合同风险的概念。合同工程风险包括:工程进展过程中发生不利的地质条件变化、工程变更、物价上涨、不可抗力等。

20. C。本题考核的是进度计划的检查。选项A错误,应当是"比计划延迟4d"。选项B错误,应当是"影响紧后工作2d"。选项D错误,应当是"不影响工期"。

21. D。本题考核的是建设工程项目的风险类型。组织风险包括:(1)组织结构模式;(2)工作流程组织;(3)任务分工和管理职能分工;(4)业主方(代表业主利益的项目管理方)人员的构成和能力;(5)设计人员和监理工程师的能力;(6)承包方管理人员和一般技工的能力；（7）施工机械操作人员的能力和经验；（8）损失控制和安全管理人员的资历和能力等。

22. B。本题考核的是年度成本分析。年度成本分析的内容，除了月（季）度成本分析的六个方面以外，重点是针对下一年度的施工进展情况制定切实可行的成本管理措施，以保证施工项目成本目标的实现。

23. C。本题考核的是双代号网络计划的基本概念。虚箭线是实际工作中并不存在的一项虚设工作，所以它们既不占用时间，也不消耗资源，故选项A错误。在无时间坐标的网络图中，箭线的长度原则上可以任意画，其占用的时间以下方标注的时间参数为准；在有时间坐标的网络图中，箭线的长度必须根据完成该工作所需持续时间的长短按比例绘制，故选项B错误。单代号网络图中的箭线表示紧邻工作之间的逻辑关系，故选项D错误。

24. B。本题考核的是项目进度控制的管理措施。建设工程项目进度控制在管理观念方面存在的主要问题是：

（1）缺乏进度计划系统的观念——分别编制各种独立而互不联系的计划，形成不了计划系统。

（2）缺乏动态控制的观念——只重视计划的编制，而不重视及时地进行计划的动态调整。

（3）缺乏进度计划多方案比较和选优的观念——合理的进度计划应体现资源的合理使用、工作的合理安排、有利于提高建设质量、有利于文明施工和有利于合理地缩短建设周期。

25. B。本题考核的是现场施工准备工作的质量控制。现场施工准备工作的质量控制包括：（1）计量控制；（2）测量控制；（3）施工平面图控制。其中，测量控制中要对建设单位提供的原始坐标点、基准线和水准点等测量控制点、线进行复核，并将复测结果上报监理工程师审核，批准后施工单位才能建立施工测量控制网，进行工程定位和标高基准的控制。

26. A。本题考核的是项目信息门户。项目信息门户是服务于一个项目的所有参与单位。

27. A。本题考核的是监理的工作方法。工程监理人员发现工程设计不符合建筑工程质量标准或者合同约定的质量要求的，应当报告建设单位要求设计单位改正。

28. D。本题考核的是施工图预算与施工预算的对比。施工图预算的编制以预算定额为主要依据，选项A错误。施工预算的编制以施工定额为主要依据，选项B错误。施工图预算既适用于发包人（建设单位），又适用于承包人（施工单位），选项C错误。

29. A。本题考核的是项目总进度目标论证。总进度目标论证并不是单纯的总进度规划的编制工作，它涉及许多工程实施的条件分析和工程实施策划方面的问题，选项A正确。在进行建设工程项目总进度目标控制前，首先应分析和论证进度目标实现的可能性，选项C错误。建设工程项目总进度目标论证应分析和论证项目实施阶段各项工作的进度，以及各项工作进展的相互关系，选项B、D错误。

30. A。本题考核的是企业质量管理体系的认证与监督。认证机构对认证合格单位质量管理体系维持情况进行监督性现场检查，包括定期和不定期的监督检查。定期检查通常是每年一次，不定期检查视需要临时安排。

31. D。本题考核的是直方图的观察分析。选项 A 表明说明生产过程存在质量不合格，需要分析原因，采取措施进行纠偏，选项 A 错误。选项 B 表明容易出现不合格，在管理上必须提高总体能力，选项 B 错误。选项 C 表明容易出现不合格，必须分析原因，采取措施，选项 C 错误。

32. C。本题考核的是工伤和意外伤害保险制度。明确了建筑施工企业作为用人单位，为职工参加工伤保险并缴纳工伤保险费是其应尽的法定义务，但为从事危险作业的职工投保意外伤害险并非强制性规定，是否投保意外伤害险由建筑施工企业自主决定。

33. B。本题考核的是支付担保。支付担保的额度为工程合同总额的 20%~25%。则发包人合理支付担保额为 200 万~250 万元。

34. A。本题考核的是施工方项目管理的目标。施工总承包方或施工总承包管理方的成本目标是由施工企业根据其生产和经营的情况自行确定的，选项 B 错误。施工总承包方或施工总承包管理方应对合同规定的工期目标和质量目标负责，选项 C 错误。分包方的成本目标是该施工企业内部自行确定的，选项 D 错误。

35. B。本题考核的是竣工质量验收程序和组织。单位工程完工后，施工单位应组织有关人员进行自检。总监理工程师应组织各专业监理工程师对工程质量进行竣工预验收。

36. B。本题考核的是施工质量事故报告和调查处理程序。施工质量事故报告和调查处理程序：（1）事故报告；（2）事故调查；（3）事故的原因分析；（4）制定事故处理的技术方案；（5）事故处理；（6）事故处理的鉴定验收；（7）提交事故处理报告。

37. C。本题考核的是专项施工方案专家论证制度。基坑支护与降水工程；土方开挖工程；模板工程；起重吊装工程；脚手架工程；拆除、爆破工程；国务院建设行政主管部门或者其他有关部门规定的其他危险性较大的工程中涉及深基坑、地下暗挖工程、高大模板工程的专项施工方案，施工单位还应当组织专家进行论证、审查。

38. B。本题考核的是建设工程安全事故处理措施。未造成人员伤亡的一般事故，县级人民政府也可以委托事故发生单位组织事故调查组进行调查。

39. B。本题考核的是工程总承包合同的内容。承包人有义务按照发包人提供的项目基础资料、现场障碍资料和国家有关部门、行业工程建设标准规范规定的设计深度开展工程设计，并对其设计的工艺技术和（或）建筑功能，及工程的安全、环境保护、职业健康的标准，设备材料的质量、工程质量和完成时间负责。

40. D。本题考核的是专业工程分包人的主要责任和义务。分包人须服从承包人转发的发包人或工程师与分包工程有关的指令，选项 A 错误。选项 B 错误，应该"由承包人承担"。选项 C 错误，应当是"可以分包"。

41. B。本题考核的是政府质量监督的职权。政府建设行政主管部门和其他有关部门履行工程质量监督检查职责时，有权采取下列措施：（1）要求被检查的单位提供有关工程质量的文件和资料。（2）进入被检查单位的施工现场进行检查。（3）发现有影响工程质量的问题时，责令改正。

42. A。本题考核的是单代号网络计划有关时间参数的计算。本题的计算过程为：

工作 A：最早开始时间=0，最早完成时间=0+4=4。

工作 B：最早开始时间=0，最早完成时间=0+2=2。

工作 C：最早开始时间=4，最早完成时间=4+3=7。

17

工作 D：紧前工作包括工作 A、B，则最早开始时间＝max{4，2}＝4，最早完成时间＝4+1＝5。

工作 E：最早开始时间＝2，最早完成时间＝2+6＝8。

工作 G：紧前工作包括工作 C、D、E，最早开始时间＝max{7，5，8}＝8，最早完成时间＝8+5＝13。

关键线路为①→③→⑥→⑦；计算工期＝13d。

43．C。本题考核的是工程质量事故。操作责任事故是指在施工过程中，由于实施操作者不按规程和标准实施操作，而造成的质量事故。

44．C。本题考核的是职业健康安全管理体系和环境管理体系的结构和模式。"运行"部分包括：（1）运行策划和控制；（2）应急准备和响应。

45．B。本题考核的是建设工程现场文明施工的措施。施工现场适当地方设置吸烟处，作业区内禁止随意吸烟，选项 A 错误。沿工地四周连续设置围挡，市区主要路段和其他涉及市容景观路段的工地设置围挡的高度不低于 2.5m，其他工地的围挡高度不低于 1.8m，选项 C 错误。施工现场设置排水系统，排水畅通，不积水，选项 D 错误。

46．C。本题考核的是 FIDIC 系列合同条件。由业主委派工程师管理合同，选项 A 错误。新黄皮书适用于承包商做绝大部分设计的工程项目，选项 B 错误。"新红皮书"与原"红皮书"相对应，但其名称改变后合同的适用范围更大，选项 D 错误。

47．A。本题考核的是劳动用工管理。建筑施工企业与劳动者建立劳动关系，应当自用工之日起按照劳动合同法规的规定订立书面劳动合同。

48．D。本题考核的是项目决策阶段策划的工作内容。建设工程项目决策阶段策划的主要任务是定义（指的是严格地确定）项目开发或建设的任务和意义。

49．D。本题考核的是建筑材料采购合同的主要内容。建筑材料采购合同中应明确结算的时间、方式和手续。

50．B。本题考核的是现场质量检查的方法。目测法中"照"的手段检查的是管道井、电梯井等内部管线、设备安装质量，装饰吊顶内连接及设备安装质量等。选项 A 属于目测法中的"看"；选项 C 属于目测法中的"摸"；选项 D 属于理化试验。

51．D。本题考核的是成本控制的程序。成本会计岗位的职责包括：（1）编制月度成本计划；（2）进行成本核算，编制月度成本核算表；（3）每月编制一次材料复核报告。

52．D。本题考核的是项目总承包的内涵。建设项目工程总承包的基本出发点是借鉴工业生产组织的经验，实现建设生产过程的组织集成化，以克服由于设计与施工的分离致使投资增加，以及克服由于设计和施工的不协调而影响建设进度等弊病。

53．B。本题考核的是按照索赔事件的性质分类。不可预见的外部障碍或条件索赔，即施工期间在现场遇到一个有经验的承包商通常不能预见的外界障碍或条件，例如，地质条件与预计的（业主提供的资料）不同，出现未预见的岩石、淤泥或地下水等，导致承包人损失，这类风险通常应该由发包人承担，即承包人可以据此提出索赔。

54．C。本题考核的是工程网络计划的编制方法。节点是网络图中箭线之间的连接点，选项 A 错误。中间节点是既有内向箭线，又有外向箭线的节点，选项 B 错误。节点内不能用工作名称代替编号，选项 D 错误。

55．D。本题考核的是质量风险应对策略。减轻策略是针对无法规避的质量风险，研究制定有效的应对方案，尽量把风险发生的概率和损失量降到最低程度，从而降低风险量和风险等级。比如，在施工中有针对性地制定和落实有效的施工质量保证措施和质量事故应急预案，可以降低质量事故发生的概率和减少事故损失量。

56. A。本题考核的是成本管理的程序。项目成本管理需要遵循的程序：（1）掌握生产要素的价格信息；（2）确定项目合同价；（3）编制成本计划，确定成本实施目标；（4）进行成本控制；（5）进行项目过程成本分析；（6）进行项目过程成本考核；（7）编制项目成本报告；（8）项目成本管理资料归档。

57. D。本题考核的是按工程实施阶段编制成本计划的方法。时间—成本累积曲线的绘制步骤如下：（1）确定工程项目进度计划，编制进度计划的横道图。（2）根据每单位时间内完成的实物工程量或投入的人力、物力和财力，计算单位时间（月或旬）的成本，在时标网络图上按时间编制成本支出计划。（3）计算规定时间 t 计划累计支出的成本额。其计算方法为：将各单位时间计划完成的成本额累加求和。（4）按各规定时间的 Q_t 值，绘制 S 形曲线。

58. A。本题考核的是成本核算的原则。谨慎原则是指在市场经济条件下，在成本、会计核算中应当对可能发生的损失和费用，作出合理预计，以增强抵御风险的能力。

59. D。本题考核的是建设工程安全事故的处理。特别重大事故，30 日内作出批复，特殊情况下，批复时间可以适当延长，但延长的时间最长不超过 30 日。

60. B。本题考核的是建设工程施工现场环境保护的措施。建筑施工夜间噪声排放限值是 55dB（A），选项 A 错误。除有符合规定的装置外，不得在施工现场熔化沥青和焚烧油毡、油漆，也不得焚烧其他可产生有毒有害和恶臭气体的废弃物，选项 B 正确。经过无害化的废物残渣应集中到填埋场进行处置，选项 C 错误。工地茶炉应尽量采用电热水器。若只能使用烧煤炉和锅炉时，应选用消烟除尘型茶炉和锅炉，大灶应选用消烟节能回风炉灶，使烟尘降至允许排放范围为止，选项 D 错误。

61. D。本题考核的是预警体系的运行。诊断的主要任务是在诸多致灾因素中找出危险性最高、危险程度最严重的主要因素，并且对它的成因进行分析，对发展过程以及可能的发展趋势进行准确定量的描述。

62. C。本题考核的是资格预审。投标意向者在规定的截止日期之前完成填报的内容，报送资格预审文件，所报送的文件在规定的截止日期后不能再进行修改，选项 A 错误。由业主组织资格预审评审委员会，对资格预审文件进行评审、并将评审结果及时以书面形式通知所有参加资格预审的投标意向者，选项 B 错误。资格审查分为资格预审和资格后审，可以采用资格后审，选项 D 错误。

63. B。本题考核的是竣工成本的综合分析。竣工成本的综合分析可以全面了解单位工程的成本构成和降低成本的来源。对今后同类工程的成本管理提供参考。

64. D。本题考核的是项目质量控制体系的建立。项目质量控制体系建立的程序：（1）建立系统质量控制网络；（2）制定质量控制制度；（3）分析质量控制界面；（4）编制质量控制计划。

65. C。本题考核的是分项工程质量验收。分项工程应由专业监理工程师组织施工单位项目专业技术负责人等进行验收。

66. C。本题考核的是质量监督的实施程序。受理建设单位办理质量监督手续是在工程项目开工前，监督机构受理建设单位有关建设工程质量监督的申报手续，并对建设单位提供的有关文件进行审查。审查合格签发有关质量监督文件。工程质量监督手续可以与施工

19

许可证或者开工报告合并办理。

67. C。本题考核的是合同实施偏差处理。组织措施：如增加人员投入，调整人员安排，调整工作流程和工作计划等。选项A属于合同措施；选项B属于技术措施；选项D属于经济措施。

68. A。本题考核的是项目信息的分类。技术类信息包括：前期技术信息、设计技术信息、质量控制信息、材料设备技术信息、施工技术信息、竣工验收技术信息。

69. B。本题考核的是质量监督的实施程序。双随机、一公开是指随机抽取检查对象，随机选派监督检查人员，及时公开检查情况和查处结果。

70. D。本题考核的是企业员工的安全教育。企业新上岗的从业人员，岗前培训时间不得少于24学时。

二、多项选择题

71. B、C、D；　　　　72. C、D、E；　　　　73. A、C、D、E；
74. B、C、E；　　　　75. B、C、D、E；　　　76. B、C、D；
77. A、B、C、E；　　 78. A、B、C、E；　　　79. B、C、E；
80. A、C、D；　　　　81. B、D；　　　　　　82. A、E；
83. B、D、E；　　　　84. A、B、E；　　　　 85. C、E；
86. A、B、C、E；　　 87. A、B、D、E；　　　88. A、B、D、E；
89. B、C、D、E；　　 90. B、D、E；　　　　 91. A、C；
92. C、D、E；　　　　93. A、B、E；　　　　 94. A、C、E；
95. B、D、E；　　　　96. A、B、C；　　　　 97. D、E；
98. A、C、E；　　　　99. A、B、E；　　　　 100. A、B、C、D。

【解析】

71. B、C、D。本题考核的是施工方案的内容。施工方案的主要内容如下：（1）工程概况；（2）施工安排；（3）施工进度计划；（4）施工准备与资源配置计划；（5）施工方法及工艺要求。

72. C、D、E。本题考核的是成本项目的分析方法。企业管理费包括管理人员工资、办公费、差旅交通费、固定资产使用费、工具用具使用费、劳动保险费。

73. A、C、D、E。本题考核的是项目质量控制体系的运行。项目质量控制体系的运行包括：（1）项目的合同结构；（2）质量管理的资源配置；（3）质量管理的组织制度。其中质量管理的资源配置包括专职的工程技术人员和质量管理人员的配置；实施技术管理和质量管理所必需的设备、设施、器具、软件等物质资源的配置。

74. B、C、E。本题考核的是安全技术交底的要求。对于涉及"四新"项目或技术含量高、技术难度大的单项技术设计，必须经过两阶段技术交底，即初步设计技术交底和实施性施工图技术设计交底，选项A错误。应优先采用新的安全技术措施，选项D错误。

75. B、C、D、E。本题考核的是施工招标。施工招标的条件包括：（1）招标人已经依法成立；（2）初步设计及概算应当履行审批手续的，已经批准；（3）招标范围、招标方式和招标组织形式等应当履行核准手续的，已经核准；（4）有相应资金或资金来源已经落实；（5）有招标所需的设计图纸及技术资料。

76. B、C、D。本题考核的是业主向承包商的索赔。质量不满足合同要求，如不按照工程师的指示拆除不合格工程和材料，不进行返工或不按照工程师的指示在缺陷责任期内修复缺陷，则业主可找另一家公司完成此类工作，并向承包商索赔成本及利润，选项 A 错误。未按合同条件要求，无故不向分包人付款，业主可索赔费用和（或）利润，选项 E 错误。

77. A、B、C、E。本题考核的是单代号搭接网络计划时间参数的计算（图6）。

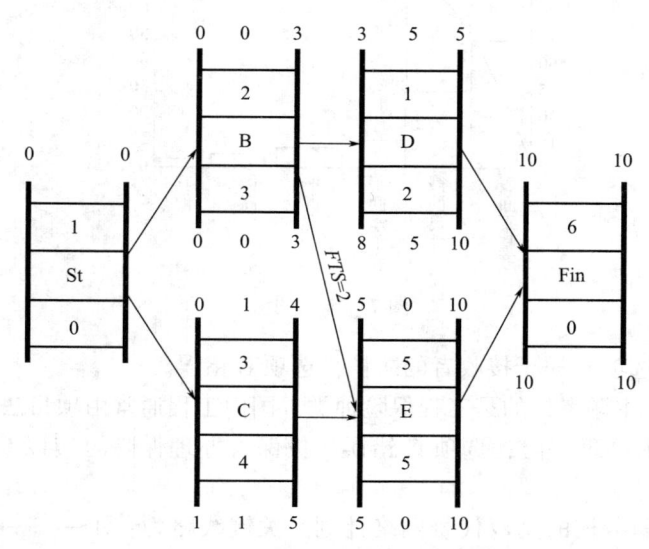

图6　单代号搭接网络计划时间参数

$LAG_{2,4} = ES_D - EF_B = 3-3 = 0$，工作 B 与工作 E 是 FTS 连接，则工作 E 的最早开始时间 = max $\{EF_B + FTS, EF_C\}$ = max $\{3+2, 4\}$ = 5，故 $LAG_{2,5} = ES_E - EF_B - FTS_{2,5} = 5-3-2 = 0$，$FF_B$ = min $\{LAG_{2,4}, LAG_{2,5}\}$ = 0，选项 D 错误。

78. A、B、C、E。本题考核的是工作任务分工在项目管理中的应用。业主方和项目各参与方，如设计单位、施工单位、供货单位和工程管理咨询单位等都有各自的项目管理的任务，上述各方都应该编制各自的项目管理任务分工表，选项 D 错误。

79. B、C、E。本题考核的是偏差分析的表达方法。表格法是进行偏差分析最常用的一种方法，选项 A 错误。曲线法不能直接用于定量分析，选项 D 错误。

80. A、C、D。本题考核的是项目总进度目标论证的工作内容。在项目的实施阶段，项目总进度应包括：(1) 设计前准备阶段的工作进度。(2) 设计工作进度。(3) 招标工作进度。(4) 施工前准备工作进度。(5) 工程施工和设备安装进度。(6) 工程物资采购工作进度。(7) 项目动用前的准备工作进度等。

81. B、D。本题考核的是项目进度控制的技术措施。建设工程项目进度控制的技术措施涉及对实现进度目标有利的设计技术和施工技术的选用。不同的设计理念、设计技术路线、设计方案会对工程进度产生不同的影响，在设计工作的前期。特别是在设计方案评审和选用时，应对设计技术与工程进度的关系做分析比较。在工程进度受阻时，应分析是否存在设计技术的影响因素，为实现进度目标有无设计变更的可能性。

82. A、E。本题考核的是排列图法（图7）的应用。ABC 分类管理法，A 类问题累计频率为 0~80%；B 类问题累计频率为 80%~90%；C 类问题累计频率为 90%~100%。

83. B、D、E。本题考核的是建设工程施工现场环境保护的措施。选项 A 属于声源控

21

图 7 排列图法

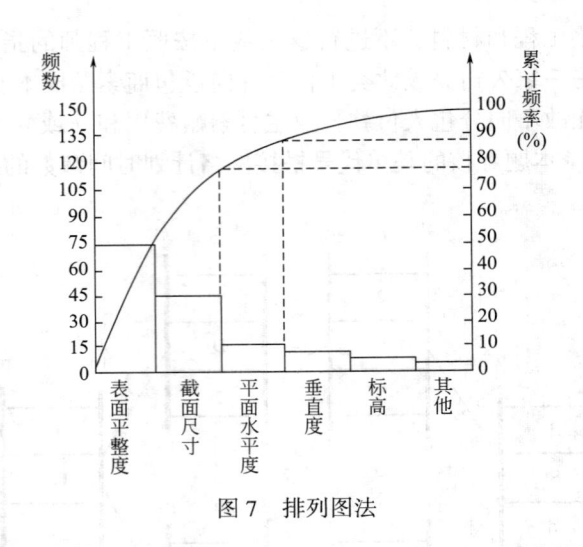

制，选项 A 错误。选项 C 属于接收者的防护，选项 C 错误。

84. A、B、E。本题考核的是工程保险种类。国内工程通常由项目法人办理保险，国际工程一般要求承包人办理保险，选项 C 错误。投保人办理保险时以双方名义共同投保，选项 D 错误。

85. C、E。本题考核的是双代号网络计划。关键线路为：①→③→⑤→⑨→⑩→⑪，关键线路上的工作为关键工作，故工作③→⑤、工作⑤→⑨为关键工作。

86. A、C、D。本题考核的是施工总承包。施工总承包模式中，在开工前就有较明确的合同价，有利于业主的总投资控制，选项 B 错误。由于业主只负责对施工总承包单位的管理及组织协调，其组织与协调的工作量比平行发包会大大减少，这对业主有利，选项 E 错误。

87. B、C、D、E。本题考核的是工作网络计划有关时间参数的计算。关键线路为：A1→B1→B2→C2→C3，A1 总时差是 0，A2 总时差是 1d，B3 总时差是 1d，A3 总时差是 2+1=3d，C1 总时差是 2d，B3 总时差是 1d，选项 A 错误。

88. A、B、D、E。本题考核的是应急预案的实施。有下列情形中的一个，应急预案应及时修订并且归档：（1）依据的法律、法规、规章、标准及上位预案中的有关规定发生重大变化的；（2）应急指挥机构及其职责发生调整的；（3）面临的事故风险发生重大变化的；（4）重要应急资源发生重大变化的；（5）预案中的其他重要信息发生变化的；（6）在应急演练和事故应急救援中发现问题需要修订的；（7）编制单位认为应当修订的其他情况。

89. B、C、D、E。本题考核的是成本加酬金合同的特点和适用条件。对业主而言，成本加酬金合同的优点包括：（1）可以通过分段施工缩短工期，而不必等待所有施工图完成才开始招标和施工；（2）可以减少承包商的对立情绪，承包商对工程变更和不可预见条件的反应会比较积极和快捷；（3）可以利用承包商的施工技术专家，帮助改进或弥补设计中的不足；（4）业主可以根据自身力量和需要，较深入地介入和控制工程施工和管理；（5）也可以通过确定最大保证价格约束工程成本不超过某一限值，从而转移一部分风险。

90. B、D、E。本题考核的是项目风险评估。项目风险评估包括以下工作：（1）利用已有数据资料（主要是类似项目有关风险的历史资料）和相关专业方法分析各种风险因素发生的概率。（2）分析各种风险的损失量，包括可能发生的工期损失、费用损失，以及对工程的质量、功能和使用效果等方面的影响。（3）根据各种风险发生的概率和损失量，确定各种风险的风险量和风险等级。

91. A、C。本题考核的是施工质量事故发生的原因。技术原因包括：地质勘察过于疏略，对水文地质情况判断错误，致使地基基础设计采用不正确的方案；结构设计方案不正确，计算失误，构造设计不符合规范要求；施工管理及实际操作人员的技术素质差，采用了不合适的施工方法或施工工艺等。这些技术上的失误是造成质量事故的常见原因。选项B、D、E属于管理原因。

92. C、D、E。本题考核的是合同分析的含义。合同分析往往由企业的合同管理部门或项目中的合同管理人员负责，选项A错误。合同分析同招标文件分析的目的和侧重点都不同，选项B错误。

93. A、B、E。本题考核的是落实现场文明施工的各项管理措施。现场消防、防火管理措施：（1）现场建立消防管理制度，建立消防领导小组，落实消防责任制和责任人员，做到思想重视、措施跟上、管理到位；（2）定期对有关人员进行消防教育，落实消防措施；（3）现场必须有消防平面布置图，临时设施按消防条例有关规定搭设，做到标准规范；（4）易燃易爆物品堆放间、油漆间、木工间、总配电室等消防防火重点部位要按规定设置灭火器和消防沙箱，并有专人负责，对违反消防条例的有关人员进行严肃处理；（5）施工现场用明火做到严格按动用明火规定执行，审批手续齐全。选项C属于治安管理措施；选项D属于现场生活设施措施。

94. A、C、E。本题考核的是施工总承包合同中费用控制条款内容。发包人应在进度款支付证书或临时进度款支付证书签发后14d内完成支付，选项B错误。发包人签发进度款支付证书或临时进度款支付证书，不表明发包人已同意、批准或接受了承包人完成的相应部分的工作，选项D错误。

95. B、D、E。本题考核的是分部分项工程成本分析。由于施工项目包括很多分部分项工程，无法也没有必要对每一个分部分项工程都进行成本分析，选项A错误。对于那些主要分部分项工程必须进行成本分析，而且要做到从开工到竣工进行系统的成本分析，选项C错误。

96. A、B、C。本题考核的是工程网络计划有关时间参数的计算。选项D指的是最早完成时间的计算方法，选项D错误。单代号搭接网络计划中最迟完成时间的公式为：

$$LF_i = EF_i + TF_i$$

或

$$LAG_i = \min \begin{bmatrix} LS_j - FTS_{i,j} \\ LS_j - STS_{i,j} + D_i \\ LF_j - FTF_{i,j} \\ LF_j - STF_{i,j} + D_i \end{bmatrix}$$

$LF_n = T_p$，选项E错误。

97. D、E。本题考核的是成本核算的方法。项目财务部门一般采用会计核算法，选项A错误。表格核算法实用性较好，精度不高，选项B错误。因为表格核算具有操作简单和表格格式自由等特点，因而对工程项目内各岗位成本的责任核算比较适用，选项C错误。

98. A、C、E。本题考核的是质量控制点的管理。凡属"见证点"的施工作业，如重要部位、特种作业、专门工艺等，施工方必须在该项作业开始前，书面通知现场监理机构到位旁站，见证施工作业过程。

99. A、B、E。本题考核的是成本管理的任务和程序。间接成本包括管理人员工资、办公费、差旅交通费等。

100. A、B、C、D。本题考核的是预制构件的质量验收。钢筋混凝土构件和允许出现裂缝的预应力混凝土构件应进行承载力、挠度和裂缝宽度检验；不允许出现裂缝的预应力混凝土构件应进行承载力、挠度和抗裂检验。选项 A、B、D 正确。预制构件的混凝土外观质量不应有严重缺陷，且不应有影响结构性能和安装、使用功能的尺寸偏差，对外观质量应进行全数检查。选项 C 也是正确的。

2020 年度全国一级建造师执业资格考试

《建设工程项目管理》

真题及解析

2020 年度《建设工程项目管理》真题

一、单项选择题（共70题，每题1分。每题的备选项中，只有1个最符合题意）

1. 建设工程管理工作的核心任务是（　　）。
   A. 质量管理　　　　　　　　B. 安全管理
   C. 目标控制　　　　　　　　D. 增值服务

2. 根据《建设项目工程总承包管理规范》GB/T 50358—2017，项目总承包方项目管理工作涉及（　　）。
   A. 项目决策管理、设计管理、施工管理和试运行管理
   B. 项目设计管理、施工管理、试运行管理和项目收尾
   C. 项目决策管理、设计管理、施工管理、试运行管理和项目收尾
   D. 项目设计管理、采购管理、施工管理、试运行管理和项目收尾

3. 关于项目管理职能分工表的说法，正确的是（　　）。
   A. 业主方和项目各参与方应编制统一的项目管理职能分工表
   B. 管理职能分工表不适用于企业管理
   C. 可以用管理职能分工描述书代替管理职能分工表
   D. 管理职能分工表可以表示项目各参与方的管理职能分工

4. 下列工程项目决策阶段策划工作内容中，属于组织策划的是（　　）。
   A. 设计项目管理组织结构　　　B. 制定项目管理工作流程
   C. 确定项目实施期组织总体方案　　D. 进行项目管理职能分工

5. 下列工程项目策划工作中，属于实施阶段策划的是（　　）。
   A. 项目实施期管理总体方案策划　　B. 项目实施的风险策划
   C. 实施期合同结构总体方案策划　　D. 生产运营期经营管理总体方案策划

6. 与施工总承包模式相比，施工总承包管理模式在合同价格方面的特点是（　　）。
   A. 合同总价一次性确定，对业主投资控制有利
   B. 施工总承包管理合同中确定总承包管理费和建安工程造价
   C. 所有分包工程都需要再次进行发包，不利于业主节约投资
   D. 分包合同价对业主是透明的

7. 根据《建设工程项目管理规范》GB/T 50326—2017，项目管理实施规划应由

（　　）组织编制。
A. 项目技术负责人　　　　　　　　B. 项目经理
C. 企业技术负责人　　　　　　　　D. 企业负责人

8. 根据《建筑施工组织设计规范》GB/T 50502—2009，关于施工组织设计审批的说法，正确的是（　　）。
A. 专项施工方案应由项目技术负责人审批
B. 施工方案应由项目总监理工程师审批
C. 施工组织总设计应由建设单位技术负责人审批
D. 单位工程施工组织设计应由承包单位技术负责人审批

9. 施工过程中投资的计划值和实际值进行比较时，相对于工程合同价可作为投资计划值的是（　　）。
A. 投资估算　　　　　　　　　　　B. 工程结算
C. 施工图预算　　　　　　　　　　D. 竣工决算

10. 项目各参与方沟通过程的五个要素是指沟通主体、沟通客体、沟通介体以及（　　）。
A. 沟通内容和沟通渠道　　　　　　B. 沟通环境和沟通方法
C. 沟通内容和沟通方法　　　　　　D. 沟通环境和沟通渠道

11. 取得建造师注册证书的人员是否担任工程项目施工的项目经理，取决于（　　）。
A. 建筑业企业　　　　　　　　　　B. 建设行政主管部门
C. 建设单位　　　　　　　　　　　D. 建设监督部门

12. 根据《建设工程项目管理规范》GB/T 50326—2017，一级风险指（　　）。
A. 风险后果是灾难性的，并造成恶劣社会影响和政治影响
B. 风险后果严重，可能在较大范围内造成破坏或人员伤亡
C. 风险后果一般，对工程建设可能造成破坏的范围较小
D. 风险后果在一定条件下可以忽略，对工程本身以及人员等不会造成较大损失

13. 根据《中华人民共和国建筑法》，工程监理人员发现工程设计不符合建筑工程质量标准或者合同约定的质量要求的，应当（　　）。
A. 报告总监理工程师　　　　　　　B. 通知施工单位
C. 报告审图机构和建设行政主管部门　D. 报告建设单位要求设计单位改正

14. 项目管理机构进行成本核算，核算周期按（　　）确定。
A. 规定的会计周期　　　　　　　　B. 业主方的具体指示
C. 合同约定的核算周期　　　　　　D. 项目实际施工周期

15. 下列施工成本管理措施中，不需要增加额外费用的是（　　）。
A. 合同措施　　　　　　　　　　　B. 组织措施
C. 技术措施　　　　　　　　　　　D. 优化措施

16. 下列成本计划中，用于确定责任总成本目标的是（　　）。
A. 竞争性成本计划　　　　　　　　B. 指导性成本计划
C. 响应性成本计划　　　　　　　　D. 实施性成本计划

17. 在编制施工成本计划时通常需要进行"两算"对比，"两算"指的是（　　）。
A. 设计概算、施工图预算　　　　　B. 施工图预算、施工预算

C. 设计概算、投资估算 D. 设计概算、施工预算

18. 某工程第三个月末时的已完工作实际费用（ACWP）为 1200 万元、已完工作预算费用（BCWP）为 1000 万元、计划工作预算费用（BCWS）为 1500 万元，根据赢得值法判断分析应采取的措施是（　　）。

A. 迅速增加人员投入
B. 增加高效人员投入
C. 抽出部分人员，增加少量骨干人员
D. 用工作效率高的人员更换一批工作效率低的人员

19. 某混凝土工程施工情况见表 1，清单综合单价为 1000 元/m^3，按月结算。根据赢得值法，该工程 6 月末进度偏差（SV）是（　　）万元。

表 1　某混凝土工程施工情况

项目名称	计划施工（m^3/月）	实际施工（m^3/月）	工程进度（月）
A	2500	2300	3—6
B	2600	2500	2—5
C	3100	2900	6—8
D	1000	1000	7—8
E	1200	1250	6—9

A. -215 B. -200
C. -125 D. -60

20. 根据《财政部关于印发〈企业产品成本核算制度〉（试行）的通知》，下列工程成本费用中，属于其他直接费用的是（　　）。

A. 工程定位复测费
B. 有助于工程形成的其他材料费
C. 为管理工程施工所发生的费用
D. 企业管理人员的差旅交通费

21. 关于施工项目成本表格核算法的说法，正确的是（　　）。

A. 方便操作，但覆盖面较小
B. 人为控制因素少、精度高
C. 项目财务部门比较常用
D. 对核算工作人员的专业水平要求较高

22. 施工项目的专项成本分析中，"成本支出率"指标用于分析（　　）。

A. 工期成本
B. 资金成本
C. 成本盈亏
D. 分部分项工程成本

23. 下列项目成本分析所依据资料中，可以计算项目当前实际成本，并可以确定变动速度和预测成本发展趋势的是（　　）。

A. 表格核算
B. 会计核算
C. 业务核算
D. 统计核算

24. 对建设工程项目整个实施阶段的进度进行控制是（　　）的任务。

A. 投资方
B. DB 总承包方
C. 施工总承包管理方
D. 项目使用方

25. 关于建设工程项目总进度目标论证工作顺序的说法，正确的是（　　）。

3

A. 先进行项目工作编码，后进行项目结构分析
B. 先进行计划系统结构分析，后进行项目工作编码
C. 先编制总进度计划，后编制各层进度计划
D. 先进行项目结构分析，后进行资料收集

26. 某项目施工横道图进度计划见表2，如果第二层支设模板需要在第一层浇筑混凝土完成1d后才能开始，则有1d的层间技术间歇。正确的层间间歇是（　　）。

表2　某项目施工横道图进度计划

工作名称	施工队伍	时间（d） 1 2 3 4 5 6 7 8 9 10 11 12 13 14 15 16
支模	A	Ⅰ-① Ⅰ-③ Ⅰ-⑤ Ⅱ-① Ⅱ-③ Ⅱ-⑤
	B	Ⅰ-② Ⅰ-④ Ⅰ-⑥ Ⅱ-② Ⅱ-④ Ⅱ-⑥
扎钢筋	C	Ⅰ-① Ⅰ-③ Ⅰ-⑤ Ⅱ-① Ⅱ-③ Ⅱ-⑤
	D	Ⅰ-② Ⅰ-④ Ⅰ-⑥ Ⅱ-② Ⅱ-④ Ⅱ-⑥
浇混凝土	E	Ⅰ-① Ⅰ-② Ⅰ-③ Ⅰ-④ Ⅰ-⑤ Ⅰ-⑥ Ⅱ-① Ⅱ-② Ⅱ-③ Ⅱ-④ Ⅱ-⑤ Ⅱ-⑥

注：Ⅰ、Ⅱ——表示楼层；①②③④⑤⑥——表示施工段。

A. Z_1　　　　　　　　　　B. Z_2
C. Z_3　　　　　　　　　　D. Z_4

27. 关于横道图进度计划特点的说法，正确的是（　　）。
A. 可以识别计划的关键工作　　B. 不能表达工作逻辑关系
C. 调整计划的工作量较大　　　D. 可以计算工作时差

28. 各工作间逻辑关系表及相应双代号网络图见表3和图1，图中虚箭线的作用是（　　）。

表3　各工作间逻辑关系表

工作	A	B	C	D
紧前工作	—	—	A	A、B

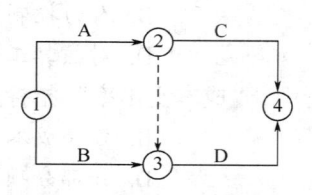

图1　双代号网络图

A. 联系　　　　　　　　　　B. 区分
C. 断路　　　　　　　　　　D. 指向

29. 关于双代号时标网络计划的说法，正确的是（　　）。
A. 时间坐标系方向可以垂直向上　　B. 可以用水平虚箭线表示虚工作
C. 节点中心必须对准相应时标位置　　D. 时间坐标必须是日历坐标体系

30. 双代号网络计划中，某工作最早第3天开始，工作持续时间2d，有且仅有2个紧后工作，紧后工作最早开始时间分别是第5天和第6天，对应总时差是4d和2d。该工作的

总时差和自由时差分别是（　　）。
  A. 0d, 0d
  B. 4d, 1d
  C. 2d, 2d
  D. 3d, 0d

31. 单代号搭接网络计划中，某工作持续时间3d，有且仅有一个紧前工作，紧前工作最早第2天开始，工作持续时间5d，该工作与紧前工作间的时距是 $FTF=2d$。该工作的最早开始时间是第（　　）天。
  A. 0
  B. 3
  C. 5
  D. 6

32. 某双代号网络计划如图2所示，关键线路有（　　）条。
  A. 1
  B. 2
  C. 3
  D. 4

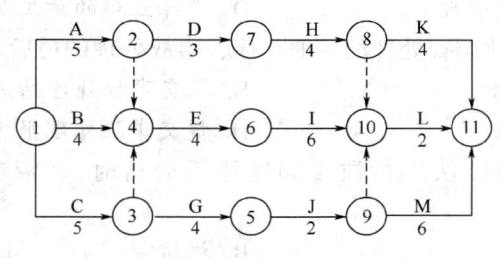

图2 某双代号网络计划

33. 质量控制活动包括：①设定目标；②纠正偏差；③测量检查；④评价分析。正确的顺序是（　　）。
  A. ①—②—③—④
  B. ①—③—④—②
  C. ③—①—②—④
  D. ③—④—①—②

34. 下列项目质量风险中，属于管理风险的是（　　）。
  A. 项目采用了不够成熟的新材料
  B. 项目场地周边发生滑坡
  C. 项目组织结构不合理
  D. 项目现场存在严重的水污染

35. 建设工程项目全面质量管理中的"全面"是指（　　）的管理。
  A. 工程质量和工作质量
  B. 决策过程和实施过程
  C. 管理岗位和工作岗位
  D. 全方位和全流程

36. 评价和诊断项目质量控制体系的有效性，一般由（　　）进行。
  A. 项目监理单位
  B. 项目管理的组织者
  C. 项目咨询单位
  D. 第三方认证机构

37. 在施工质量控制的基本环节中，作业活动过程质量控制包括（　　）。
  A. 建设单位的质量控制和监理单位的质量控制
  B. 监理单位的质量控制和质量监督部门的质量控制
  C. 质量活动主体的自我控制和他人监控
  D. 质量活动主体对工序质量偏差的纠正

38. 为减少环境因素对施工质量的不利影响，施工企业主要采取（　　）方法。
  A. 动态控制
  B. 风险控制
  C. 跟踪管理
  D. 静态控制

39. 对水泥土墙支护施工过程质量进行检测试验的主要参数是（ ）。
   A. 完整性 B. 抗拔力
   C. 抗渗性 D. 锁定力

40. 梁板类简支受弯混凝土预制构件进场时应进行（ ）检验。
   A. 混凝土强度 B. 预埋件
   C. 灌浆强度 D. 结构性能

41. 住宅工程质量分户验收由（ ）组织。
   A. 建设单位 B. 监理单位
   C. 施工单位 D. 质量监督单位

42. 关于施工单位质量事故预防措施的说法，错误的是（ ）。
   A. 对施工图进行审查复核 B. 控制建筑材料及制品的质量
   C. 做好施工现场环境管理 D. 选择正确的施工顺序

43. 根据施工质量事故调查处理的一般程序，事故处理的最后一步工作是（ ）。
   A. 提出事故鉴定结论 B. 提交事故处理结果
   C. 提出事故处理方案 D. 提交事故处理报告

44. 在采用因果分析图法进行质量问题原因分析时，"混凝土振捣器损坏"属于（ ）的因素。
   A. 人 B. 机械
   C. 材料 D. 环境

45. 建设工程质量监督机构对地基基础混凝土强度进行监督检测，属于政府质量监督中的（ ）。
   A. 生产过程监督 B. 工程实体质量监督
   C. 工程质量行为监督 D. 施工管理状况监督

46. 企业最高管理者按计划的时间间隔对职业健康安全管理体系进行评价，称为（ ）。
   A. 初始状态评审 B. 内部审核
   C. 管理评审 D. 合规性评价

47. 根据《建设工程安全生产管理条例》，达到一定规模的危险性较大的起重吊装工程应由（ ）进行现场监督。
   A. 施工单位技术负责人 B. 总监理工程师
   C. 专职安全生产管理人员 D. 专业监理工程师

48. 在安全生产管理预警体系中，技术变化的预警属于（ ）系统。
   A. 外部环境预警 B. 内部管理不良预警
   C. 预警信息管理 D. 事故预警

49. 施工单位应定期组织事故发生时疏散及抢救方法的训练和演习，这体现了安全隐患治理原则中的（ ）原则。
   A. 单项隐患综合治理 B. 冗余安全度治理
   C. 直接与间接隐患并治 D. 预防与减灾并重治理

50. 在应急预案体系的构成中，针对具体设施所制定的应急处置措施属于（ ）。
   A. 综合应急预案 B. 专项应急预案

C. 应急行动指南 D. 现场处置方案

51. 某工程因脚手架坍塌造成960万元的直接经济损失，根据《生产安全事故报告和调查处理条例》，该事故属于（　　）。

　　A. 特别重大事故　　　　　　　　B. 重大事故
　　C. 较大事故　　　　　　　　　　D. 一般事故

52. 关于建设工程施工现场环境保护措施的说法，正确的是（　　）。

　　A. 主要道路应换土覆盖，定期洒水清扫　B. 搭设专用封闭通道清运建筑物内垃圾
　　C. 施工现场必须使用预拌混凝土　　　　D. 施工现场可以焚烧材料包装物

53. 关于建设工程施工现场食堂卫生防疫要求的说法，正确的是（　　）。

　　A. 项目管理人员定期进入现场食堂的制作间进行卫生防疫检查
　　B. 制作间灶台及周边应贴瓷砖高度不小于1.5m
　　C. 食堂外应设置开放式泔水桶
　　D. 炊事人员必须持岗位技能证上岗

54. 下列分部分项工程中，必须编制单项安全技术措施的是（　　）。

　　A. 室内隔墙砌筑　　　　　　　　B. 女儿墙钢筋绑扎
　　C. 基坑混凝土内支撑拆除　　　　D. 地下室外墙防水施工

55. 关于招标信息发布的说法，正确的是（　　）。

　　A. 投资1000万元的工程施工招标可以采用不公开的方式发布信息
　　B. 招标公告只能在中国招标投标公共服务平台发布
　　C. 自招标文件出售之日起至停止出售之日止，最短不得少于5d
　　D. 投标人必须自费购买相关招标或资格预审文件，未中标时予以退还

56. 根据《建设工程施工合同（示范文本）》GF—2017—0201，工程隐蔽部位经承包人自检确认具备覆盖条件的，承包人应在共同检查前（　　）书面形式通知监理人检查。

　　A. 12h　　　　　　　　　　　　B. 24h
　　C. 36h　　　　　　　　　　　　D. 48h

57. 根据《建设工程项目总承包合同示范文本（试行）》GF—2011—0216，关于建设工程项目发包人权利和义务的说法，错误的是（　　）。

　　A. 负责办理项目的审批、核准或备案手续，取得项目用地的使用权
　　B. 履行合同中约定的合同价格调整、付款、竣工结算义务
　　C. 发包人认为有必要的时候，有权以书面形式发出暂停通知
　　D. 发包人对因承包人原因给发包人带来的损失不能提出赔偿

58. 根据《建设工程施工专业分包合同（示范文本）》GF—2003—0213，关于专业工程分包人责任和义务的说法，正确的是（　　）。

　　A. 分包人必须服从发包人直接发出的指令
　　B. 分包人应允许发包人授权的人员在工作时间内合理进入分包工程施工场地
　　C. 遵守政府有关主管部门的管理规定但不用办理有关手续
　　D. 分包人可以直接与发包人或工程师发生直接工作联系

59. 某按单价合同进行计价的招标工程，在评标过程中发现某投标人的总价与单价的计算结果不一致，原因是投标人在计算时将钢材单价4000元/t误作为2000元/t。对此，业主有权（　　）。

A. 以总价为准调整单价 B. 以单价为准调整总价
C. 要求投标人重新提交钢材单价 D. 将该投标文件作废标处理

60. 下列计算方法中，不属于工程咨询合同咨询费计算方法的是（ ）。
A. 人月费单价法 B. 工程进度百分比
C. 工程建设费用百分比 D. 按日计费法

61. 关于"一揽子保险"（CIP）的说法，正确的是（ ）。
A. 内容不包括一般责任险 B. 不能实施有效的风险管理
C. 不便于索赔 D. 保障范围覆盖业主、承包商及分包商

62. 根据《中华人民共和国担保法》，建设工程中采用的投标保函、履约保函属于（ ）担保。
A. 保证 B. 抵押
C. 留置 D. 定金

63. 关于承包人施工合同分析内容的说法，正确的是（ ）。
A. 应明确承包人的合同标的
B. 分析工程变更补偿范围，通常以合同金额的一定百分比表示，百分比值越大，承包人的风险越小
C. 合同实施中，承包人必须无条件执行工程师指令的变更
D. 分析索赔条款，索赔有效期越短，对承包人越有利

64. 建设行政主管部门市场诚信信息平台上良好行为记录信息的公布期限一般为（ ）个月。
A. 3 B. 6
C. 12 D. 36

65. 某基础工程合同价为3000万元，合同总工期为30个月，施工过程中因设计变更，导致增加额外工程600万元，业主同意工期顺延。根据比例分析法，承包商可索赔工期（ ）个月。
A. 3 B. 4
C. 6 D. 8

66. 下列事件中，承包人不能提出工期索赔的是（ ）。
A. 开工前业主未能及时交付施工图纸
B. 异常恶劣的气候条件
C. 业主未能及时支付工程款造成工期延误
D. 因工期拖延，工程师指示承包人加快施工进度

67. 国际工程施工承包合同争议解决的方式中，最常用、最有效，也是应该首选的是（ ）。
A. 协商 B. 仲裁
C. 调解 D. 诉讼

68. 下列建设项目信息中，属于经济类信息的是（ ）。
A. 合同管理信息 B. 工作量控制信息
C. 质量控制信息 D. 风险管理信息

69. 工程项目管理信息系统中，属于进度控制功能的是（ ）。

A. 合同执行情况的查询和分析 B. 根据工程进展进行投资预测
C. 根据工程进展进行施工成本预测 D. 编制资源需求量计划

70. 下列建设工程项目进度控制措施中，属于经济措施的是（ ）。
A. 增加进度控制的岗位和人员 B. 比较分析工程物资的采购模式
C. 编制资源需求计划 D. 分析施工技术的先进性和经济合理性

二、多项选择题（共30题，每题2分。每题的备选项中，有2个或2个以上符合题意，至少有1个错项。错选，本题不得分；少选，所选的每个选项得0.5分）

71. 下列工作流程组织中，属于管理工作流程组织的有（ ）。
A. 基坑开挖施工流程 B. 设计变更工作流程
C. 投资控制工作流程 D. 房屋装修施工流程
E. 装配式构件深化设计流程

72. 根据《建设项目工程总承包管理规范》GB/T 50358—2017，工程总承包方在项目管理收尾阶段的工作有（ ）。
A. 办理决算手续 B. 办理项目资料归档
C. 清理各种债权债务 D. 进行项目总结
E. 考核评价项目部人员

73. 根据《建设工程安全生产管理条例》，施工单位应当组织专家进行专项施工方案论证的有（ ）。
A. 深基坑工程 B. 地下暗挖工程
C. 脚手架工程 D. 高大模板工程
E. 拆除爆破工程

74. 项目风险管理过程中，风险识别工作包括（ ）。
A. 确定风险因素 B. 分析风险因素发生的概率
C. 分析各风险的损失量 D. 编制项目风险识别报告
E. 收集与项目风险有关的信息

75. 下列建设工程项目施工生产费用中，属于直接成本的有（ ）。
A. 支付给生产工人的奖金 B. 管理人员的办公费
C. 周转材料租赁费 D. 施工机具使用费
E. 管理人员的差旅交通费

76. 施工项目竞争性成本计划是（ ）的估算成本计划。
A. 选派项目经理阶段 B. 投标阶段
C. 施工准备阶段 D. 签订合同阶段
E. 制定企业年度计划阶段

77. 下列施工机械使用费控制措施中，属于控制台班数量的有（ ）。
A. 加强机械设备配件管理 B. 加强施工机械设备内部调配
C. 加强设备租赁计划管理 D. 按油料消耗定额控制油料消耗
E. 提高机械设备利用率

78. 关于工程项目成本核算的说法，正确的有（ ）。
A. 成本核算应坚持形象进度、产值统计、成本分析同步的原则
B. 工程成本核算是企业会计核算的重要组成部分

9

C. 工程项目内各岗位成本责任核算一般采用业务核算法
D. 施工单位应在项目部设成本会计进行成本核算
E. 会计核算法人为控制因素较多、精度不高

79. 下列成本分析工作中，属于综合成本分析的有（　　）。
A. 年度成本分析　　　　　　　　B. 月度成本分析
C. 工期成本分析　　　　　　　　D. 资金成本分析
E. 分部分项工程成本分析

80. 下列建设工程项目计划中，存在关联关系的进度计划有（　　）。
A. 施工总进度计划和主体工程进度计划
B. 主体钢结构施工进度计划和设备安装进度计划
C. 设计进度计划和维修进度计划
D. 项目月度计划和周计划
E. 土建施工进度计划和主材供货进度计划

81. 关于建设工程项目总进度目标论证的说法，正确的有（　　）。
A. 总进度目标的论证是项目决策阶段的策划工作
B. 总进度目标的论证涉及工程实施条件分析
C. 分析论证总进度目标实现的可能性应在项目实施过程中进行
D. 总进度目标的论证应分析实施阶段各项工作之间的逻辑关系
E. 论证前宜收集类似项目的进度资料

82. 混凝土预制构件吊运时需考虑的质量控制措施包括（　　）。
A. 选择符合环保要求的吊装机械设备　　B. 按照构件尺寸、重量选择吊具
C. 计算确定构件的吊点数量、位置　　　D. 控制吊索水平夹角不应小于45°
E. 编制专项方案并组织专家评审

83. 某项目时标网络计划第2、4周末实际进度前锋线如图3所示，关于该项目进度情况的说法，正确的有（　　）。

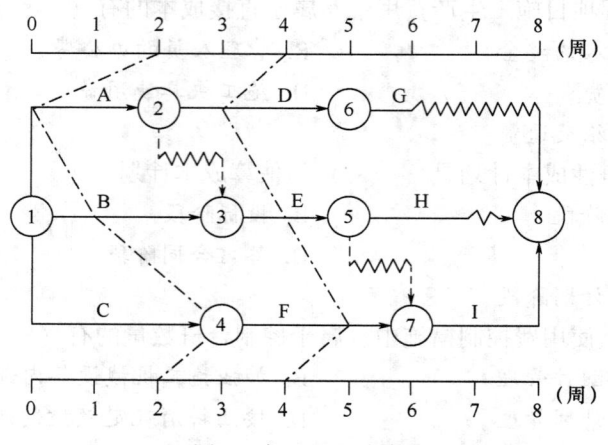

图3　实际进度前锋线

A. 第2周末，工作A拖后2周，但不影响工期
B. 第2周末，工作B拖后1周，但不影响工期

C. 第2周末，工作C提前1周，工期提前1周
D. 第4周末，工作D拖后1周，但不影响工期
E. 第4周末，工作F提前1周，工期提前1周

84. 某双代号网络计划如图4所示，关于工作时间参数的说法，正确的有（　　）。

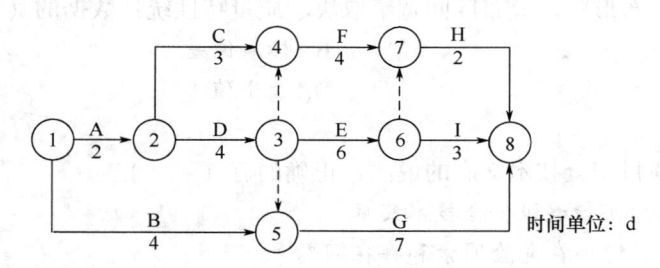

图4　某双代号网络计划

A. 工作B的最迟完成时间是第8天
B. 工作C的最迟开始时间是第7天
C. 工作F的自由时差是1d
D. 工作G的总时差是2d
E. 工作H的最早开始时间是第13天

85. 建筑施工企业进行质量管理体系认证的程序包括（　　）。
A. 申请和受理
B. 审核
C. 审批与注册发证
D. 培训
E. 定期监督检查

86. 下列双代号网络图（图5）中，存在的绘图错误有（　　）。

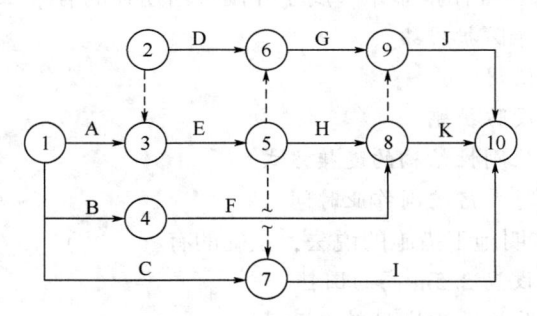

图5　双代号网络图

A. 存在多个起点节点
B. 存在多余的虚工作
C. 箭线交叉的方式错误
D. 存在相同节点编号的工作
E. 存在没有箭尾节点的箭线

87. 装配式混凝土建筑预制构件的进场质量验收，对不允许出现裂缝的预应力混凝土构件应检验的内容包括（　　）。
A. 承载力
B. 挠度
C. 强度
D. 抗裂
E. 灌料强度

88. 下列施工质量事故发生原因中，属于技术原因的有（　　）。
A. 因地质勘察不细导致的桩基方案不正确

B. 因施工管理混乱导致违章作业

C. 违反建设程序的"三边"工程

D. 因计算失误导致结构设计方案不正确

E. 采用不合适的施工方法、施工工艺

89. 直方图的分布形状及分布区间宽窄取决于质量特性统计数据的（   ）。

A. 平均值　　　　　　　　　　B. 标准偏差

C. 最大值　　　　　　　　　　D. 最小值

E. 离散性

90. 关于施工项目安全技术交底的说法，正确的有（   ）。

A. 施工项目必须实行逐级安全技术交底

B. 交底内容应针对潜在危险因素和存在问题

C. 定期向多工种交叉施工的作业队做口头技术交底

D. 涉及"四新"项目，必须经过两阶段技术交底

E. 交底时应将施工程序向班组长进行详细交底

91. 关于生产安全事故应急预案管理的说法，正确的有（   ）。

A. 生产经营单位应每半年至少组织一次现场处置方案演练

B. 生产经营单位应每年至少组织一次综合应急预案演练

C. 地方各级人民政府应急管理部门的应急预案应当报同级人民政府备案

D. 非生产经营单位的应急管理方面的专家均可受邀参加应急方案的评审

E. 施工单位应急预案涉及应急响应等级内容变更的，应重新进行修订

92. 下列施工现场噪声控制措施中，属于控制传播途径的有（   ）。

A. 使用耳塞、耳罩等防护用品

B. 限制高音喇叭的使用

C. 选用吸声材料搭设防护棚

D. 改变震动源与其他刚性结构的连接方式

E. 进行强噪声作业时严格控制作业时间

93. 关于施工现场文明施工措施的说法，正确的有（   ）。

A. 闹市区施工现场设置2.5m高的围挡

B. 利用现场施工道路堆放砌块材料

C. 材料库房内配备保管员住宿用的单人床

D. 施工作业区内禁止随意吸烟

E. 在总配电室设置灭火器和消防沙箱

94. 关于正式投标及投标文件的说法，正确的有（   ）。

A. 标书密封不满足要求，经甲方同意投标是有效的

B. 在招标文件要求提交的截止时间后送达的投标文件，招标人可以拒收

C. 项目经理部组织投标时不需要企业法人对于投标项目经理的授权书

D. 标书提交的基本要求是签章、密封

E. 通常情况下投标不需要提交投标担保

95. 下列影响工程进度因素中，属于承包人可以要求合理延长工期的有（   ）。

A. 业主在工程实施中增减工程量对工期产生不利影响

B. 业主在工程实施中改变工程设计对工期产生不利影响
C. 因进场材料不合格而对工期产生不利影响
D. 因施工操作工艺不规范而对工期产生不利影响
E. 突发的极端恶劣的气候对工期产生不利影响

96. 对业主而言，成本加酬金合同的优点有（　　）。
A. 可以通过分段施工缩短工期
B. 适用于时间紧迫的抢险救灾工程
C. 根据自身力量和需要，深入介入控制工程施工和管理
D. 适用于技术简单、结构方案容易确定的工程
E. 通过确定最大保证价格约束工程成本

97. 在招标文件中要求中标人提交履约担保的形式有（　　）。
A. 保证金
B. 由保险公司开具的履约担保书
C. 商业银行开具的担保函
D. 房屋抵押权证
E. 有价证券

98. 下列工程施工变更情形中，由业主承担责任的有（　　）。
A. 不可抗力导致的设计修改
B. 环境变化导致的设计修改
C. 原设计失误导致的设计修改
D. 政府部门要求导致的设计修改
E. 施工方案出现错误导致的设计修改

99. 建设工程索赔成立的前提条件有（　　）。
A. 与合同对照事件已造成了承包人工程项目成本的额外支出或直接工期损失
B. 造成费用增加或工期损失的原因，按合同约定不属于承包人的行为责任或风险责任
C. 承包人按合同规定的程序和时间提交了索赔意向通知和索赔报告
D. 造成费用增加或工期损失额度巨大，超出了正常的承受范围
E. 索赔费用计算正确，并且容易分析

100. 下列建设工程项目进度控制措施中，属于技术措施的有（　　）。
A. 分析装配式混凝土结构和现浇混凝土结构对施工进度的影响
B. 通过比较钢网架高空散装法和高空滑移法的优缺点选择施工方案
C. 采用网络计划技术优化工程施工工期
D. 分析无粘结预应力混凝土结构的技术风险
E. 通过变更落地钢管脚手架为外爬式脚手架缩短工期

2020年度真题参考答案及解析

一、单项选择题

1. D；	2. D；	3. D；	4. C；	5. B；
6. D；	7. B；	8. D；	9. C；	10. D；
11. A；	12. A；	13. D；	14. A；	15. B；
16. B；	17. D；	18. C；	19. A；	20. A；
21. A；	22. B；	23. D；	24. A；	25. B；
26. C；	27. C；	28. A；	29. C；	30. D；
31. D；	32. C；	33. B；	34. C；	35. A；
36. B；	37. C；	38. C；	39. B；	40. C；
41. A；	42. A；	43. D；	44. B；	45. B；
46. C；	47. C；	48. A；	49. D；	50. D；
51. D；	52. B；	53. B；	54. C；	55. C；
56. D；	57. D；	58. B；	59. D；	60. B；
61. D；	62. A；	63. A；	64. D；	65. C；
66. D；	67. A；	68. B；	69. D；	70. C。

【解析】

1. D。本题考核的是建设工程管理工作的核心任务。建设工程管理工作是一种增值服务工作，其核心任务是为工程的建设和使用增值。

2. D。本题考核的是项目总承包方项目管理工作。《建设项目工程总承包管理规范》GB/T 50358—2017 的规定，项目总承包方的管理工作涉及：（1）项目设计管理；（2）项目采购管理；（3）项目施工管理；（4）项目试运行管理和项目收尾等。

3. D。本题考核的是项目管理职能分工表的规定。选项 A 错误，各方应编制各自的项目管理职能分工表。选项 B 错误，可以用于企业管理。选项 C 错误，管理职能分工描述书与管理职能分工表不同，如果使用管理职能分工表不足以明确每个工作部门的管理职能，则可辅以使用管理职能分工描述书。

4. C。本题考核的是项目决策阶段组织策划的工作内容。组织策划的主要工作内容包括：（1）决策期的组织结构；（2）决策期任务分工；（3）决策期管理职能分工；（4）决策期工作流程；（5）实施期组织总体方案；（6）项目编码体系分析。

5. B。本题考核的是实施阶段策划的工作内容。建设工程项目实施阶段策划的内容包括项目实施的环境和条件的调查与分析；项目目标的分析和再论证；项目实施的组织策划；项目实施的管理策划；项目实施的合同策划；项目实施的经济策划；项目实施的技术策划；项目实施的风险策划。

6. D。本题考核的是施工总承包管理模式的特点。施工总承包管理合同中一般只确定施工总承包管理费，而不需要确定建筑安装工程造价。施工总承包管理模式与施工总承包

14

模式相比在合同价方面有以下优点：（1）合同总价不是一次确定，某一部分施工图设计完成以后，再进行该部分施工招标，确定该部分合同价，因此整个建设项目的合同总额的确定较有依据；（2）所有分包都通过招标获得有竞争力的投标报价，对业主方节约投资有利；（3）在施工总承包管理模式下，分包合同价对业主是透明的。

7. B。本题考核的是项目管理实施规划的编制。项目管理实施规划由项目经理组织编制。

8. D。本题考核的是施工组织设计的审批。选项A错误，专项施工方案应由施工单位技术部门组织相关专家评审，施工单位技术负责人批准。选项B错误，施工方案应由项目技术负责人审批。选项C错误，施工组织总设计应由总承包单位技术负责人审批。

9. C。本题考核的是动态控制在投资控制中的应用。相对于工程合同价，工程概算和工程预算都可作为投资的计划值。

10. D。本题考核的是沟通过程的五个要素。沟通过程包括五个要素，即：沟通主体、沟通客体、沟通介体、沟通环境和沟通渠道。

11. A。本题考核的是施工企业项目经理的担任。过渡期满后，大、中型工程项目施工的项目经理必须由取得建造师注册证书的人员担任；但取得建造师注册证书的人员是否担任工程项目施工的项目经理，由企业自主决定。

12. A。本题考核的是项目风险等级。一级风险：风险等级最高，风险后果是灾难性的，并造成恶劣社会影响和政治影响。选项B属于二级风险，选项C属于三级风险，选项D属于四级风险。

13. D。本题考核的是监理的工作方法。工程监理人员发现工程设计不符合建筑工程质量标准或者合同约定的质量要求的，应当报告建设单位要求设计单位改正。

14. A。本题考核的是成本核算周期。项目管理机构应按规定的会计周期进行项目成本核算。

15. B。本题考核的是施工成本管理措施。组织措施是其他各类措施的前提和保障，而且一般不需要增加额外的费用，运用得当可以取得良好的效果。

16. B。本题考核的是成本计划的类型。指导性成本计划是选派项目经理阶段的预算成本计划，是项目经理的责任成本目标。它是以合同价为依据，按照企业的预算定额标准制定的设计预算成本计划，且一般情况下确定责任总成本目标。

17. B。本题考核的是"两算"的含义。"两算"是指施工图预算与施工预算。

18. B。本题考核的是赢得值法参数分析与应对措施。计划工作预算费用（BCWS）>已完工作实际费用（ACWP）>已完工作预算费用（BCWP），说明效率较低，进度慢，投入超前；应采取的措施是增加高效人员投入。选项A三个参数关系是：计划工作预算费用（BCWS）>已完工作预算费用（BCWP）>已完工作实际费用（ACWP）。选项C三个参数关系是：已完工作实际费用（ACWP）>已完工作预算费用（BCWP）>计划工作预算费用（BCWS）。选项D三个参数关系是：已完工作实际费用（ACWP）>计划工作预算费用（BCWS）>已完工作预算费用（BCWP）。

19. A。本题考核的是赢得值法。进度偏差(SV)=已完成工作量×预算单价−计划工作量×预算单价=1000×[（2300×4+2500×2+1250×1）−（2500×4+2600×2+1200×2）]=−2150000元=−215万元。

20. A。本题考核的是其他直接费用的内容。其他直接费用是指施工过程中发生的材料

15

搬运费、材料装卸保管费、燃料动力费、临时设施摊销、生产工具用具使用费、检验试验费、工程定位复测费、工程点交费、场地清理费，以及能够单独区分和可靠计量的为订立建造承包合同而发生的差旅费、投标费等费用。

21. A。本题考核的是施工项目成本表格核算法的特点。表格核算法的优点是简便易懂，方便操作，实用性较好；缺点是难以实现较为科学严密的审核制度，精度不高，覆盖面较小。

22. B。本题考核的是资金成本分析。进行资金成本分析通常应用"成本支出率"指标，即成本支出占工程款收入的比例。

23. D。本题考核的是成本核算依据。统计核算通过全面调查和抽样调查等特有的方法，不仅能提供绝对数指标，还能提供相对数和平均数指标，可以计算当前的实际水平，还可以确定变动速度以预测发展的趋势。

24. A。本题考核的是业主方进度控制的任务。对建设工程项目整个实施阶段的进度进行控制是业主方的任务。投资方属于业主方。

25. B。本题考核的是建设工程项目总进度目标论证的工作步骤。建设工程项目总进度目标论证的工作步骤：（1）调查研究和收集资料；（2）项目结构分析；（3）进度计划系统的结构分析；（4）项目的工作编码；（5）编制各层进度计划；（6）协调各层进度计划的关系，编制总进度计划；（7）若所编制的总进度计划不符合项目的进度目标，则设法调整；（8）若经过多次调整，进度目标无法实现，则报告项目决策者。

26. C。本题考核的是横道图进度计划的编制方法。根据项目施工横道图进度计划，第5天一层第一个施工段混凝土浇筑完毕，应间歇1d再进行第二层第一个施工段的支模。所以第6天位置（Z_3）为层间间歇。

27. C。本题考核的是横道图进度计划的特点。横道图进度计划法也存在一些问题，如：（1）工序（工作）之间的逻辑关系可以设法表达，但不易表达清楚；（2）适用于手工编制计划；（3）没有通过严谨的进度计划时间参数计算，不能确定计划的关键工作、关键路线与时差；（4）计划调整只能用手工方式进行，其工作量较大；（5）难以适应大的进度计划系统。

28. A。本题考核的是虚箭线的作用。虚箭线一般起着工作之间的联系、区分和断路三个作用。首先排除选项D。联系作用是指应用虚箭线正确表达工作之间相互依存的关系；区分作用是指双代号网络图中每一项工作都必须用一条箭线和两个代号表示，若两项工作的代号相同时，应使用虚工作加以区分；断路作用是用虚箭线断掉多余联系，即在网络图中把无联系的工作连接上时，应加上虚工作将其断开。

29. C。本题考核的是双代号时标网络计划的一般规定。选项A错误，双代号时标网络计划必须以水平时间坐标为尺度表示工作时间。选项B错误，时标网络计划中虚工作必须以垂直方向的虚箭线表示，有自由时差时加波形线表示。选项D错误，时标的时间单位应根据需要在编制网络计划之前确定，可为时、天、周、月或季。时标网络计划中所有符号在时间坐标上的水平投影位置，都必须与其时间参数相对应。节点中心必须对准相应的时标位置。

30. D。本题考核的是双代号网络计划中总时差和自由时差的计算。总时差等于其最迟开始时间减去最早开始时间，或等于最迟完成时间减去最早完成时间。最迟完成时间各紧后工作的最迟开始间的最小值，则本工作的最迟完成时间=min{（5+4），（6+2）}=8。工作的最早完成时间等于最早开始时间加上其持续时间,则本工作的最早完成时间=3+2=5。所以本工作的总时差=8-5=3d。当有紧后工作时,自由时差等于紧后工作最早开始时间减本工作的最早完成时间,所以本工作的自由时差=5-5=0d。

31. D。本题考核的是单代号搭接网络计划时间参数的计算。时距FTF是指本工作完成时间与其紧后工作完成时间的时间间隔。相邻时距为FTF时,该工作的最早开始时间=紧前工作的最早开始时间+紧前工作的持续时间+时距-该工作的持续时间=2+5+2-3=6。

32. C。本题考核的是关键线路的确定。线路上总的工作持续时间最长的线路为关键线路。本题的关键线路有:A→E→I→L,C→E→I→L,C→G→J→M。

33. B。本题考核的是质量控制活动。质量控制活动顺序:(1)设定目标;(2)测量检查;(3)评价分析;(4)纠正偏差。

34. C。本题考核的是项目质量风险。工程项目的建设、设计、施工、监理等工程质量责任单位的质量管理体系存在缺陷,组织结构不合理,工作流程组织不科学,任务分工和职能划分不恰当,管理制度不健全,或者各级管理者的管理能力不足和责任心不强。这些都属于管理风险。选项A属于技术风险,选项B属于自然风险,选项D属于环境风险。

35. A。本题考核的是全面质量管理(TQC)的思想。建设工程项目的全面质量管理,是指项目参与各方所进行的工程项目质量管理的总称,其中包括工程(产品)质量和工作质量的全面管理。

36. B。本题考核的是项目质量控制体系的特点。项目质量控制体系的有效性一般由项目管理的组织者进行自我评价与诊断,不需进行第三方认证,其评价的方式不同。

37. C。本题考核的是施工质量控制的基本环节。事中质量控制也称作业活动过程质量控制,包括质量活动主体的自我控制和他人监控的控制方式。

38. B。本题考核的是施工环境因素的控制。环境因素对工程质量的影响,具有复杂多变和不确定性的特点,具有明显的风险特性。要减少其对施工质量的不利影响,主要是采取预测预防的风险控制方法。

39. A。本题考核的是施工过程质量检测试验参数。选项B是土钉墙的主要检测试验参数,选项C是混凝土性能检测试验参数,选项D是锚杆、锚索主要检测试验参数。

40. D。本题考核的是预制构件的质量验收。梁板类简支受弯预制构件进场时应进行结构性能检验,结构性能检验应符合国家现行有关标准的有关规定及设计的要求。

41. A。本题考核的是住宅工程质量分户验收的组织。住宅工程要分户验收。在住宅工程各检验批、分项、分部工程验收合格的基础上,在住宅工程竣工验收前,建设单位应组织施工、监理等单位,依据国家有关工程质量验收标准,对每户住宅及相关公共部位的观感质量和使用功能等进行检查验收。

42. A。本题考核的是施工质量事故预防措施。施工质量事故预防措施包括:(1)严格按照基本建设程序办事;(2)认真做好工程地质勘察;(3)科学地加固处理好地基;(4)进行必要的设计审查复核;(5)严格把好建筑材料及制品的质量关;(6)强化从业人员管理;(7)依法进行施工组织管理;(8)做好应对不利施工条件和各种灾害的预案;(9)加强施工安全与环境管理。注意第(4)条,要请具有合格专业资质的审图机构对施工图进行审查复核,不是施工单位的措施。

43. D。本题考核的是施工质量事故调查处理的一般程序。施工质量事故处理的一般程序:事故报告→事故调查→事故的原因分析→制定事故处理的技术方案→事故处理→事故处理的鉴定验收→提交事故处理报告。

44．B。本题考核的是因果分析图法的应用。混凝土轻度不合格因果分析图如图 6 所示。

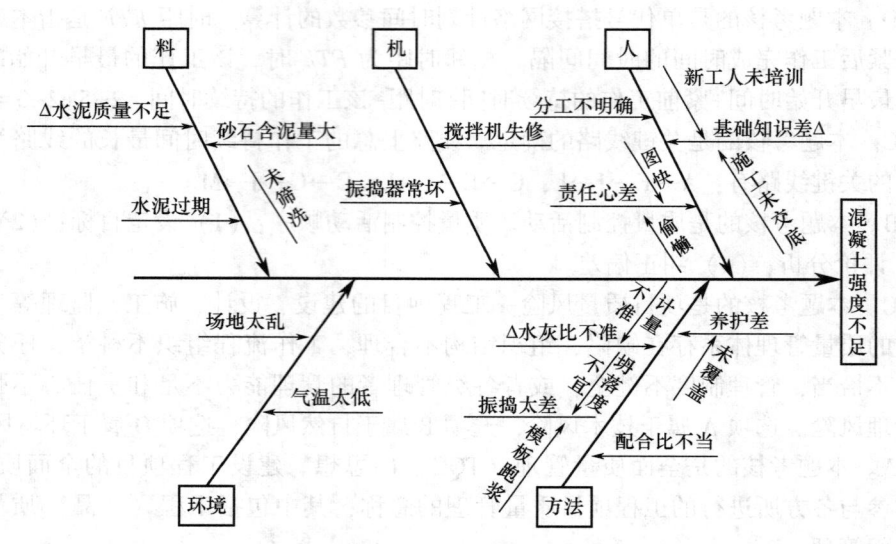

图 6　混凝土轻度不合格因果分析图

45．B。本题考核的是政府质量监督。工程实体质量监督，是指主管部门对涉及工程主体结构安全、主要使用功能的工程实体质量情况实施监督。工程质量行为监督，是指主管部门对工程质量责任主体和质量检测等单位履行法定质量责任和义务的情况实施监督。不包括 A、D 两项。

46．C。本题考核的是职业健康安全管理体系与环境管理体系的运行。管理评审是由组织的最高管理者对管理体系的系统评价，判断组织的管理体系面对内部情况和外部环境的变化是否充分适应有效，由此决定是否对管理体系做出调整，包括方针、目标、机构和程序等。

47．C。本题考核的是专项施工方案专家论证制度。根据《建设工程安全生产管理条例》规定，对下列达到一定规模的危险性较大的分部分项工程编制专项施工方案，并附具安全验算结果，经施工单位技术负责人、总监理工程师签字后实施，由专职安全生产管理人员进行现场监督，包括基坑支护与降水工程；土方开挖工程；模板工程；起重吊装工程；脚手架工程；拆除、爆破工程；国务院建设行政主管部门或其他有关部门规定的其他危险性较大的工程。

48．A。本题考核的是安全生产管理预警体系。一个完整的预警体系应由外部环境预警系统、内部管理不良的预警系统、预警信息管理系统和事故预警系统四部分构成。其中外部环境预警系统包括自然环境突变的预警、政策法规变化的预警、技术变化的预警。

49．D。本题考核的是安全事故隐患治理原则。预防与减灾并重治理原则是指治理安全事故隐患时，需尽可能减少发生事故的可能性，如果不能安全控制事故的发生，也要设法将事故等级减低。及时切断供料及切断能源的操作方法；及时降压、降温、降速以及停止运行的方法；及时排放毒物的方法；及时疏散及抢救的方法；及时请求救援的方法；应定期组织训练和演习等都属于预防与减灾并重治理原则。

50. D。本题考核的是应急预案体系的构成。现场处置方案是针对具体的装置、场所或设施、岗位所制定的应急处置措施。综合应急预案是从总体上阐述事故的应急方针、政策，应急组织结构及相关应急职责，应急行动、措施和保障等基本要求和程序，是应对各类事故的综合性文件。专项应急预案是针对具体的事故类别（如基坑开挖、脚手架拆除等事故）、危险源和应急保障而制定的计划或方案。

51. D。本题考核的是职业伤害事故的分类。按事故造成的人员伤亡或者直接经济损失分类见表4。

表4 按事故造成的人员伤亡或者直接经济损失分类

事故等级	造成死亡人数	造成重伤(包括急性工业中毒)人数	造成直接经济损失
特别重大事故	30人以上	100人以上	1亿元以上
重大事故	10人以上30人以下	50人以上100人以下	5000万元以上1亿元以下
较大事故	3人以上10人以下	10人以上50人以下	1000万元以上5000万元以下
一般事故	3人以下死亡	10人以下	100万元以上1000万元以下

每一事故等级所对应的3个条件是独立成立的，只要符合其中一条就可以判定。该等级标准中所称的以上包括本数，所称的以下不包括本数。

52. B。本题考核的是建设工程施工现场环境保护的措施。选项B正确，高大建筑物清理施工垃圾时，要使用封闭式的容器或者采取其他措施处理高空废弃物，严禁凌空随意抛撒。选项A错误，施工现场道路应指定专人定期洒水清扫，形成制度，防止道路扬尘。选项C错误，大城市市区的建设工程已不容许搅拌混凝土。选项D错误，除设有符合规定的装置外，禁止在施工现场焚烧油毡、橡胶、塑料、皮革、树叶、枯草、各种包装物等废弃物品以及其他会产生有毒、有害烟尘和恶臭气体的物质。

53. B。本题考核的是建设工程现场职业健康安全卫生的措施。选项A错误，非炊事人员不得随意进入制作间。选项C错误，食堂外应设置密闭式泔水桶，并应及时清运。选项D错误，食堂必须有卫生许可证，炊事人员必须持身体健康证上岗。

54. C。本题考核的是施工安全技术措施的一般要求。对爆破、拆除、起重吊装、水下、基坑支护和降水、土方开挖、脚手架、模板等危险性较大的作业，必须编制专项安全施工技术方案。

55. C。本题考核的是招标信息的发布。选项A、B错误，依法必须招标项目的招标公告和公示信息应当在"中国招标投标公共服务平台"或者项目所在地省级电子招标投标公共服务平台发布。选项D错误，招标文件或者资格预审文件售出后，不予退还。

56. D。本题考核的是隐蔽工程检查。除专用合同条款另有约定外，工程隐蔽部位经承包人自检确认具备覆盖条件的，承包人应在共同检查前48h书面通知监理人检查，通知中应载明隐蔽检查的内容、时间和地点，并应附有自检记录和必要的检查资料。

57. D。本题考核的是发包人的权利和义务。选项D错误，有权根据合同约定，对因承包人原因给发包人带来的任何损失和损害，提出赔偿。

58. B。本题考核的是专业工程分包人的主要责任和义务。选项A、D错误，分包人须服从承包人转发的发包人或工程师与分包工程有关的指令。未经承包人允许，分包人不得以任何理由与发包人或工程师发生直接工作联系，分包人不得直接致函发包人或工程师，

19

也不得直接接受发包人或工程师的指令。选项 C 错误，遵守政府有关主管部门对施工场地交通、施工噪声以及环境保护和安全文明生产等的管理规定，按规定办理有关手续，并以书面形式通知承包人，承包人承担由此发生的费用，因分包人责任造成的罚款除外。

59. B。本题考核的是单价合同的特点。单价合同的特点是单价优先，当总价和单价的计算结果不一致时，以单价为准调整总价。

60. B。本题考核的是咨询费计算方法。常用的咨询费计算方法包括人月费单价法、按日计费法、工程建设费用百分比法。

61. D。本题考核的是一揽子保险（CIP）。选项 A 错误、选项 D 正确，CIP 意思是"一揽子保险"。保障范围覆盖业主、承包商及所有分包商，内容包括劳工赔偿、雇主责任险、一般责任险、建筑工程一切险、安装工程一切险。选项 B 错误，能实施有效的风险管理。选项 C 错误，避免诉讼，便于索赔。

62. A。本题考核的是工程担保。保证担保，又称第三方担保，是指保证人和债权人约定，当债务人不能履行债务时，保证人按照约定履行债务或承担责任的行为。建设工程中经常采用的担保种类有：投标担保、履约担保、支付担保、预付款担保、工程保修担保等。

63. A。本题考核的是承包人施工合同分析的内容。选项 B 错误，工程变更的补偿范围，通常以合同金额一定的百分比表示。通常这个百分比越大，承包人的风险越大。选项 C 错误，在合同实施中，如果工程师指令的工程变更属于合同规定的工程范围，则承包人必须无条件执行。选项 D 错误，工程变更的索赔有效期，由合同具体规定，一般为 28d，也有 14d 的。一般这个时间越短，对承包人管理水平的要求越高，对承包人越不利。

64. D。本题考核的是施工合同履行过程中的诚信自律。诚信行为记录由各省、自治区、直辖市建设行政主管部门在当地建筑市场诚信信息平台上统一公布。其中，不良行为记录信息的公布时间为行政处罚决定作出后 7 日内，公布期限一般为 6 个月至 3 年；良好行为记录信息公布期限一般为 3 年。

65. C。本题考核的是工期索赔的计算。工期索赔值＝原合同工期×附加或新增工程造价/原合同总价＝30×600/3000＝6 个月。

66. D。本题考核的是工程索赔。选项 A、C 属于发包人未按合同要求提供施工条件。选项 B 属于不可抗力事件。因为发包人未按合同要求提供施工条件，或者发包人指令工程暂停或不可抗力事件等原因造成工期拖延的，承包人向发包人提出索赔。

67. A。本题考核的是国际工程施工承包合同争议解决的方式。协商解决争议是最常见也是最有效的方式，也是应该首选的最基本的方式。双方依据合同，通过友好磋商和谈判，互相让步，折中解决合同争议。

68. B。本题考核的是建设项目信息分类。经济类信息包括投资控制信息、工作量控制信息。选项 A、D 属于管理类信息，选项 C 属于技术类信息。

69. D。本题考核的是进度控制功能的内容。进度控制功能包括：(1) 计算工程网络计划的时间参数，并确定关键工作和关键路线；(2) 绘制网络图和计划横道图；(3) 编制资源需求量计划；(4) 进度计划执行情况的比较分析；(5) 根据工程的进展进行工程进度预测。选项 A 属于合同管理的功能，选项 B 属于投资控制的功能，选项 C 属于成本控制的功能。

70. C。本题考核的是建设工程项目进度控制措施。为确保进度目标的实现，应编制与进度计划相适应的资源需求计划（资源进度计划），包括资金需求计划和其他资源（人力和物力资源）需求计划，以反映工程实施的各时段所需要的资源。

二、多项选择题

71. B、C； 72. B、D、E； 73. A、B、D；
74. A、D、E； 75. A、C、D； 76. B、D；
77. B、C、E； 78. B、D； 79. A、B、E；
80. A、B、D、E； 81. B、D、E； 82. A、B、C、D；
83. A、B、D、E； 84. A、D； 85. A、B、C；
86. A、B； 87. A、D； 88. A、D、E；
89. A、B； 90. A、B、D、E； 91. A、B、C、E；
92. C、D； 93. A、D、E； 94. B、D；
95. A、B、E； 96. A、B、C、E； 97. A、B、C；
98. A、B、C、D； 99. A、B、C； 100. A、B、E。

【解析】

71. B、C。本题考核的是管理工作流程组织。管理工作流程组织包括投资控制、进度控制、合同管理、付款和设计变更等流程。

72. B、D、E。本题考核的是工程总承包方在项目管理收尾阶段的工作。项目管理收尾阶段工作包括：办理项目资料归档，进行项目总结，对项目部人员进行考核评价，解散项目部。选项 A、C 属于合同收尾阶段的工作。

73. A、B、D。本题考核的是专项施工方案专家论证制度。涉及深基坑、地下暗挖工程、高大模板工程的专项施工方案，施工单位还应当组织专家进行论证、审查。

74. A、D、E。本题考核的是风险识别工作内容。项目风险识别的任务是识别项目实施过程存在哪些风险，其工作程序包括：（1）收集与项目风险有关的信息；（2）确定风险因素；（3）编制项目风险识别报告。

75. A、C、D。本题考核的是直接成本。直接成本是指施工过程中耗费的构成工程实体或有助于工程实体形成的各项费用支出，是可以直接计入工程对象的费用，包括人工费、材料费和施工机具使用费等。

76. B、D。本题考核的是成本计划的类型。竞争性成本计划是施工项目投标及签订合同阶段的估算成本计划。

77. B、C、E。本题考核的是施工机械使用费的控制。施工机械使用费主要由台班数量和台班单价两方面决定，因此为有效控制施工机械使用费支出，应主要从这两个方面进行控制。控制台班数量的措施：（1）根据施工方案和现场实际情况，选择适合项目施工特点的施工机械，制定设备需求计划，合理安排施工生产，充分利用现有机械设备，加强内部调配，提高机械设备的利用率；（2）保证施工机械设备的作业时间，安排好生产工序的衔接，尽量避免停工、窝工，尽量减少施工中所消耗的机械台班数量；（3）核定设备台班定额产量，实行超产奖励办法，加快施工生产进度，提高机械设备单位时间的生产效率和利用率；（4）加强设备租赁计划管理，减少不必要的设备闲置和浪费，充分利用社会闲置机械资源。选项 A、D 属于台班单价控制。

78. B、D。本题考核的是成本核算的原则、依据、范围和程序。选项 A 错误，应是：项目成本核算应坚持形象进度、产值统计、成本归集同步的原则。选项 C 错误，用表格核算法进行工程项目施工各岗位成本的责任核算和控制，用会计核算法进行工程项目成本核算，两者互补，相得益彰，确保工程项目成本核算工作的开展。选项 E 错误，核算方法的优点是科学严密，人为控制的因素较小而且核算的覆盖面较大；缺点是对核算工作人员的专业水平和工作经验都要求较高。

79. A、B、E。本题考核的是综合成本的分析方法。综合成本的分析方法包括：分部分项工程成本分析，月（季）度成本分析，年度成本分析，竣工成本的综合分析。选项 C、D 属于专项成本分析方法。

80. A、B、D、E。本题考核的是不同类型的建设工程项目进度计划系统。在建设工程项目进度计划系统中各进度计划或各子系统进度计划编制和调整时必须注意其相互间的联系和协调，如：（1）总进度规划（计划）、项目子系统进度规划（计划）与项目子系统中的单项工程进度计划之间的联系和协调；（2）控制性进度规划（计划）、指导性进度规划（计划）与实施性（操作性）进度计划之间的联系和协调；（3）业主方编制的整个项目实施的进度计划、设计方编制的进度计划、施工和设备安装方编制的进度计划与采购和供货方编制的进度计划之间的联系和协调等。

81. B、D、E。本题考核的是项目总进度目标论证的工作内容。在建设工程项目总进度目标论证时，往往还没有掌握比较详细的设计资料，也缺乏比较全面的有关工程发包的组织、施工组织和施工技术等方面的资料，以及其他有关项目实施条件的资料，因此，总进度目标论证并不是单纯的总进度规划的编制工作，它涉及许多工程实施的条件分析和工程实施策划方面的问题。选项 A 错误，总进度目标论证是项目决策阶段项目定义时确定的。选项 D 正确，建设工程项目总进度目标论证应分析和论证项目实施阶段各项工作的进度，以及各线工作进展的相互关系。选项 C 错误，在进行建设工程项目总进度目标控制前，首先应分析和论证进度目标实现的可能性。

82. A、B、C、D。本题考核的是施工生产要素的质量控制。混凝土预制构件吊运应根据构件的形状、尺寸、重量和作业半径等要求选择吊具和起重设备，预制柱的吊点数量、位置应经计算确定，吊索水平夹角不宜小于 60°，不应小于 45°。

83. A、B、D、E。本题考核的是进度计划的检查。第 2 周末检查时，工作 A 拖后 2 周，因为工作 A 有 2 周的总时差，所以不影响工期。工作 B 拖后 1 周，工作 B 有 1 周的总时差，所以不影响工期。工作 C 虽然提前 1 周，但是也不能使得工期提前 1 周。第 4 周末检查时，工作 D 拖后 1 周，因为有 2 周的总时差，不影响工期。工作 F 提前 1 周，即使工作 D 拖后 1 周，工作 D 仍剩余 1 周的总时差，工作 E 进度正常，工作 E 也存在 1 周的总时差，所以工期提前 1 周。

84. A、D。本题考核的是双代号网络计划时间参数的计算。最迟开始时间等于最迟完成时间减去其持续时间。最迟完成时间等于各紧后工作的最迟开始时间的最小值。最早开始时间等于各紧前工作的最早完成时间的最大值。总时差等于其最迟开始时间减去最早开始时间，或等于最迟完成时间减去最早完成时间。以网络计划终点节点为箭头节点的工作，其自由时差等于计算工期减去该工作的最早完成时间；其他工作的自由时差等于紧后工作的最早开始时间减去本工作的最早完成时间。在计算工作最早时间参数时，应从起点节点起，顺着箭线方向依次逐项计算。在计算工作最迟时间参数时，应从终点节点起，逆着箭线方向依次逐项计算。本题中关键线路为：A→D→E→I，计算工期为 2+4+6+3=15d。工作 B 的紧后工作只有工作 G，工作 B 的最迟完成时间=工作 G 的最迟开始时间=15−7=8。

选项A正确。工作C的最迟完成时间=工作F的最迟开始时间=15-2-4=9，所以工作C的最迟开始时间=9-3=6，选项B错误。工作F的自由时差=工作H的最早开始时间-工作F的最早完成时间=(2+4+6)-(2+4+4)=2。工作H的最早开始时间=2+4+6=12，选项C错误、选项E错误。工作G的总时差=工作G的最迟开始时间-工作G的最早开始时间=(15-7)-(2+4)=2d。选项D正确。

85. A、B、C。本题考核的是建筑施工企业进行质量管理体系认证的程序。建筑施工企业进行质量管理体系认证的程序：(1)申请和受理；(2)审核；(3)审批与注册发证。

86. A、B。本题考核的是双代号网络计划绘图规则。选项A错误，有①、②两个起点节点。选项B错误，存在多余虚工作。

87. A、B、D。本题考核的是装配式混凝土建筑的施工质量验收。钢筋混凝土构件和允许出现裂缝的预应力混凝土构件应进行承载力、挠度和裂缝宽度检验；不允许出现裂缝的预应力混凝土构件应进行承载力、挠度和抗裂检验。

88. A、D、E。本题考核的是施工质量事故发生原因。地质勘察过于疏略，对水文地质情况判断错误，致使地基基础设计采用不正确的方案；或结构设计方案不正确，计算失误，构造设计不符合规范要求；施工管理及实际操作人员的技术素质差，采用了不合适的施工方法或施工工艺等。这些技术上的失误是造成质量事故的常见原因。选项B属于管理原因，选项C属于社会、经济原因。

89. A、B。本题考核的是直方图的观察分析。直方图的分布形状及分布区间宽窄是由质量特性统计数据的平均值和标准偏差所决定的。

90. A、B、D、E。本题考核的是安全技术交底的要求。选项C错误，定期向由两个以上作业队和多工种进行交叉施工的作业队伍进行书面交底。

91. A、B、C、E。本题考核的是生产安全事故应急预案的管理。选项D错误，参加应急预案评审的人员应当包括应急预案涉及的政府部门工作人员和有关安全生产及应急管理方面的专家。

92. C、D。本题考核的是施工现场噪声控制措施。施工现场噪声控制措施包括声源控制、传播途径控制、接收者防护、严格控制人为噪声等。控制传播途径包括吸声、隔声、消声和减振降噪。选项C属于吸声，选项D属于减振降噪。选项A属于接收者防护。选项B、E属于严格控制人为噪声。

93. A、D、E。本题考核的是施工现场文明施工措施。选项B错误，施工现场道路畅通、平坦、整洁，无散落物。选项C错误，材料库房内不能配备保管员住宿用的单人床。

94. B、D。本题考核的是正式投标的规定。选项A错误，如果不密封或密封不满足要求，投标是无效的。选项C错误，如果项目所在地与企业距离较远，由当地项目经理部组织投标，需要提交企业法定代表人对于投标项目经理的授权委托书。选项E错误，通常投标需要提交投标担保。

95. A、B、E。本题考核的是索赔的分类。工程延期索赔：因为发包人未按合同要求提供施工条件，或者发包人指令工程暂停或不可抗力事件等原因造成工期拖延的，承包人向发包人提出索赔；如果由于承包人原因导致工期拖延，发包人可以向承包人提出索赔；由于非分包人的原因导致工期拖延，分包人可以向承包人提出索赔。选项C、选项D属于承包人自身的原因导致，不可以要求延长工期。

96. A、B、C、E。本题考核的是成本加酬金合同的优点。对业主而言，这种合同形式也有一定优点：(1) 可以通过分段施工缩短工期，而不必等待所有施工图完成才开始招标和施工；(2) 可以减少承包商的对立情绪，承包商对工程变更和不可预见条件的反应会比较积极和快捷；(3) 可以利用承包商的施工技术专家，帮助改进或弥补设计中的不足；(4) 业主可以根据自身力量和需要，较深入地介入和控制工程施工和管理；(5) 也可以通过确定最大保证价格约束工程成本不超过某一限值，从而转移一部分风险。成本加酬金合同适用于时间特别紧迫，如抢险、救灾工程，来不及进行详细的计划和商谈。

97. A、B、C。本题考核的是履约担保的形式。履约担保可以采用银行保函、履约担保书和履约保证金的形式，也可以采用同业担保的方式，即由实力强、信誉好的承包商为其提供履约担保，但应当遵守国家有关企业之间提供担保的有关规定，不允许两家企业互相担保或多家企业交叉互保。

98. A、B、C、D。本题考核的是工程变更的责任分析。由于业主要求、政府部门要求、环境变化、不可抗力、原设计错误等导致的设计修改，应该由业主承担责任。选项 E 由施工单位承担。

99. A、B、C。本题考核的是建设工程索赔成立的前提条件。索赔的成立，应该同时具备以下三个前提条件：(1) 与合同对照，事件已造成了承包人工程项目成本的额外支出，或直接工期损失；(2) 造成费用增加或工期损失的原因，按合同约定不属于承包人的行为责任或风险责任；(3) 承包人按合同规定的程序和时间提交索赔意向通知和索赔报告。

100. A、B、E。本题考核的是建设工程项目进度控制措施。建设工程项目进度控制的技术措施涉及对实现进度目标有利的设计技术和施工技术的选用。不同的设计理念、设计技术路线、设计方案会对工程进度产生不同的影响，在设计工作的前期，特别是在设计方案评审和选用时，应对设计技术与工程进度的关系作分析比较。在工程进度受阻时，应分析是否存在设计技术的影响因素，为实现进度目标有无设计变更的可能性。在工程进度受阻时，应分析是否存在施工技术的影响因素，为实现进度目标有无改变施工技术、施工方法和施工机械的可能性。选项 C、D 属于管理措施。

《建设工程项目管理》
考前冲刺试卷（一）及解析

《建设工程项目管理》考前冲刺试卷（一）

一、单项选择题（共70题，每题1分。每题的备选项中，只有1个最符合题意）

1. 建设工程项目管理的核心内容是（　　）。
   A. 工程项目投资管理制度　　　　B. 工程项目实施程序
   C. 工程项目管理组织及目标控制　　D. 工程项目相关制度

2. 水泥项目的投资最低资本金比例是（　　）。
   A. 25%　　　　　　　　　　　　B. 30%
   C. 35%　　　　　　　　　　　　D. 40%

3. 在非代理型CM模式的合同中，采用成本加酬金合同的具体方式是（　　）。
   A. 成本加固定费用合同　　　　　B. 成本加固定比例费用合同
   C. 成本加奖金合同　　　　　　　D. 最大工程费用加酬金合同

4. 工程质量监督机构在组织安排工程质量监督准备阶段的工作有：①召开首次监督会议，明确相关职责；②编制工程质量监督计划，并转发各参建单位；③检查各方主体行为，确认具备开工条件；④成立工程质量监督组，确定质量监督负责人。正确的工作程序是（　　）。
   A. ①②③④　　　　　　　　　　B. ④②①③
   C. ①④②③　　　　　　　　　　D. ④①③②

5. 工程项目管理采用直线式组织结构的优点是（　　）。
   A. 可减轻领导者负担　　　　　　B. 集权与分权相结合
   C. 易于统一指挥　　　　　　　　D. 强调管理业务专门化

6. 项目管理规划大纲的部分编制程序为：①明确项目需求和项目管理范围；②规定项目管理措施；③确定项目管理目标；④确定项目管理组织模式、组织结构和职责分工；⑤分析项目实施条件，进行项目工作结构分解；⑥编制项目资源计划。正确的顺序是（　　）。
   A. ①④⑤③②⑥　　　　　　　　B. ①③⑤④②⑥
   C. ①③④⑤②⑥　　　　　　　　D. ①②⑤④③⑥

7. 危险性较大的分部分项工程专项施工应由施工单位技术部门组织相关专家评审后，报（　　）批准。
   A. 项目负责人　　　　　　　　　B. 施工单位技术负责人
   C. 项目技术负责人　　　　　　　D. 总监工程师

8. 组织应确定与其宗旨相关并影响其实现职业健康安全管理体系预期结果的能力的内部和外部议题，是组织所处环境基本要求的（　　）。
   A. 理解组织及其所处环境
   B. 理解工作人员和其他相关方的需求和期望
   C. 确定职业健康安全管理体系范围
   D. 职业健康安全管理体系

9. 根据《卓越绩效评价准则》GB/T 19580—2012，为提高企业的技术创新能力，要积极开发、引进、消化、吸收适用的先进技术和标准，体现的是卓越绩效评价要素中的（　　）。
   A. 领导　　　　　　　　　　　　B. 战略
   C. 顾客与市场　　　　　　　　　D. 资源

10. 风险管理应以适当、及时的方式预测、发现、确认和应对风险的出现、变化或消失，体现的是风险管理的（　　）原则。
    A. 包容性　　　　　　　　　　　B. 动态性
    C. 人和文化因素　　　　　　　　D. 定制化

11. 在国际项目管理协会的能力基准中，根据组织最高管理层设定的资源可利用性和最高利用率来设置目标和期望是（　　）。
    A. PP&P 人员能力　　　　　　　B. PP&P 管理能力
    C. PP&P 组织一致性能力　　　　D. PP&P 资源能力

12. 对于工期不超过 1 年、工程规模较小、技术简单成熟、招标时已有施工图设计文件的中小型工程，一般宜采用的合同计价方式是（　　）。
    A. 固定总价合同　　　　　　　　B. 可调总价合同
    C. 固定单价合同　　　　　　　　D. 可调单价合同

13. 施工投标文件中的（　　）主要包括工程报价、优惠条件、对合同条款的确认等内容。
    A. 技术标书　　　　　　　　　　B. 投标函
    C. 商务标书　　　　　　　　　　D. 投标须知

14. 与《标准施工招标文件》相比，《标准设计施工总承包招标文件》的特点是（　　）。
    A. 评标办法不同，设计施工总承包适用综合评估法
    B. 招标程序不同，设计施工总承包分为设计和施工两阶段招标
    C. 招标内容不同，设计施工总承包增加了有关设计的工作内容和费用
    D. 资格审查方式不同，设计施工总承包适用于资格后审方式

15. 某施工合同文件包括：①投标函及投标函附件；②中标通知书；③合同协议书；④通用合同条款；⑤专用合同条款等。这些合同文件的优先解释顺序为（　　）。
A. ③①②④⑤　　　　　　　　　B. ③②①⑤④
C. ③②①④⑤　　　　　　　　　D. ①②③⑤④

16. 根据《标准施工招标文件》，"合同进度计划"是指（　　）。
A. 承包人投标书内提交的进度计划
B. 施工准备阶段承包人编制的进度计划
C. 经监理人批准的施工进度计划
D. 按监理人指示修改后经发包人批准的进度计划

17. 根据国家《标准施工招标文件》，正常情况下发包人在收到承包人提交验收申请报告56d后未进行验收的，实际竣工日期应为（　　）。
A. 提交竣工验收申请报告的日期
B. 发包人收到竣工验收申请报告的日期
C. 提交竣工验收申请报告后第56天
D. 发包人未来实际进行竣工验收合格的日期

18. 根据《标准设计施工总承包招标文件》，组成合同的文件有：①发包人要求；②价格清单；③通用合同条款。仅就上述合同文件而言，正确的优先解释顺序是（　　）。
A. ①②③　　　　　　　　　　　B. ③②①
C. ③①②　　　　　　　　　　　D. ②③①

19. 根据《标准设计施工总承包招标文件》中的《合同条款及格式》，竣工试验分三阶段进行，其中第一阶段进行的是（　　）。
A. 联动试车　　　　　　　　　B. 保证工程满足合同要求的试验
C. 功能性试验　　　　　　　　D. 产能及环保指标测试

20. 某施工总承包单位依法将自己没有足够把握实施的防水工程分包给有经验的分包单位，属于质量风险应对的（　　）策略。
A. 转移　　　　　　　　　　　B. 规避
C. 减轻　　　　　　　　　　　D. 自留

21. 根据《中华人民共和国招标投标法实施条例》，建设工程项目招标结束后，招标人退还投标保证金时间限定在（　　）。
A. 与中标人签订书面合同后的15日内
B. 与中标人签订书面合同后的5日内
C. 招标投标结束后的30日内
D. 招标投标结束后的15日内

22. 下列影响工程施工进度的因素中，属于建设单位因素的是（　　）。
A. 汇率浮动和通货膨胀　　　　B. 不明的水文气象条件
C. 提供的场地不能满足工程正常需要　　D. 合同签订时遗漏条款、表述失当

23. 明确单项工程或单位工程建设内容和投资额，以便按统一口径确定工程项目投资

额，并以此为依据对其进行管理的是（　　）。

A. 工程项目一览表　　　　　　　　B. 投资计划年度分配表

C. 工程项目总进度计划　　　　　　D. 工程项目进度平衡表

24. 建设工程组织流水施工的特点是（　　）。

A. 能够充分利用工作面进行施工　　B. 各工作队实现了专业化施工

C. 单位时间内投入的资源量较少　　D. 施工现场的组织管理比较简单

25. 某工程有3个施工过程，分3个施工段组织分别流水施工，流水参数见表1，该工程流水工期是（　　）d。

表1　流水参数　　　　　　　　　　　　　　单位：d

施工过程	施工段		
	Ⅰ	Ⅱ	Ⅲ
A	4	4	4
B	1	1	1
C	2	2	2

A. 7　　　　　　　　　　　　　　　B. 11

C. 17　　　　　　　　　　　　　　　D. 21

26. 根据工程网络施工进度计划的编制程序，下列网络计划的编制工作中，属于网络图绘制阶段的是（　　）。

A. 工程项目分解　　　　　　　　　B. 确定计划目标

C. 确定关键线路　　　　　　　　　D. 优化网络计划

27. 工程网络计划的费用优化是指寻求（　　）的过程。

A. 工程总成本最低时的工期安排　　B. 工程直接成本最低时的工期安排

C. 工程间接成本最低时的工期安排　　D. 给定费用前提下的最短工期安排

28. 在工程网络计划中，某项工作的自由时差不会超过该工作的（　　）。

A. 总时距　　　　　　　　　　　　B. 持续时间

C. 间歇时间　　　　　　　　　　　D. 总时差

29. 某工程双代号网络计划如图1所示，工作D的最早开始时间和最迟开始时间分别是（　　）。

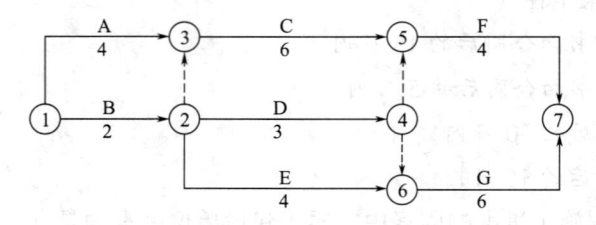

图1　某工程双代号网络计划

A. 2和5　　　　　　　　　　　　　B. 4和5

C. 2和7　　　　　　　　　　　　　D. 4和7

30. 某双代号网络计划如图 2 所示，如工作 B、D、I 共用一台施工机械且按 B→D→I 顺序施工，则对网络计划可能造成的影响是（　　）。

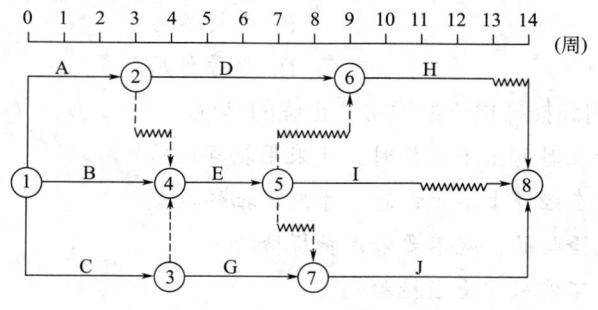

图 2　某双代号网络计划

A. 总工期不会延长，且施工机械在现场不会闲置

B. 总工期不会延长，但施工机械会在现场闲置 1 周

C. 总工期会延长 1 周，但施工机械在现场不会闲置

D. 总工期会延长 1 周，且施工机械会在现场闲置 1 周

31. 计划工期等于计算工期的双代号网络计划中，关于关键节点特点的说法，正确的是（　　）。

A. 相邻关键节点之间的工作一定是关键工作

B. 以关键节点为完成节点的工作总时差和自由时差相等

C. 关键节点连成的线路一定是关键线路

D. 两个关键节点之间的线路一定是关键线路

32. 某工程横道计划如图 3 所示，图中表明的正确信息是（　　）。

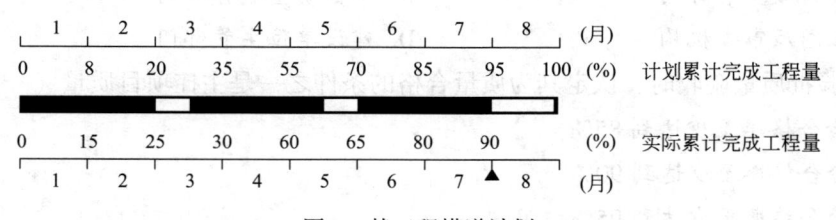

图 3　某工程横道计划

A. 第 2 个月连续施工，进度超前

B. 第 3 个月连续施工，进度拖后

C. 第 5 个月中断施工，进度超前

D. 前 2 个月连续施工，进度超前

33. 建设工程投资决策阶段的质量控制工作是（　　）。

A. 确定项目应采用的质量标准和管理方法

B. 编制项目质量控制工作计划

C. 确定项目应达到的质量目标和水平

D. 编制项目质量管理体系文件

34. 全面质量管理是一个组织以质量为中心，以（　　）为基础，目的在于通过让顾客满意和组织所有成员及社会受益而达到长期成功的管理途径。

　　A. 持续改进　　　　　　　　　　B. 全员参与

　　C. PDCA 循环　　　　　　　　　 D. 领导作用

35. 关于全数检测和抽样检测的说法，正确的是（　　）。

　　A. 只有全数检验在时间上不允许时，才采用抽样检验

　　B. 只有全数检验在经济上不允许时，才采用抽样检验

　　C. 能够进行全数检验的，就不要采用抽样检验

　　D. 破坏性检验，不能采用全数检验

36. 在工程质量控制过程中，生产处于稳定状态的控制图中点子分布的状态是（　　）。

　　A. 连续7点或更多点在中心线同一侧

　　B. 呈现周期性变化

　　C. 连续7点或更多点呈上升趋势

　　D. 随机落在上、下控制界限内

37. 施工单位在完成施工组织设计的编制及内部审批工作后，应由（　　）审核签认并报送建设单位。

　　A. 专业监理工程师　　　　　　　B. 总监理工程师

　　C. 项目技术负责人　　　　　　　D. 监理单位技术负责人

38. 若工程变更涉及结构主体及安全，该工程变更应按有关规定报送（　　）进行审查，否则变更不能实施。

　　A. 建设行政主管部门　　　　　　B. 工程质量监督机构

　　C. 施工图原审查机构　　　　　　D. 建设单位主管部门

39. 检验批质量验收时，认定其为质量合格的条件之一是主控项目质量（　　）。

　　A. 抽检合格率至少达到85%

　　B. 抽检合格率至少达到90%

　　C. 抽检合格率至少达到95%

　　D. 全部符合有关专业工程验收规范的规定

40. 当工程在保修期内出现涉及结构安全或影响使用功能的严重质量缺陷时，应（　　）。

　　A. 由施工单位提出保修设计方案并实施保修

　　B. 由原监理单位提出保修设计方案，施工单位实施保修

　　C. 由建设单位应向施工单位发出保修通知

　　D. 由原设计单位或相应资质等级的设计单位提出保修设计方案，施工单位实施保修

41. 工程发生质量安全事故，造成2人死亡，3800万元直接经济损失，则该事故等级是（　　）。

　　A. 一般事故　　　　　　　　　　B. 较大事故

C. 重大事故　　　　　　　　　　D. 特别重大事故

42. 由事故发生地设区的市级人民政府负责调查的事故是（　　）。
A. 特别重大事故　　　　　　　　B. 重大事故
C. 较大事故　　　　　　　　　　D. 一般事故

43. 按工程成本与工程数量的关系不同，工程成本可分为固定成本和变动成本，下列属于固定成本的是（　　）。
A. 计件工资　　　　　　　　　　B. 材料费
C. 施工机械使用费　　　　　　　D. 管理人员工资

44. 以履行施工合同为前提，经过施工单位和项目管理机构协商确定的由项目管理机构控制的成本总额是（　　）。
A. 预算成本　　　　　　　　　　B. 施工责任成本
C. 竞争性成本　　　　　　　　　D. 项目实际成本

45. 关于施工企业指导性成本计划的说法，正确的是（　　）。
A. 其是在施工投标及签订合同阶段的估算成本计划
B. 其是在工程项目施工准备阶段，以项目实施方案为依据编制的成本计划
C. 其是以落实项目经理责任目标为出发点，根据施工定额编制的成本计划
D. 其是以合同价为依据，按照企业定额标准制定的施工成本计划

46. 下列施工成本控制的工作内容中，属于管理行为控制过程的是（　　）。
A. 确定成本管理分层次目标
B. 采集成本数据并监测成本形成过程
C. 目标考核，定期检查
D. 调整改进成本管理方法

47. 某工程的赢得值曲线如图 4 所示，关于 t_1 时点成本和进度状态的说法，正确的是（　　）。

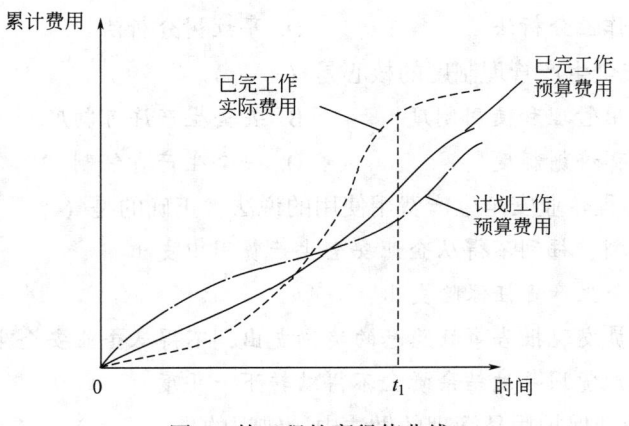

图 4　某工程的赢得值曲线

A. 费用超支，进度超前　　　　　B. 费用节约，进度超前

C. 费用超支，进度拖延　　　　　　D. 费用节约，进度拖延

48. 建设工程施工成本纠偏时，可采取的组织措施是（　　）。

A. 编制成本管理工作计划，确定合理的工作流程

B. 结合施工方法，进行建筑材料比选

C. 分析成本管理目标风险，并制定防范对策

D. 分析施工合同条款，寻求索赔机会

49. 关于工程成本会计核算、业务核算和统计核算区别和联系的说法，正确的是（　　）。

A. 会计核算是对已发生的经济进行核算，而业务核算和统计核算还对正在进行的经济活动进行核算

B. 业务核算是价值核算，会计核算的范围比业务核算的范围更广

C. 统计核算和会计核算必须用货币计量，业务核算可以用实物量或劳动量计量

D. 统计核算是利用会计核算和业务核算的核算资料把数据按统计方法加以系统管理，发现企业生产经营活动的规律

50. 适用于需要定量化考核且考核周期长的企业的施工成本管理绩效考核方法是（　　）。

A. 平衡积分卡　　　　　　　　　　B. PDCA 管理循环法

C. 360°反馈法　　　　　　　　　　D. 目标管理法

51. 进行施工生产危险源分类时，应归为第一类危险源的是（　　）。

A. 作业人员未按要求使用防护措施

B. 施工作业空间受限

C. 不利的自然气候条件

D. 施工现场快速行驶的车辆

52. 侧重于风险评价的危险源辨识与风险评价方法是（　　）。

A. LEC 评价法　　　　　　　　　　B. 预先危险性分析法

C. 危险与可操作性分析法　　　　　D. 事故树分析法

53. 企业所有安全生产管理制度的核心是（　　）。

A. 安全生产费用管理和使用制度　　B. 安全生产许可制度

C. 安全生产教育培训制度　　　　　D. 安全生产责任制

54. 关于建设工程企业安全生产费用使用的说法，正确的是（　　）。

A. 企业职工薪酬、福利不得从企业安全生产费用中支出

B. 不能用于安全生产责任保险支出

C. 企业从业人员发现报告事故隐患的奖励支出，不得从企业安全生产费用中列支

D. 企业安全生产费用年度结余资金不得结转下一年度

55. 下列有关劳动保护用品管理的做法中，错误的是（　　）。

A. 劳动保护用品的发放和管理，坚持"谁用工，谁负责"的原则

B. 劳动保护用品可以实物形式发放，也可以货币或其他物品替代

C. 企业应建立相应的管理台账，管理台账保存期限不得少于两年

D. 企业应加强对施工作业人员的教育培训，保证施工作业人员能正确使用劳动保护用品

56. 建筑施工企业安全生产管理工作中，（　　）是发现和消除事故隐患、落实安全措施、预防事故发生的重要手段。

A. 安全监察制度　　　　　　　　B. 伤亡事故报告处理制度

C. "三同时"制度　　　　　　　　D. 安全生产检查制度

57. 根据《建设工程安全生产管理条例》，施工单位针对达到一定规模的危险性较大的分部分项工程编制的专项施工方案，需经（　　）签字后实施。

A. 施工项目经理和建设单位技术负责人

B. 施工单位法定代表人和建设单位技术负责人

C. 施工单位技术负责人和总监理工程师

D. 建设单位技术负责人和总监理工程师

58. 关于防高处坠落安全技术措施的说法，正确的是（　　）。

A. 在坠落高度基准面2m进行临边作业时，应在临空一侧设置防护栏杆，但不必用密目式安全立网或工具式栏板封闭

B. 当垂直洞口短边边长大于或等于800mm时，应在临空一侧设置高度不小于900m的防护栏杆，并采用密目式安全立网或工具式栏板封闭

C. 非竖向洞口短边边长大于等于1000mm时，应在洞口作业侧设置高度不小于900mm的防护栏杆，并采用安全平网封闭

D. 悬空作业（安装拆除模板、吊装等），施工人员必须站在操作平台上作业并系好安全带

59. 当坠落物高度为14.5m时，进出建筑物主体通道口应搭设防护棚的坠落半径为（　　）m。

A. 3　　　　　　　　　　　　　B. 4

C. 5　　　　　　　　　　　　　D. 6

60. 安全风险等级从高到低分别用（　　）四种颜色标示。

A. 紫、橙、黄、蓝　　　　　　　B. 红、橙、黄、蓝

C. 红、蓝、黄、绿　　　　　　　D. 红、橙、紫、黄

61. 建筑施工企业应当制定本企业的应急预案演练计划，每年至少组织（　　）次生产安全事故应急预案演练。

A. 1　　　　　　　　　　　　　B. 2

C. 3　　　　　　　　　　　　　D. 3

62. 循环经济"3R"原则中的"再循环"是指（　　）。

A. 通过输入端控制方式，用较少资源投入来达到既定的生产目的

B. 通过过程端控制方式，将废物直接作为产品或经修复、翻新、再制造后继续作为产品使用

C. 通过过程端控制方式，将废物的全部或部分作为其他产品的部件予以使用

D. 通过输出端控制方式，将生产出来的物品在完成其使用功能后通过回收利用重新变成可用资源

63. 在绿色施工技术措施中，鼓励就地取材，施工现场 500km 以内生产的建筑材料用量占建筑材料总重量的（　　）以上。

A. 60%
B. 70%
C. 80%
D. 85%

64. 按照文明施工管理工作要求，下列做法正确的是（　　）。

A. 根据施工总平面布局，应合理规划作业区等，降低交叉施工干扰
B. 施工临时设施与永久性设施应严格进行区分利用
C. 建筑垃圾可作为废料进行土方填埋施工
D. 施工现场设开放式垃圾站，施工垃圾、生活垃圾集中存放

65. 加强建筑垃圾的回收再利用，力争使建筑垃圾的再利用和回收率达到（　　）。

A. 25%
B. 30%
C. 40%
D. 45%

66. 企业境外投资实行备案管理的项目中，投资主体是中央管理企业的，备案机关是（　　）。

A. 国务院
B. 投资主体注册地的省级政府发展改革部门
C. 住房和城乡建设部
D. 国家发展和改革委员会

67. 当前，国际市场风险加剧，不少发展中国家基础设施缺乏财政资源，投资规模及发展空间受限，这表明国际工程承包具有（　　）。

A. 政治风险
B. 经济风险
C. 市场风险
D. 社会风险

68. 在 AIA C191 将整个项目实施过程的阶段中，参与各方在项目前期就介入项目，根据业主要求制定项目标准，并达成共识，对项目成本、可施工性、采购及施工进度等进行初步评估是在（　　）。

A. 概念阶段
B. 标准设计阶段
C. 详细设计阶段
D. 执行文件阶段

69. BIM 除对工程对象进行 3D 几何信息和拓扑关系的描述外，还包括完整的工程信息描述，这体现了建筑信息模型具有（　　）的基本特征。

A. 模型操作的可视化
B. 模型信息的完备性
C. 模型信息的关联性
D. 模型信息的一致性

70. 智慧工地建设应覆盖工地现场的人、机、料、法、环五个方面，利用 5G、AI、XR、BIM、边缘计算等先进技术，实现集（　　）"五位一体"的工地管理智能化。

A. 策划、分析、服务、应急、监管

B. 感知、分析、控制、应急、监管

C. 感知、分析、服务、预防、监管

D. 感知、分析、服务、应急、监管

二、多项选择题（共30题，每题2分。每题的备选项中，有2个或2个以上符合题意，至少有1个错项。错选，本题不得分；少选，所选的每个选项得0.5分）

71. 下列工程开工时间的认定中，正确的有（   ）。

A. 以施工方的临时工程开始施工时间作为开工时间

B. 不需开槽的工程以正式开始打桩的时间作为开工时间

C. 分期建设的工程以第一期工程的开工时间作为开工时间

D. 土石方工程以平整场地开始时间作为开工时间

E. 以设计文件规定的永久性工程第一次正式破土开槽时间作为开工时间

72. 根据《建设工程质量管理条例》规定，必须实行监理的工程包括（   ）。

A. 国家重点建设工程

B. 大中型公用事业工程

C. 成片开发建设的住宅小区工程

D. 利用外国政府贷款、援助资金的工程

E. 总投资为2800万元的通信建设工程

73. 施工项目经理应履行的职责包括（   ）。

A. 组织进行缺陷责任期工程保修工作

B. 参与建设单位、分包单位、供应单位之间的结算工作

C. 组织制定项目管理岗位职责，明确项目团队成员职责分工

D. 组织项目团队成员进行经济活动分析

E. 组织项目团队成员进行施工合同交底和项目管理目标责任分解

74. 施工组织总设计应对工程项目总体施工作出的宏观部署包括（   ）。

A. 确定工程项目分阶段（期）施工的合理顺序和空间组织

B. 确定工程项目分阶段（期）交付使用计划

C. 确定工程项目施工总目标

D. 确定各单位工程施工期限

E. 确定各单位工程的开竣工时间和相互搭接关系

75. 《质量管理体系 要求》GB/T 19001—2016 中的三大过程是（   ）。

A. 支持过程   B. 控制过程

C. 顾客导向过程   D. 分析过程

E. 管理过程

76. 社会责任核心主题社区参与和发展的议题包括（   ）。

A. 就业创造和技能开发   B. 社区参与

C. 财富和收入创造   D. 技术开发和获取

E. 就业和劳动关系

77. 关于项目群管理一致性要求的说法，正确的有（   ）。
   A. 具有战略依据和关系
   B. 组织内项目群及其组件的持续能力可通过平衡和优化社会、经济和环境特性达到一致
   C. 在组织层级上，系统、程序与过程要达到一致
   D. 项目群中所有项目群组件的要求一致
   E. 项目群管理宜与管理组织和项目组合保持一致性

78. 建设单位可以通过公开招标方式选择承包单位，公开招标方式的优点包括（   ）。
   A. 可以减少合同履行过程中的承包商违约风险
   B. 可以减少评标工作量，降低费用
   C. 可以缩短招标准备工作时间，提高效率
   D. 可以在较大程度上避免招标过程中的贿标行为
   E. 可以获得有竞争性的报价

79. 关于不可抗力后果承担的说法，正确的有（   ）。
   A. 承包人在施工现场的人员伤亡损失由承包人承担
   B. 永久工程损失由发包人承担
   C. 承包人在停工期间按照发包人要求照管工程的费用由发包人承担
   D. 承包人施工机械损坏由发包人承担
   E. 发包人在施工现场的人员伤亡损失由承包人承担

80. 根据《建设工程施工劳务分包合同（示范文本）》GF—2003—0214，在劳务分包人施工前，工程承包人应完成的工作有（   ）。
   A. 向劳务分包人提供相应的工程资料
   B. 向劳务分包人支付劳动报酬
   C. 为劳务分包人从事危险作业的职工办理意外伤害保险
   D. 向劳务分包人提供生产、生活临时设施
   E. 交付具备劳务作业开工条件的施工场地

81. 根据《建设工程项目管理规范》GB/T 50326—2017，关于项目风险管理计划的说法，正确的有（   ）。
   A. 应在项目管理策划时确定
   B. 组织的风险管理制度是重要内容
   C. 经批准后在实施过程中不得修改
   D. 招标文件与工程合同是重要的编制依据
   E. 内容包括必要的资源和费用预算

82. 下列工程担保中，以保护业主合法权益为目的的有（   ）。
   A. 投标担保   B. 履约担保
   C. 工程保修担保   D. 支付担保

E. 预付款担保

83. 在编制流水施工进度计划时，划分施工段应遵循的原则有（　　）。

A. 各施工段的劳动量应大致相等

B. 施工段的界限应尽可能与结构界限相吻合

C. 施工段数目要少于施工过程数

D. 各施工段要有足够的工作面

E. 多层建筑物应既分施工段，又分施工层

84. 某工程双代号网络计划如图 5 所示，存在的绘图错误有（　　）。

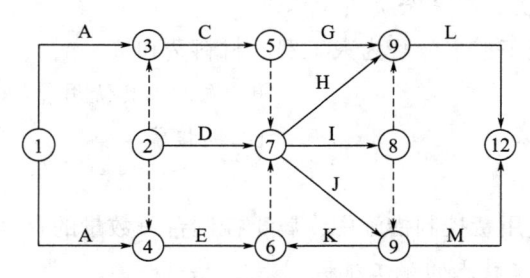

图 5 某工程双代号网络计划

A. 有多个起点节点　　　　　　　B. 有多个终点节点

C. 节点编号有误　　　　　　　　D. 存在循环回路

E. 有多余虚工作

85. 下列施工进度控制工作中，属于监测系统过程的有（　　）。

A. 分析产生进度偏差的原因

B. 收集反映工程实际进度的有关数据

C. 调整施工进度计划

D. 分析进度偏差对后续工作及总工期的影响

E. 实际进度与计划进度比较分析

86. 建设工程质量受到多种因素的影响，下列因素中对工程质量产生影响的有（　　）。

A. 人的身体素质　　　　　　　　B. 材料的选用是否合理

C. 施工机构设备的价格　　　　　D. 施工工艺的先进性

E. 工程社会环境

87. 物理检验法是一种在施工质量检验中被广泛应用的重要方法，包括（　　）等。

A. 应力检测　　　　　　　　　　B. 电性能检测

C. 机械性能检测　　　　　　　　D. 度量检测

E. 无损检测

88. 设置质量控制点的工序、部位或对象有（　　）。

A. 施工过程中的所有工序或环节

B. 施工中的薄弱环节或质量不稳定的工序、部位或对象

C. 对后续工程施工或对后续工序质量或安全有重大影响的工序、部位或对象

D. 施工无足够把握、施工条件困难或技术难度大的工序或环节

E. 采用新技术、新工艺、新材料的部位或环节

89. 下列措施中，属于施工质量事故预防措施的有（　　）。

A. 坚持按工程建设程序办事

B. 做好必要的技术复核和技术核定工作

C. 及时做好质量事故的处理工作

D. 加强施工安全与环境管理

E. 加强质量培训教育，提高全员质量意识

90. 按成本组成，施工成本分解为人工费、材料费和（　　）。

A. 措施费　　　　　　　　　　B. 施工机具使用费

C. 企业管理费　　　　　　　　D. 间接费

E. 暂估价

91. 下列施工机械使用费控制措施中，属于控制台班数量的有（　　）。

A. 选择适合项目施工特点的施工机械

B. 保证施工机械设备的作业时间，安排好生产工序的衔接

C. 提高机械设备单位时间的生产效率和利用率

D. 加强设备租赁计划管理，减少不必要的设备闲置和浪费

E. 加强机械设备配件管理，建立健全配件领发料制度

92. 关于分部分项工程成本分析的说法，正确的有（　　）。

A. 以年度成本报表为依据，分析累计成本降低水平

B. 分析采用的预算成本来自施工预算，目标成本来自投标报价

C. 进行"三算"对比，计算实际偏差和目标偏差，分析偏差产生原因

D. 分析采用的实际成本来自施工任务单的实际工程量和实耗量

E. 通过主要分部分项工程成本的系统分析，可基本了解项目成本形成全过程

93. 在施工安全管理常见的缺陷中，属于安全操作规程及安全技术交底常见缺陷的有（　　）。

A. 未制定安全操作规程　　　　B. 未进行书面安全技术交底

C. 未制定安全生产管理目标　　D. 未按分部分项进行交底

E. 交底未履行签字手续

94. 关于施工生产安全事故报告的说法，正确的有（　　）。

A. 施工单位负责人在接到事故报告后，2h 内向上级报告事故情况

B. 一般事故应上报至省、自治区、直辖市人民政府应急管理部门和负有安全生产监督管理职责的有关部门

C. 重大事故应逐级上报至省、自治区、直辖市人民政府应急管理部门和负有安全生产监督管理职责的有关部门

D. 对于需逐级上报的事故，每级应急管理部门和负有安全生产监督管理职责的有关部

门上报的时间不得超过 2h

E. 特别重大事故应逐级上报至国务院应急管理部门和负有安全生产监督管理职责的有关部门

95. 下列施工安全事故应急救援的工作中，属于应急救援任务的有（   ）。
A. 施工单位根据可能发生的生产安全事故配备必要的救援物资和器材
B. 施工单位建立应急值班制度，配备应急值班人员
C. 迅速控制事态，对事故造成的危害进行检测和监测，测定事故危害程度
D. 及时调查事故发生原因和事故性质，评估出事故危害范围和危害程度
E. 组织营救受害人员，组织撤离或者采取措施保护危害区域内的其他人员

96. 绿色策划方案应包括（   ）等内容。
A. 绿色设计策划   B. 绿色施工策划
C. 绿色咨询策划   D. 绿色交付策划
E. 绿色工地策划

97. 文明施工作贯彻的"8S"管理理念有（   ）等。
A. 计划   B. 清洁
C. 节约   D. 学习
E. 素养

98. 根据现行绿色施工评价标准，环境保护评价指标优选项的内容包括（   ）。
A. 现场采用低噪声设备施工
B. 制定建筑垃圾减量化计划
C. 现场采用自动喷雾（淋）降尘系统
D. 现场采用雨水就地渗透措施
E. 采用自动监测平台动态计量固体废弃物重量

99. 在国际工程投标中，可考虑偏低报价的工程有（   ）。
A. 支付条件不理想的工程
B. 分期分批建设的工程，通过本工程实施有利于获得后续工程
C. 投标对手多，竞争激烈的工程
D. 施工条件好、工作简单、工程量大、业内企业基本都能做的工程
E. 本公司目前急于打入某一市场、某一地区的工程

100. 智慧工地建设原则包括（   ）。
A. 优化管理效率   B. 资源整合与节约
C. 全过程覆盖   D. 满足社会监管需求
E. 数字化管理

考前冲刺试卷（一）参考答案及解析

一、单项选择题

1. C；	2. C；	3. D；	4. B；	5. C；
6. B；	7. B；	8. A；	9. D；	10. B；
11. D；	12. A；	13. C；	14. C；	15. B；
16. C；	17. A；	18. C；	19. C；	20. A；
21. B；	22. C；	23. A；	24. B；	25. C；
26. A；	27. A；	28. D；	29. A；	30. A；
31. B；	32. D；	33. A；	34. B；	35. A；
36. D；	37. B；	38. C；	39. D；	40. D；
41. B；	42. C；	43. D；	44. B；	45. D；
46. C；	47. A；	48. A；	49. D；	50. A；
51. D；	52. A；	53. D；	54. A；	55. B；
56. D；	57. C；	58. B；	59. C；	60. C；
61. B；	62. D；	63. B；	64. A；	65. B；
66. D；	67. C；	68. A；	69. B；	70. D。

【解析】

1. C。本题考核的是建设工程项目管理的核心内容。工程项目投资管理制度、实施程序及相关制度是保障工程项目顺利实施的基本前提，工程项目管理组织及目标控制是建设工程项目管理的核心内容。

2. C。本题考核的是工程项目投资管理制度。投资项目最低资本金比例见表2。

表2　投资项目最低资本金比例

序号	投资项目		最低资本金比例
1	城市和交通基础设施项目	城市轨道交通项目	20%
		港口、沿海及内河航运项目	
		铁路、公路项目	
		机场项目	25%
2	房地产开发项目	保障性住房和普通商品住房项目	20%
		其他项目	25%

续表

序号	投资项目		最低资本金比例
3	产能过剩行业项目	钢铁、电解铝项目	40%
		水泥项目	35%
		煤炭、电石、铁合金、烧碱、焦炭、黄磷、多晶硅项目	30%
4	其他工业项目	玉米深加工项目	20%
		化肥（钾肥除外）项目	25%
		电力等其他项目	20%

3. D。本题考核的是CM模式。非代理型合同则采用保证最大工程费用（GMP）加酬金的合同形式。这是因为CM合同总价是在CM合同签订之后，随着CM单位与各分包单位签约而逐步形成的。只有采用保证最大工程费用，建设单位才能控制工程总费用。

4. B。本题考核的是工程质量监督程序。组织安排工程质量监督准备工作是工程质量监督程序的内容之一。其工作包括：（1）成立工程质量监督组，确定质量监督负责人；（2）编制工程质量监督计划，并转发各参建单位；（3）召开首次监督会议，明确相关职责；（4）检查各方主体行为，确认具备开工条件。

5. C。本题考核的是直线式组织结构的优点。直线式组织结构的主要优点是结构简单、权力集中、易于统一指挥、隶属关系明确、职责分明、决策迅速。

6. B。本题考核的是项目管理规划大纲编制程序。项目管理规划大纲应按下列程序编制：（1）明确项目需求和项目管理范围；（2）确定项目管理目标；（3）分析项目实施条件，进行项目工作结构分解；（4）确定项目管理组织模式、组织结构和职责分工；（5）规定项目管理措施；（6）编制项目资源计划；（7）报送审批。

7. B。本题考核的是施工组织设计的编制和审批。重点、难点分部（分项）工程施工方案和针对危险性较大的分部分项工程专项施工方案应由施工单位技术部门组织相关专家评审，施工单位技术负责人批准。

8. A。本题考核的是职业健康安全管理体系标准要素。理解组织及其所处环境是指组织应确定与其宗旨相关并影响其实现职业健康安全管理体系预期结果的能力的内部和外部议题。

9. D。本题考核的是卓越绩效评价要素。企业要根据战略规划和发展方向确定资金需求，制定严格科学的财务管理制度，进行财务预算管理和财务风险评估，从而保证资金供给，确保财务安全性，实现财务资源最优配置，提高资金使用效率。企业要识别和开发信息资源，配备获取、传递、分析和发布数据和信息的设施，建立集成化的软硬件信息管理系统，并确保其可靠性、安全性和易用性。企业应对拥有的技术进行评估，并与同行先进水平进行比较分析。为提高企业的技术创新能力，要积极开发、引进、消化、吸收适用的先进技术和标准，积极形成和使用组织的专利。要根据企业自身和相关方的需求和期望，确定、配备所必需的基础设施,在设施的配备过程中注意可能引起的环境和职业健康安全问题。

10. B。本题考核的是风险管理原则。动态性:随着组织内外部环境的变化,组织面临的风险可能会出现、变化或消失。风险管理以适当、及时的方式预测、发现、确认和应对这些变化和事情。

11. D。本题考核的是国际项目管理标准。PP&P 资源能力是根据组织最高管理层设定的资源可利用性和最高利用率来设置目标和期望。该能力在其他管理职能(财务、法律、采购和技术)的支持下由 PP&P 管理者执行,为确定资源需求、采购和 PP&P 资源的可持续发展提供指导。

12. A。本题考核的是固定总价合同的适用情形。固定总价合同一般适用于下列情形:(1)招标时已有施工图设计文件,施工任务和发包范围明确,合同履行中不会出现较大设计变更。(2)工程规模较小、技术不太复杂的中小型工程或承包工作内容较为简单的工程部位,施工单位可在投标报价时合理地预见施工过程中可能遇到的各种风险。(3)工程量小、工期较短(一般为 1 年之内),合同双方可不必考虑市场价格浮动对承包价格的影响。

13. C。本题考核的是施工投标文件内容。施工投标文件中的商务标书主要包括工程报价、优惠条件、对合同条款的确认等内容。

14. C。本题考核的是《标准设计施工总承包招标文件》的特点。与《标准施工招标文件》相比,《标准设计施工总承包招标文件》在投标人须知中提出了设计工作方面的要求。施工招标与总承包招标的评标办法都包括综合评估法和经评审的最低投标价法,招标程序基本相同。资格审查方式取决于公开招标或邀请招标。

15. B。本题考核的是施工合同文件的优先解释顺序。组成施工合同的各项文件应互相解释,互为说明。除专用合同条款另有约定外,解释合同文件的优先顺序如下:①合同协议书;②中标通知书;③投标函及投标函附录;④专用合同条款;⑤通用合同条款;⑥技术标准和要求;⑦图纸;⑧已标价工程量清单;⑨其他合同文件。

16. C。本题考核的是合同进度计划的含义。经监理人批准的施工进度计划称为合同进度计划,是控制合同工程进度的依据。

17. A。本题考核的是实际竣工日期。发包人在收到承包人竣工验收申请报告 56d 后未进行验收的,视为验收合格,实际竣工日期以提交竣工验收申请报告的日期为准,但发包人由于不可抗力不能进行验收的除外。

18. C。本题考核的是合同文件的优先解释的顺序。组成设计施工总承包合同的各项文件应互相解释,互为说明。除专用合同条款另有约定外,解释合同文件的优先顺序如下:①合同协议书;②中标通知书;③投标函及投标函附录;④专用合同条款;⑤通用合同条款;⑥发包人要求;⑦承包人建议书;⑧价格清单;⑨其他合同文件。

19. C。本题考核的是竣工试验程序。通用条款规定的竣工试验程序按三阶段进行。第一阶段,承包人进行适当的检查和功能性试验,保证每一项工程设备都满足合同要求,并能安全地进入下一阶段试验。

20. A。本题考核的是风险应对策略。风险转移可分为保险转移和非保险转移两种方式。保险转移是指通过向保险公司投保，将施工过程中可能出现的因自然灾害和意外事故造成的损失转移给保险公司。施工承包风险的非保险转移主要有三种方式：（1）工程分包。（2）签订合同时明确计价方式，如对于存在价格上涨风险的材料设备，可以通过签订总价合同方式将风险转移给材料设备供应商。（3）第三方担保，如承包商履约担保、业主工程款支付担保等。

21. B。本题考核的是投标保证金。招标人最迟应在书面合同签订后5日内向中标人和未中标的投标人退还投标保证金及银行同期存款利息。

22. C。本题考核的是工程施工进度影响因素。建设单位原因：如建设单位使用要求改变而进行设计变更；应提供的施工场地条件不能及时提供或所提供的场地不能满足正常施工需要；建设资金不到位，不能及时向施工单位支付工程款等。选项A属于社会环境因素，选项B属于自然条件因素，选项D属于施工单位组织管理因素。

23. A。本题考核的是工程进度计划系统。工程项目一览表是明确单项工程或单位工程建设内容和投资额，以便按统一口径确定工程项目投资额，并以此为依据对其进行管理。

24. B。本题考核的是流水施工的特点。流水施工组织方式具有以下特点：
（1）尽可能利用工作面进行施工，工期较短。
（2）各工作队实现专业化施工，有利于提高施工技术水平和劳动效率，也有利于提高工程质量。
（3）专业工作队能够连续施工，同时使相邻专业工作队之间能够最大限度地进行搭接作业。
（4）单位时间内投入的劳动力、施工机具等资源较为均衡，有利于资源供应的组织。
（5）为施工现场的文明施工和科学管理创造了有利条件。
选项A属于平行施工的特点，选项C、D属于依次施工的特点。

25. C。本题考核的是流水施工工期的时间。本题的计算过程如下：
第一步：采用"累加数列错位相减取大差法"确定流水步距。
施工过程A与B：

$$\begin{array}{r} 4,\ 8,\ 12 \\ -\quad 1,\ 2,\ 3 \\ \hline 4,\ 7,\ 10,\ -3 \end{array}$$

$K_{A,B} = \max(4, 7, 10, -3) = 10$。

施工过程B与C：

$$\begin{array}{r} 1,\ 2,\ 3 \\ -\quad 2,\ 4,\ 6 \\ \hline 1,\ 0,\ -1,\ -6 \end{array}$$

$K_{B,C} = \max(1, 0, -1, -6) = 1$。

第二步：计算流水施工工期=步距之和+最后一个专业工作队在各施工段上持续时间之和+间歇时间−搭接时间 = 10+1+2+2+2 = 17d。

26. A。本题考核的是工程网络计划编制程序。工程网络计划编制程序之一是网络图绘制，该阶段主要包括工程项目分解、确定逻辑关系和绘制网络图等工作。选项B属于计划编制准备阶段工作，选项C属于时间参数计算阶段工作，选项D属于网络计划优化阶段工作。

27. A。本题考核的是费用优化又称工期成本优化，是指寻求工程总成本最低时的工期安排，或按要求工期寻求最低成本的计划安排的过程。

28. D。本题考核的是自由时差。对于同一项工作而言，自由时差不会超过总时差。当工作的总时差为零时，其自由时差必然为零。

29. A。本题考核的是双代号网络计划时间参数的计算。本题关键线路是A→C→F，总工期是14d，工作B结束后就可以进行工作D，所以工作D的最早开始时间是第2天结束，也就是第3天开始。最迟开始时间等于工作的最迟完成时间减工作的持续时间；最迟完成时间等于其紧后工作最迟开始时间的最小值。工作D的紧后工作包括工作F、G，则其最迟完成时间=min｛(14-4)，(14-6)｝=8，所以工作D的最迟开始时间=8-3=5。

30. A。本题考核的是双代号时标网络计划。工作B的总时差等于其紧后工作的总时差加本工作与该紧后工作之间的时间间隔所得之和的最小值，即工作B的总时差=0+1+0=1周。

由于工作B先施工，判断总工期是否延长，施工机械是否闲置，可用总工期减去通过工作B的线路最长总持续时间再减去工作B的总时差。即，14-(4+3+6)-1=0周，说明总工期不会延长，且施工机械在现场不会闲置。

31. B。本题考核的是关键节点的特点。开始节点和完成节点均为关键节点的工作，不一定是关键工作。以关键节点为完成节点的工作，其总时差和自由时差必然相等。当两个关键节点间有多项工作，且工作间的非关键节点无其他内向箭线和外向箭线时，则两个关键节点间各项工作的总时差均相等。关键节点必然处在关键线路上，但由关键节点组成的线路不一定是关键线路。

32. D。本题考核的是横道图比较法的应用。选项A错误，第2个月连续施工，进度拖后。计划进度：20%-8%=12%；实际进度：25%-15%=10%。选项B错误，第3个月中断施工，进度拖后。计划进度：35%-20%=15%；实际进度：30%-25%=5%。选项C错误，第5个月中断施工，进度拖后。计划进度：70%-55%=15%；实际进度：65%-60%=5%。选项D正确，前2个月连续施工，进度超前。计划进度20%，实际进度25%。

33. C。本题考核的是建设工程投资决策阶段的质量控制工作。建设工程投资决策阶段主要是确定建设工程应达到的质量目标及水平。

34. B。本题考核的是全面质量管理。全面质量管理是一个组织以质量为中心，以全员参与为基础，目的在于通过让顾客满意和组织所有成员及社会受益而达到长期成功的管理途径。

35. D。本题考核的是抽样检验缘由。从理想角度考虑，为了获得100%的合格品，只有采用全数检验才有可能达到目的。但是，由于下列原因，工程实践中必须采用抽样检验方式：(1)破坏性检验，无法采取全数检验方式。(2)全数检验有时会耗时长，在经济上也未必合算。(3)采取全数检验方式，未必能绝对保证100%的合格品。

36. D。本题考核的是控制图的观察分析。分析用控制图中的点子同时满足以下两个条件时,可以认为生产过程基本上处于稳定状态:(1)连续25点中没有一点在界限外或连续35点中最多一点在界限外或连续100点中最多2点在界限外;(2)控制界限内的点子随机排列且没有缺陷。选项A、B、C属于生产过程有异常的情形。

37. B。本题考核的是施工组织设计报审。施工单位在完成施工组织设计的编制及内部审批工作后,报请项目监理机构审查,由总监理工程师审核签认。项目监理机构审查批准的施工组织设计应报送建设单位。施工单位应按审查批准的施工组织设计文件组织施工。

38. C。本题考核的是工程变更控制。如果工程变更涉及结构主体及安全,该工程变更还要按有关规定报送施工图原审查机构进行审查,否则变更不能实施。

39. D。本题考核的是检验批质量验收。检验批质量应按主控项目和一般项目验收,并应符合下列规定:

(1)主控项目和一般项目的确定应符合国家现行强制性工程建设标准和现行相关标准的规定。

(2)主控项目的质量经抽样检验应全部合格。

(3)一般项目的质量应符合国家现行相关标准的规定。

(4)应具有完整的施工操作依据和质量验收记录。

40. D。本题考核的是工程质量保修。当工程在保修期内出现涉及结构安全或影响使用功能的严重质量缺陷时,应由原设计单位或相应资质等级的设计单位提出保修设计方案,施工单位实施保修。保修完成后,工程应符合原设计要求。

41. B。本题考核的是工程质量事故等级划分。工程质量事故分为4个等级:(1)特别重大事故,是指造成30人以上死亡,或者100人以上重伤,或者1亿元以上直接经济损失的事故;(2)重大事故,是指造成10人以上30人以下死亡,或者50人以上100人以下重伤,或者5000万元以上1亿元以下直接经济损失的事故;(3)较大事故,是指造成3人以上10人以下死亡,或者10人以上50人以下重伤,或者1000万元以上5000万元以下直接经济损失的事故;(4)一般事故,是指造成3人以下死亡,或者10人以下重伤,或者100万元以上1000万元以下直接经济损失的事故。该等级划分所称的"以上"包括本数,所称的"以下"不包括本数。本题中,造成2人死亡属于一般事故,3800万元直接经济损失属于较大事故,取大则为较大事故。

42. C。本题考核的是事故调查。重大事故、较大事故、一般事故分别由事故发生地省级人民政府、设区的市级人民政府、县级人民政府负责调查。省级人民政府、设区的市级人民政府、县级人民政府可以直接组织事故调查组进行调查,也可以授权或委托有关部门组织事故调查组进行调查。

43. D。本题考核的是工程成本分类。固定成本是指在一定的期间和一定的工程量范围内不受工程量增减变动影响的成本,如办公设施的折旧费、管理人员工资等。变动成本是随着工程量的增减变化而成正比例变化的各项成本,如材料费、计件工资等。

44. B。本题考核的是施工责任成本。施工责任成本是以履行施工合同为前提,依据施工项目预算成本,经过施工单位和项目管理机构协商确定的由项目管理机构控制的成本总额。预算成本是在既定的市场环境下,根据企业管理水平和管理特点,按企业费用支出标准、资源市场价格信息和工程实际情况，测算的项目各项费用总和。

45. D。本题考核的是施工成本计划的类型。指导性成本计划是以合同价为依据，按照企业定额标准制定的施工成本计划，用以确定施工责任成本。

46. C。本题考核的是管理行为控制过程。管理行为控制过程包括：建立项目成本管理体系的评审组织和评审程序；建立项目成本管理体系运行的评审组织和评审程序；目标考核，定期检查；制定对策，纠正偏差。

47. A。本题考核的是挣值法。t_1时点，已完工程实际费用>已完工程预算费用>拟完工程预算费用。费用偏差=已完工程预算费用－已完工程实际费用<0，表示项目运行超出预算费用；进度偏差=已完工程预算费用－拟完工程预算费用>0，表示实际进度快于计划进度。

48. A。本题考核的是施工成本纠偏措施。组织措施，如实行项目经理责任制，落实成本管理的组织机构和人员，明确各级成本管理人员的任务和职能分工、权利和责任。成本管理不仅是专业成本管理人员的工作，各级项目管理人员都负有成本控制责任。组织措施的另一方面是编制成本管理工作计划、确定合理详细的工作流程。要做好施工采购计划，通过生产要素的优化配置、合理使用、动态管理，有效控制实际成本。组织措施是其他各类措施的前提和保障。

49. D。本题考核的是成本分析的依据。选项A错误，会计和统计核算是对已经发生的经济活动进行核算，而业务核算不但可以核算已经完成的项目是否达到原定的目的、取得预期的效果，而且可以对尚未发生或正在发生的经济活动进行核算。选项B错误，会计核算主要是价值核算，业务核算的范围比会计、统计核算要广。选项C错误，统计核算的计量尺度比会计宽，可以用货币计算，也可以用实物或劳动量计量。

50. A。本题考核的是施工成本管理绩效考核。平衡积分卡适用于需要定量化考核且考核周期长的企业。

51. D。本题考核的是危险源分类。第一类危险源是指施工现场或施工生产过程中存在的，可能发生意外释放能量（机械能、电能、势能、化学能、热能等）的根源，包括施工现场或施工生产过程中各种能量或危险物质。

52. A。本题考核的是危险源辨识与风险评价方法。LEC评价法侧重于风险评价，该方法用与风险有关的三种因素指标值的乘积来评价操作人员伤亡风险的大小。

53. D。本题考核的是安全生产管理制度。全员安全生产责任制是企业所有安全生产管理制度的核心，是企业最基本的安全管理制度，其他安全生产管理制度的建立、执行、修订完善，离不开各岗位相关责任的支持。

54. A。本题考核的是企业安全生产费用使用。企业安全生产费用可以用于安全生产责任保险支出，选项B错误。企业从业人员发现报告事故隐患的奖励支出，应从企业安全生产费用中列支，选项C错误。企业安全生产费用年度结余资金可以结转下年度使用，选项D错误。

55. B。本题考核的是劳动保护用品使用管理制度。选项B错误，劳动保护用品必须以实物形式发放，不得以货币或其他物品替代。

56. D。本题考核的是安全生产检查制度。安全生产检查是发现和消除事故隐患、落实安全措施、预防事故发生的重要手段。

57. C。本题考核的是专项施工方案编制。对达到一定规模的危险性较大的分部分项工程编制专项施工方案，并附具安全验算结果，经施工单位技术负责人、总监理工程师签字后实施，由专职安全生产管理人员进行现场监督。

58. D。本题考核的是防高处坠落的安全技术措施。选项A错误，坠落高度基准面2m及以上进行临边作业时，应在临空一侧设置防护栏杆，并应采用密目式安全立网或工具式栏板封闭。选项B错误，当垂直洞口短边边长大于或等于500mm时，应在临空一侧设置高度不小于1.2m的防护栏杆，并应采用密目式安全立网或工具式栏板封闭，设置挡脚板。选项C错误，当非竖向洞口短边边长大于或等于1500mm时，应在洞口作业侧设置高度不小于1.2m的防护栏杆，洞口应采用安全平网封闭。

59. B。本题考核的是安全防护设施、用品技术要求。进出建筑物主体通道口应搭设防护棚。棚宽大于道口，两端各长出1m，进深尺寸应符合高处作业安全防护范围。坠落半径（R）分别为：当坠落物高度为2~5m时，R为3m；当坠落物高度为5~15m时，R为4m；当坠落物高度为15~30m时，R为5m；当坠落物高度大于30m时，R为6m。

60. B。本题考核的是安全风险等级。安全风险等级从高到低划分为重大风险、较大风险、一般风险和低风险，分别用红、橙、黄、蓝四种颜色标示。

61. B。本题考核的是应急预案的演练。企业应制定本单位的应急预案演练计划，建筑施工单位应至少每半年组织一次生产安全事故应急预案演练，并将演练情况报送所在地县级以上地方人民政府负有安全生产监督管理职责的部门。

62. D。本题考核的是循环经济"3R"原则。"再循环"是指通过输出端控制方式，将生产出来的物品在完成其使用功能后通过回收利用重新变成可用资源，减少垃圾的产生。

63. B。本题考核的是绿色施工措施。鼓励就地取材，施工现场500km以内生产的建筑材料用量占建筑材料总重量的70%以上，宜优先选用获得绿色建材评价认证标识的建筑材料和产品。

64. A。本题考核的是文明施工管理工作要求。选项B错误，在满足设计要求前提下，应充分考虑施工临时设施与永久性设施的结合利用，实现永临结合。选项C错误，建筑垃圾不能作为土方回填施工。选项D错误，施工现场应设置密闭式垃圾站，施工垃圾、生活垃圾应分类存放。

65. B。本题考核的是绿色施工措施。加强建筑垃圾的回收再利用，力争使建筑垃圾的再利用和回收率达到30%，建筑物拆除产生的废弃物再利用和回收率大于40%。

66. D。本题考核的是企业境外投资管理。企业境外投资实行备案管理的项目中，投资主体是中央管理企业的，备案机关是国家发展和改革委员会；投资主体是地方企业，且中方投资额3亿美元及以上的，备案机关是国家发展和改革委员会；投资主体是地方企业，且中方投资额3亿美元以下的，备案机关是投资主体注册地的省级政府发展和改革部门。

67. C。本题考核的是国际工程承包风险。全球和项目所在国的市场环境对国际工程承包企业的经营活动有直接影响。当前，国际市场风险加剧，不少发展中国家基础设施缺乏财政资源，投资规模及发展空间受限；大批基建投资计划搁浅，项目数量减少；国际供应链原材料和航运、物流成本大幅上涨；生产、生活物资和人工价格飙升，项目建设成本增大；国际工程承包企业同质化和低价竞争加剧，中国企业海外市场空间收窄、盈利下降。中国国际工程承包企业应充分考虑市场疲软、成本攀升、低价竞标等对企业的不利影响。

68. A。本题考核的是 IPD 合同模式。概念阶段：参与各方在项目前期就介入项目，根据业主要求制定项目标准，并达成共识，对项目成本、可施工性、采购及施工进度等进行初步评估。

69. B。本题考核的是 BIM 技术的基本特征。BIM 除对工程对象进行 3D 几何信息和拓扑关系的描述外，还包括完整的工程信息描述，如对象名称、结构类型、建筑材料等设计信息；施工工序、进度、成本、质量以及人、机、材资源等施工信息；工程安全性能、材料耐久性能等维护信息；对象之间的工程逻辑关系等。

70. D。本题考核的是智慧工地建设原则。实现全方位覆盖：智慧工地建设应覆盖工地现场的人、机、料、法、环五个方面，利用 5G、AI、XR、BIM、边缘计算等先进技术，实现集感知、分析、服务、应急、监管"五位一体"的工地管理智能化，探索新型的工地运行态势呈现、智能分析决策、应急联动指挥的管理模式。

二、多项选择题

71. B、E；	72. A、B、C、D；	73. A、C、D、E；
74. A、B、C；	75. A、C、E；	76. A、B、C、D；
77. A、B、C、E；	78. D、E；	79. A、C、E；
80. A、D、E；	81. A、D、E；	82. A、C、E；
83. A、B、D、E；	84. A、C、D；	85. B、E；
86. A、B、C；	87. C、D、E；	88. A、C、E；
89. A、B、D、E；	90. B、C；	91. A、B、C、D；
92. C、D、E；	93. B、C、D、E；	94. D、E；
95. C、D、E；	96. A、B、D；	97. B、C、E；
98. C、D、E；	99. B、C、D、E；	100. A、B、C、D。

【解析】

71. B、E。本题考核的是工程建设实施程序。工程开工时间是指该工程设计文件中规定的任何一项永久性工程第一次正式破土开槽开始施工的时间。不需开槽的工程，正式开始打桩的时间就是开工时间。铁路、公路、水库等需要进行大量土石方工程的，以正式开始进行土方、石方工程的时间作为正式开工时间。工程地质勘察、平整场地、既有建筑物拆除、临时建筑、施工用临时道路和水、电等工程开始施工不能算作正式开工。分期建设的工程分别以各期工程开工时间作为开工时间，如二期工程应根据工程设计文件规定的永久性工程开工时间作为开工时间。

72. A、B、C、D。本题考核的是强制实施监理的工程范围。根据《建设工程质量管理条例》规定，对于国家重点建设工程、大中型公用事业工程、成片开发建设的住宅小区工程、利用外国政府或者国际组织贷款、援助资金的工程、国家规定必须实行监理的其他工程，必须实行监理，选项 A、B、C、D 描述的工程为必须实行监理的工程。

又根据《建设工程监理范围和规模标准规定》，项目总投资额在 3000 万元以上关系社会公共利益、公众安全的下列基础设施项目必须实行监理：

（1）煤炭、石油、化工、天然气、电力、新能源等项目。

（2）铁路、公路、管道、水运、民航以及其他交通运输业等项目。

（3）邮政、电信枢纽、通信、信息网络等项目。

（4）防洪、灌溉、排涝、发电、引（供）水、滩涂治理、水资源保护、水土保持等水利建设项目。

（5）道路、桥梁、地铁和轻轨交通、污水排放及处理、垃圾处理、地下管道、公共停车场等城市基础设施项目。

（6）生态环境保护项目。

（7）其他基础设施项目。

选项 E 的项目总投资额没有达到规定数值，选项 E 不属于必须实行监理的工程。

73. A、C、D、E。本题考核的是施工项目经理职责。施工项目经理应履行但不限于下列职责：

（1）依据企业规定组建项目经理部，组织制定项目管理岗位职责，明确项目团队成员职责分工。

（2）执行企业各项规章制度，组织制定和执行施工现场项目管理制度。

（3）组织项目团队成员进行施工合同交底和项目管理目标责任分解。

（4）在授权范围内组织编制和落实施工组织设计、项目管理实施规划、施工进度计划、绿色施工及环境保护措施、质量安全技术措施、施工方案和专项施工方案。

（5）在授权范围内进行项目管理指标分解，优化项目资源配置，协调施工现场人力资源安排，并对工程材料、构配件、施工机具设备等资源的质量和安全使用进行全程监控。

（6）组织项目团队成员进行经济活动分析，进行施工成本目标分解和成本计划编制制定和实施施工成本控制措施。

（7）建立健全协调工作机制，主持工地例会，协调解决工程施工问题。

（8）依据施工合同配合企业或受企业委托选择分包单位，组织审核分包工程款支付申请。

（9）组织与建设单位、分包单位、供应单位之间的结算工作，在授权范围内签署结算文件。

（10）建立和完善工程档案文件管理制度，规范工程资料管理及存档程序，及时组织汇总工程结算和竣工资料，参与工程竣工验收。

（11）组织进行缺陷责任期工程保修工作，组织项目管理工作总结。

74. A、B、C。本题考核的是施工组织总设计。施工组织总设计应对工程项目总体施工作出下列宏观部署：

（1）确定工程项目施工总目标，包括：施工进度、质量、成本、安全、绿色施工及环境管理目标。

(2) 根据工程项目施工总目标要求,确定工程项目分阶段(期)交付使用计划。

(3) 确定工程项目分阶段(期)施工的合理顺序和空间组织。

75. A、C、E。本题考核的是质量管理体系关键要素。《质量管理体系 要求》GB/T 19001—2016 中的三大过程分别是顾客导向过程、支持过程和管理过程。

76. A、B、C、D。本题考核的是社会责任核心主题和议题。社会责任核心主题和议题见表3。

表3 社会责任核心主题和议题

核心主题	议题
组织治理	决策程序和结构
人权	(1)公民和政治权利;(2)经济、社会和文化权利;(3)工作中的基本原则和权利
劳工实践	(1)就业和劳动关系;(2)工作条件和社会保护;(3)民主管理和集体协商;(4)职业健康安全;(5)工作场所中人的发展与培训
环境	(1)污染预防;(2)资源可持续利用;(3)减缓并适应气候变化;(4)环境保护、生物多样性和自然栖息地恢复
公平运行实践	(1)反腐败;(2)公平竞争;(3)在价值链中促进社会责任;(4)尊重产权
消费者问题	(1)公平营销、真实公正的信息和公平的合同实践;(2)保护消费者健康与安全;(3)可持续消费;(4)消费者服务、支持和投诉及争议处理;(5)消费者信息保护与隐私;(6)基本服务获取;(7)教育和意识
社区参与和发展	(1)社区参与;(2)教育和文化;(3)就业创造和技能开发;(4)技术开发和获取;(5)财富和收入创造;(6)健康;(7)社会投资

77. A、B、C、E。本题考核的是项目群管理。项目群管理的一致性宜考虑组织的治理,这种一致性宜具有战略依据和关系。在组织层级上,系统、程序与过程要达到一致。项目群管理宜与管理组织和项目组合保持一致性。组织内项目群及其组件的持续能力可通过平衡和优化社会、经济和环境特性达到一致。

78. D、E。本题考核的是公开招标的优点。采用公开招标方式的优点是,招标人可在较广范围内选择承包商,投标竞争激烈,有利于招标人将工程项目交予可靠的承包商实施,并获得有竞争性的报价。同时,也可在较大程度上避免招标过程中的贿标行为。但其缺点是,准备招标、对投标申请者进行资格预审和评标的工作量大,招标时间长、费用高。

79. A、B、C。本题考核的是不可抗力后果的分担原则。除专用合同条款另有约定外,不可抗力导致的人员伤亡、财产损失、费用增加和(或)工期延误等后果,由合同双方按以下原则承担:(1) 永久工程,包括已运至施工场地的材料和工程设备的损害,以及因工程损害造成的第三者人员伤亡和财产损失由发包人承担;(2) 承包人设备的损坏由承包人承担;(3) 发包人和承包人各自承担其人员伤亡和其他财产损失及其相关费用;(4) 承包人的停工损失由承包人承担,但停工期间应监理人要求照管工程和清理、修复工程的金额由发包人承担;(5) 不能按期竣工的,应合理延长工期,承包人不需支付逾期竣工违约金;发包人要求赶工的,承包人应采取赶工措施,赶工费用由发包人承担。

80. A、D、E。本题考核的是施工劳务分包合同中工程承包人的主要义务。工程承包人完成劳务分包人施工前期的工作并承担相应费用。前期工作一般包括向劳务分包人交付具备合同项下劳务作业开工条件的施工场地；完成水、电、热、电信等施工管线和施工道路，并满足完成合同劳务作业所需的能源供应、通信及施工道路畅通的时间和质量要求；向劳务分包人提供相应的工程地质和地下管网线路资料；办理包括各种证件、批件、规费的工作手续（但涉及劳务分包人自身的手续除外）；向劳务分包人提供相应的水准点与坐标控制点位置；向劳务分包人提供生产、生活临时设施。合同当事人还应在合同中约定上述工作交付的时间及相应的校验要求、保护责任等事宜。

81. A、D、E。本题考核的是施工风险管理。项目管理机构应在项目管理策划时确定项目风险管理计划，选项A正确。风险管理计划的内容包括：（1）风险管理目标；（2）风险管理范围；（3）可使用的风险管理方法、措施、工具和数据；（4）风险跟踪要求；（5）风险管理的责任和权限；（6）必须的资源和费用预算。组织的风险管理制度属于编制依据，选项B错误、选项E正确。风险管理计划应根据风险变化进行调整，并经过授权人批准实施，选项C错误。风险管理计划的依据包括：（1）项目范围说明；（2）招标文件与工程合同，选项D正确；（3）项目工作分解结构；（4）项目管理策划的结果；（5）组织的风险管理制度；（6）其他相关信息和历史资料。

82. A、B、C、E。本题考核的是工程担保的内容。选项A、B、C、E以保护业主合法权益为目的。支付担保是以保护承包人合法权益为目的的担保。

83. A、B、D、E。本题考核的是划分施工段的原则。为合理划分施工段，应遵循下列原则：（1）各施工段的劳动量应大致相等，相差幅度不宜超过15%，以保证施工在连续、均衡的条件下进行。（2）每个施工段要有足够的工作面，以保证相应数量的工人、主导施工机械的生产效率。（3）施工段的界限应尽可能与结构界限（如沉降缝、伸缩缝等）相吻合，或设在对建筑结构整体性影响小的部位，以保证建筑结构的整体性。（4）施工段数目要满足合理组织流水施工的要求。施工段数目过多，会降低施工速度，延长工期；施工段过少，不利于充分利用工作面，可能造成窝工。（5）对于多层建筑物、构筑物或需要分层施工的工程，应既分施工段，又分施工层，各专业工作队依次完成第一施工层中各施工段任务后，再转入第二施工层的施工段上作业，依此类推，以确保相应专业队在施工段与施工层之间，组织连续、均衡、有节奏的流水施工。

84. A、C、D。本题考核的是双代号网络图的绘图规则。网络图应只有一个起点节点和一个终点节点（任务中部分工作需要分期完成的网络计划除外），图中存在两个起点节点①和②。网络图中的节点都必须有编号，其编号严禁重复，并应使每一条箭线上箭尾节点编号小于箭头节点编号，图中存在两个编号为⑨的节点。网络图中严禁出现从一个节点出发，顺箭头方向又回到原出发点的循环回路，图中⑥→⑦→⑨→⑥构成循环回路。工作代号重复，存在两个工作A。

85. B、E。本题考核的是施工进度监测系统过程。施工进度监测系统过程包括：（1）收集整理实际进度数据；（2）实际进度与计划进度比较分析。

86. A、B、D。本题考核的是工程质量影响因素。影响工程质量的因素有很多，可归纳为人、材料、机械、方法及环境五大方面，即：4M1E。环境因素主要指自然环境、技术环境和管理环境。

87. B、C、D、E。本题考核的是施工质量检验方法。物理检验法是指利用物理原理借助各种检测工具和仪器设备对施工质量进行检验的方法。物理检验法是一种在施工质量检验中被广泛应用的重要方法，包括度量检测、电性能检测、机械性能检测和无损检测等。

88. B、C、D、E。本题考核的是施工过程质量控制。质量控制点的设置应遵循以下原则：

（1）施工过程中的关键工序或环节及隐蔽工程，例如预应力结构的张拉工序、钢筋混凝土结构中的钢筋架立等。

（2）施工中的薄弱环节或质量不稳定的工序、部位或对象，例如地下防水层施工等。

（3）对后续工程施工或对后续工序质量或安全有重大影响的工序、部位或对象，例如预应力结构中的预应力钢筋质量、模板的支撑与固定等。

（4）采用新技术、新工艺、新材料的部位或环节。

（5）施工无足够把握、施工条件困难或技术难度大的工序或环节，例如复杂曲线模板的放样等。

89. A、B、D、E。本题考核的是施工质量事故预防措施。施工质量事故预防措施：（1）坚持按工程建设程序办事。（2）做好必要的技术复核和技术核定工作。（3）严格把好建筑材料及制品的质量关。（4）加强质量培训教育，提高全员质量意识。（5）加强施工过程组织管理。（6）做好应对不利施工条件和各种灾害的预案。（7）加强施工安全与环境管理。

90. B、C。本题考核的是建设工程项目施工成本。按成本构成分解，施工成本可分为人工费、材料费、施工机具使用费和企业管理费等。在此基础上，可编制按成本构成分解的成本计划。

91. A、B、C、D。本题考核的是施工机具使用费的控制。有效控制施工机具使用费，应主要从台班数量和台班单价两方面进行控制。控制台班数量包括：（1）根据施工方案和现场实际情况，选择适合项目施工特点的施工机械，制定设备需求计划，合理安排施工生产，充分利用现有机械设备，加强内部调配，提高机械设备的利用率。（2）保证施工机械设备的作业时间，安排好生产工序的衔接，尽量避免停工、窝工尽量减少施工中所消耗的机械台班数量。（3）核定设备台班定额产量，实行超产奖励办法，加快施工生产进度，提高机械设备单位时间的生产效率和利用率。（4）加强设备租赁计划管理，减少不必要的设备闲置和浪费，充分利用社会闲置机械资源。

92. C、D、E。本题考核的是分部分项工程成本分析。选项A错误，年度成本分析的依据是年度成本报表，月（季）度成本分析通过累计实际成本与累计预算成本的对比，分析累计的成本降低水平。选项B错误，分部分项工程成本分析的资料来源为：预算成本来自投标报价成本，目标成本来自施工预算，实际成本来自施工任务单的实际工程量、实耗人工和限额领料单的实耗材料。

93. A、B、D、E。本题考核的是施工安全管理常见缺陷。安全操作规程及安全技术交底常见缺陷：(1) 未制定安全操作规程；(2) 未进行书面安全技术交底；(3) 未按分部分项进行交底；(4) 交底内容不全面或针对性不强；(5) 交底未履行签字手续。

94. B、D、E。本题考核的是施工安全事故报告。选项 A 错误，施工单位负责人接到报告后，应当于 1h 内向事故发生地县级以上人民政府应急管理部门和负有安全生产监督管理职责的有关部门报告。选项 C 错误，特别重大事故、重大事故应逐级上报至国务院应急管理部门和负有安全生产监督管理职责的有关部门。

95. C、D、E。本题考核的是应急救援的基本任务。应急救援的基本任务如下：(1) 立即组织营救受害人员，组织撤离或者采取其他措施保护危害区域内的其他人员。(2) 迅速控制事态，并对事故造成的危害进行检测、监测，测定事故的危害区域、危害性质及危害程度，及时控制住造成事故的危险源是应急救援工作的重要任务，只有及时控制住危险源，防止事故的继续扩展，才能及时有效进行救援。(3) 消除危害后果，做好现场恢复。(4) 查清事故原因，评估危害程度。

96. A、B、D。本题考核的是绿色策划。绿色策划方案应明确绿色建造总体目标和资源节约、环境保护、减少碳排放、品质提升、职业健康安全等分项目标，应包括绿色设计策划、绿色施工策划、绿色交付策划等内容。

97. B、C、D、E。本题考核的是文明施工管理理念。"8S"管理理念。文明施工作为施工现场管理的重要工作，应贯彻"8S"管理理念。首先，要对施工现场的各种要素进行整理（Seri）、整顿（Seiton）、清扫（Seiso）、清洁（Seiketsu），并考虑人的素养（Shitsuke）。上述五大要素在日语中罗马发音均以"S"打头，故称为"5S"。在此基础上，增加安全（Safety）要素，即称为"6S"。之后，又增加了节约（Save）和学习（Study）两大要素，即成为当今施工现场的"8S"管理理念。

98. C、D、E。本题考核的是环境保护评价指标优选项的内容。对于施工现场环境保护而言，优选项包括以下内容：
(1) 施工现场宜设置可移动环保厕所，并定期清运、消毒。
(2) 现场宜采用自动喷雾（淋）降尘系统。
(3) 施工场界宜设置扬尘自动监测仪，动态连续定量监测扬尘（总悬浮颗粒物 TSP，PM_{10}）。
(4) 施工场界宜设置动态连续噪声监测设施，保存昼夜噪声曲线。
(5) 建筑垃圾排放量不宜大于 210t/万 m^2。
(6) 宜采用地磅或自动监测平台，动态计量建筑废弃物重量。
(7) 现场宜采用雨水就地渗透措施。
(8) 宜采用生态环保泥浆、泥浆净化器反循环快速清孔等环境保护技术。
(9) 宜采用装配式方法施工。

99. B、C、D、E。本题考核的是国际工程投标策略。投标报价对能否中标和预期收益有重要影响，对不同项目投标报价水平的选择可参考表 4。

表4 对不同项目投标报价水平的选择

可考虑偏低报价	可考虑偏高报价
(1)施工条件好、工作简单、工程量大、业内企业基本都能做的。 (2)投标对手多,竞争激烈的。 (3)本公司目前急于打入某一市场、某一地区。	(1)施工条件差、环境恶劣的工程。 (2)专业要求高的技术密集型工程,本公司有专长,商誉高。 (3)投标竞争对手少的工程。
(4)分期分批建设的工程,通过本工程实施有利于获得后续工程。 (5)支付条件好的工程。 (6)虽已在某地区经营多年,但即将面临没有工程的情况,设备、劳务等无工地转移时	(4)地质条件复杂,把握不准,可能遇到特殊情况的工程,如水下地下开挖工程。 (5)支付条件不理想、要求垫付资金、无预付款的工程。 (6)业主对工期要求过紧,需要大量赶工的。 (7)总价低的小工程,投标人兴趣不大但被邀请投标的

100. A、B、C、D。本题考核的是智慧工地建设原则。智慧工地建设原则：(1) 满足社会监管需求；(2) 优化管理效率；(3) 资源整合与节约；(4) 实现全方位覆盖；(5) 全过程覆盖；(6) 人文关怀。

《建设工程项目管理》
考前冲刺试卷（二）及解析

《建设工程项目管理》考前冲刺试卷（二）

一、单项选择题（共70题，每题1分。每题的备选项中，只有1个最符合题意）

1. 对于实行项目资本金制度的投资项目，用来确定资本金的项目总投资是指该投资项目的（　　）之和。
   A. 固定资产投资与全部流动资金
   B. 固定资产投资与铺底流动资金
   C. 建设投资与建设期贷款利息
   D. 工程费用与预备费

2. 对于采用投资补助、贷款贴息方式的政府投资项目，政府投资主管部门应审批的文件是（　　）。
   A. 可行性研究报告
   B. 资金申请报告
   C. 开工报告
   D. 项目建议书

3. 下列监理机构人员的职责中，总监理工程师可以书面授权委托给总监理工程师代表的是（　　）。
   A. 签发工程开工令
   B. 组织编写监理月报
   C. 审批监理实施细则
   D. 组织编写工程质量评估报告

4. 对业主而言，项目进度目标指的是（　　）。
   A. 交付使用的时间目标
   B. 竣工时间目标
   C. 移交时间目标
   D. 竣工结算时间目标

5. 作为项目管理的重要工具，强调每一项工作需要由谁负责，并表明每个人在整个项目中的角色地位的是（　　）。
   A. 组织结构
   B. 任务分工
   C. 责任矩阵
   D. 施工组织设计

6. 项目管理实施规划的编制程序中，在分析项目具体特点和环境条件之前应进行的工作是（　　）。
   A. 实施编制活动

1

B. 熟悉相关法规和政策文件
C. 履行报批手续
D. 了解相关方要求

7. 下列工程项目目标控制措施中，属于组织措施的是（　　）。
   A. 做好施工合同交底工作
   B. 建立工程项目目标控制工作考评机制
   C. 合理处置工程变更和施工索赔
   D. 改进施工方法和施工工艺

8. 根据《质量管理体系 基础和术语》GB/T 19000—2016，质量管理的首要关注点是（　　）。
   A. 满足顾客要求　　　　　　　　　　B. 全员积极参与
   C. 领导作用　　　　　　　　　　　　D. 持续改进

9. 根据《职业健康安全管理体系 要求及使用指南》GB/T 45001—2020 的总体结构，属于运行要求的内容是（　　）。
   A. 应急准备和响应　　　　　　　　　B. 持续改进
   C. 事件、不符合的纠正和预防　　　　D. 绩效测量和监视

10. 关于风险管理框架要素的说法，正确的是（　　）。
    A. 最高管理层和监督机构需确保将风险管理融入组织主要活动中
    B. 风险管理整合有赖于对组织结构及内部环境的理解
    C. 组织宜持续改进风险管理框架的适用性、充分性、有效性
    D. 组织实施风险管理框架时，应制定适当的实施计划，可以包括时间要素

11. 项目管理责任制度的核心内容是（　　）。
    A. 项目经理责任制　　　　　　　　　B. 项目承包责任制
    C. 项目绩效考核制度　　　　　　　　D. 项目奖惩制度

12. 下列建设工程项目中，宜采用成本加酬金合同的是（　　）。
    A. 采用的技术成熟，但工程量暂不确定的工程项目
    B. 时间特别紧迫的抢险、救灾工程项目
    C. 工程结构和技术简单的工程项目
    D. 工程设计详细、工程任务和范围明确的工程项目

13. 适用于招标文件中的工程范围不明确、条款不清楚或不公正，或技术规范要求过于苛刻的工程投标报价方法是（　　）。
    A. 不平衡报价法　　　　　　　　　　B. 保本报价法
    C. 突然降价法　　　　　　　　　　　D. 多方案报价法

14. 与《标准施工招标文件》相比，《标准设计施工总承包招标文件》中对投标人资料审查的内容增加了（　　）。
    A. 近年发生的诉讼及仲裁情况
    B. 法定代表人身份证明或附有法定代表人身份证明的授权委托书
    C. 完成的类似设计施工总承包项目和近年完成的类似工程设计项目
    D. 正在施工和新承接的项目情况表

15. 根据《标准施工招标文件》，承包人对其负责提供的材料，按合同约定和监理人指

示进行抽样检验，检验结果如合格，发生的检验费用由（   ）承担。

A. 发包人　　　　　　　　　　　B. 承包人
C. 监理人　　　　　　　　　　　D. 材料供应商

16. 根据《标准施工招标文件》，承包人有权向发包人同时提出工期、费用和利润索赔的情形是（   ）。

A. 发包人未按合同约定支付进度款
B. 基准日后因法律变化引起价格调整
C. 因恶劣的气候条件导致工期延误
D. 因发包人原因需进一步实施试运行

17. 根据《标准设计施工总承包招标文件》中的《合同条款及格式》，对于施工中遇到的不可预见物质条件风险，正确的处理方式是（   ）。

A. 由发包人承担风险
B. 在合同中明确风险承担方
C. 由承包人承担风险
D. 由合同双方共担风险

18. 根据《建设工程施工劳务分包合同（示范文本）》GF—2003—0214，关于与劳务分包人有关的保险办理的说法，正确的是（   ）。

A. 工程承包人应获得发包人为施工场地内的自有人员办理的保险，劳务分包人不需要支付这部分保费
B. 运至施工现场用于劳务施工的材料由劳务分包人办理并承担保险费用
C. 工程承包人提供给劳务分包人使用的施工机械的保险费用由劳务分包人承担
D. 工程承包人为劳务分包人租赁的施工机械的保险费用由劳务分包人承担

19. 根据《标准材料采购招标文件》中的通用合同条款，合同约定的材料运输至施工场地卸货交付后，该材料的照管责任及风险应由（   ）承担。

A. 卖方　　　　　　　　　　　　B. 买方
C. 卖方和买方　　　　　　　　　D. 材料生产厂家

20. 关于风险等级可接受性评定的说法，正确的是（   ）。

A. 风险等级为大的风险因素是不希望有的风险
B. 风险等级为中的风险因素是不可接受的风险
C. 风险等级为小的风险因素是不可接受的风险
D. 风险等级为很小的风险因素是可忽略的风险

21. 下列风险应对策略中，不属于风险转移对策的有（   ）。

A. 向保险公司投保　　　　　　　B. 建立应急储备资金
C. 承包商履约担保　　　　　　　D. 工程分包

22. 因特殊材料及新材料的不合理使用而返工导致工程施工进度滞后的，属于影响工程施工进度因素中的（   ）。

A. 组织管理因素　　　　　　　　B. 施工技术因素
C. 协作部门因素　　　　　　　　D. 监理单位因素

23. 建设工程施工进度计划系统中，用来确定各单位工程及全工地性工程的施工期限及开竣工日期，进而确定各类资源、设备、设施数量及能源、交通需求量的进度计划是（   ）。

3

A. 施工总进度计划 B. 单位工程施工进度计划
C. 施工准备工作计划 D. 分部分项工程进度计划

24. 下列流水施工参数中，用来表达流水施工在时间安排上所处状态的参数是（   ）。
A. 流水施工工期和流水节拍 B. 流水段数和流水步距
C. 流水强度和流水段数 D. 流水节拍和流水强度

25. 某工程分为三个施工段，每个施工段有三个施工过程，每个施工过程由一个专业工作队完成，各专业工作队在各施工段上的流水节拍均是 3d。该工程的流水施工工期是（   ）d。
A. 9 B. 15
C. 18 D. 27

26. 关于非节奏流水施工的说法，正确的是（   ）。
A. 专业工作队数和施工过程数不相等
B. 相同施工过程的流水节拍可能不同
C. 专业工作队连续作业，施工段之间没有空闲时间
D. 相邻施工过程的流水步距完全相同

27. 双代号网络计划如图 1 所示，工作间逻辑关系表述正确的是（   ）。

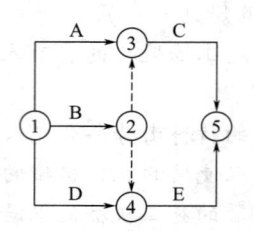

图 1 双代号网络计划

A. 工作 A、B、D 均完成后进行工作 C；工作 D 完成后即进行工作 C
B. 工作 A、B 均完成后进行工作 C；工作 B、D 均完成后进行工作 E
C. 工作 A 完成后即进行工作 E；工作 D 完成后即进行工作 C
D. 工作 A 完成后即进行工作 C；工作 B、D 均完成后进行工作 C

28. 某分部工程双代号网络图如图 2 所示，图中错误是（   ）。

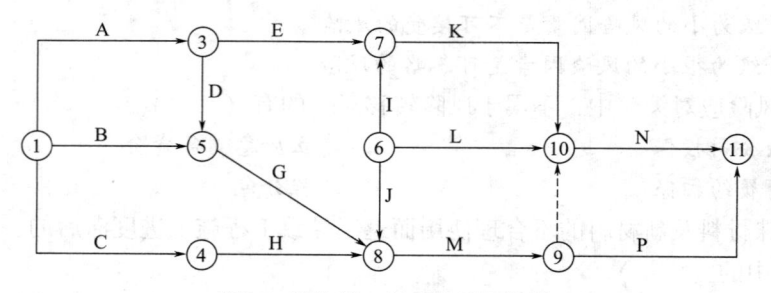

图 2 某分部工程双代号网络图

A. 存在循环回路 B. 节点编号有误
C. 存在多个起点节点 D. 存在多个终点节点

29. 工程网络计划资源优化的目的之一是为了寻求（　　）。
   A. 工程总费用最低时的资源利用方案
   B. 资源均衡利用条件下的最短工期安排
   C. 工期最短条件下的资源均衡利用方案
   D. 资源有限条件下的最短工期安排

30. 某工作有两个紧前工作，紧前工作的最早完成时间分别是第2天和第4天，该工作持续时间是5d，则其最早完成时间是第（　　）天。
   A. 6   B. 7
   C. 9   D. 11

31. 某工程网络计划如图3所示（时间单位：d），图中工作B和E之间、工作C和E之间的时间间隔分别是（　　）d。

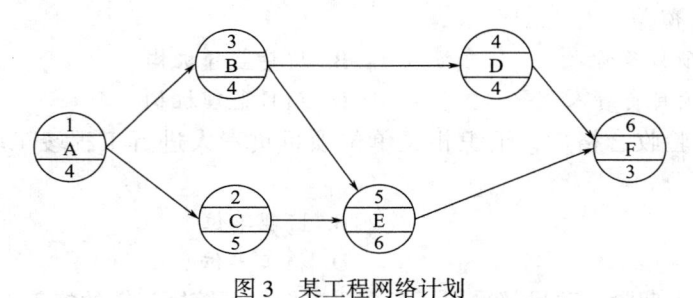

图3　某工程网络计划

   A. 1和0   B. 5和4
   C. 0和0   D. 4和4

32. 在工程网络计划中，已知某工作总时差和自由时差分别为7d和5d，如果该工作的实际完成时间延长了3d，则该工作对网络计划的影响是（　　）。
   A. 既不影响总工期，也不影响其后续工作的正常进行
   B. 使总工期延长3d，但不影响其后续工作的正常进行
   C. 不影响总工期，但使其后续工作的开始时间推迟3d
   D. 使后续工作的开始时间推迟3d，且总工期延长2d

33. 下列建设工程固有特性中，属于安全特性的是（　　）。
   A. 使用耐久性
   B. 平面、空间布置合理
   C. 采光、通风、隔声、隔热性能良好
   D. 满足强度、刚度、稳定性要求

34. 在项目实施的各个阶段，不同的层面、不同的范围和不同的质量责任主体之间，应用PDCA循环原理展开质量控制，这体现的是工程质量管理体系运行机制的（　　）。
   A. 反馈机制   B. 动力机制
   C. 持续改进机制   D. 约束机制

35. 将样本总体中的抽样单元按某种次序排列，在规定范围内随机抽取一组初始单元，然后按一套规则确定其他样本单元的抽样方法称为（　　）。
   A. 简单随机抽样   B. 系统随机抽样
   C. 分层随机抽样   D. 多阶段抽样

36. 工程质量统计分析中，用来系统整理分析某个质量问题与其产生原因之间关系的方法是（   ）。

   A. 直方图法   B. 相关图法
   C. 排列图法   D. 因果分析图法

37. 对涉及结构安全、节能、环境保护和主要使用功能的试块、试件及材料的见证检验应在（   ）的监督下现场取样、封样、送检。

   A. 建设单位或者项目监理机构
   B. 建设单位和施工单位
   C. 施工单位和项目监理机构
   D. 建设单位、项目监理机构、施工单位

38. 隐蔽工程施工完毕，施工单位自检合格后应报请（   ）现场检查确认符合质量要求后方可隐蔽、覆盖。

   A. 建设单位项目负责人   B. 质量监督机构
   C. 设计单位项目负责人   D. 项目监理机构

39. 在工程预验收合格后，组织相关单位项目负责人进行工程竣工验收的单位应为（   ）。

   A. 建设单位   B. 监理单位
   C. 设计单位   D. 施工单位

40. 某工程因工期紧，项目部采用了标准要求低但可缩短工期的施工工艺，造成了质量事故。按照事故责任分类，该事故属于（   ）。

   A. 操作责任事故   B. 技术原因事故
   C. 管理原因事故   D. 指导责任事故

41. 下列导致工程质量缺陷的原因中，属于设计差错的是（   ）。

   A. 边勘察、边设计、边施工
   B. 荷载取值过小，内力分析有误
   C. 勘察报告不准、不细
   D. 施工人员不具备上岗的技术资质

42. 施工质量事故处理过程中，确定质量事故的处理是否达到预期目的、是否仍留有隐患，属于（   ）环节的工作。

   A. 事故调查   B. 事故原因分析
   C. 事故处理技术方案确定   D. 事故处理的鉴定验收

43. 工程成本管理是指项目管理机构以（   ）为主线，对工程成本进行计划、控制、分析，并进行工程成本管理绩效考核的过程。

   A. 责任成本   B. 质量成本
   C. 绿色成本   D. 工期成本

44. 关于施工企业实施性成本计划的说法，正确的是（   ）。

   A. 在工程项目投标及签订合同阶段进行编制
   B. 是选派项目经理时的预算成本计划
   C. 以合同价为依据，是战略性成本计划的深化
   D. 以落实项目经理责任目标为出发点，根据企业施工定额编制

45. 下列时间—成本累计曲线中，符合施工计划成本变化规律的曲线是（　　）。

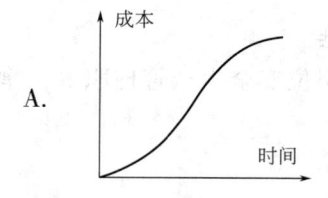

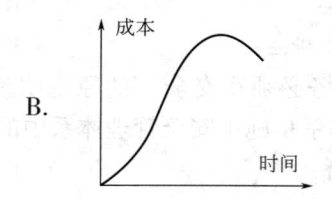

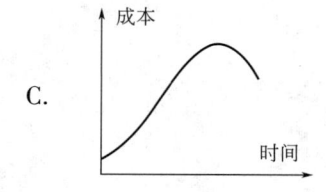

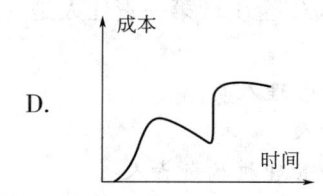

A.　　　　　　　　　　　B.

C.　　　　　　　　　　　D.

46. 施工成本的指标控制工作有：①采集成本数据，监测成本形成过程；②调整改进成本管理方法；③确定成本管理分层次目标；④制定对策，纠正偏差；⑤找出偏差，分析原因。正确的程序是（　　）。
A. ①—③—⑤—②—④　　　　B. ①—③—②—④—⑤
C. ③—①—⑤—④—②　　　　D. ③—①—②—⑤—④

47. 某清单项目计划工程量为300m³，预算单价为600元/m³，已完工程量为350m³，实际单价为650元/m³。采用挣值法分析该项目成本，正确的是（　　）。
A. 费用节约，进度延误　　　　B. 费用节约，进度提前
C. 费用超支，进度延误　　　　D. 费用超支，进度提前

48. 下列施工成本纠偏措施中，属于组织措施的是（　　）。
A. 明确各级成本管理人员的任务和责任
B. 编制合理的资金使用计划，节约资金成本
C. 选用满足功能要求且成本低的施工机械
D. 通过代用、使用外加剂等方法减少材料消耗量

49. 施工成本分析的主要工作有：①收集成本信息；②选择成本分析方法；③分析成本形成原因；④进行成本数据处理；⑤确定成本结果。正确的步骤是（　　）。
A. ①—②—④—⑤—③　　　　B. ②—③—①—⑤—④
C. ①—③—②—④—⑤　　　　D. ②—①—④—③—⑤

50. 通过设定关键绩效指标，可以衡量企业在成本管理方面的表现和达成特定目标程度的施工成本管理绩效考核方法是（　　）。
A. 目标管理法　　　　　　　　B. PDCA管理循环法
C. 360°反馈法　　　　　　　　D. 关键绩效指标

51. 下列危险源控制方法中，可用于控制第二类危险源的是（　　）。
A. 采取应急救援方法　　　　　B. 建立健全危险源管理规章制度
C. 隔离危险物质　　　　　　　D. 限制能量释放

52. 辨识危险源时，从一个可能的事故开始，自下而上，层层地寻找事件的直接原因事件和间接原因事件，直至基本原因事件，并用逻辑图表达事件之间的逻辑关系。这种分析

方法是（　　）。
A. 事故树分析法	B. LEC 评价法
C. 预先危险性分析法	D. 安全检查表法

53. 按照"管业务必须管安全"的原则明确各层级、各岗位安全生产管理职责，建立健全安全生产责任体系是施工安全管理体系中的（　　）。
A. 组织保证体系	B. 文化保证体系
C. 制度保证体系	D. 工作保证体系

54. 生产经营单位安全生产第一责任人是（　　）。
A. 项目经理
B. 项目安全生产管理人员
C. 企业主要负责人
D. 企业安全生产管理机构负责人

55. 赵某是一家建筑施工单位的主要负责人，聘请李某担任该单位的安全生产管理人员。关于安全培训时间要求的说法，正确的是（　　）。
A. 赵某的初次安全培训时间不得少于 24 学时
B. 赵某每年再培训时间不得少于 16 学时
C. 李某的初次安全培训时间不得少于 24 学时
D. 李某每年再培训时间不得少于 12 学时

56. 施工企业针对安全检查中发现的倾向性问题、安全生产状况较差的工程项目，应组织的安全检查形式是（　　）。
A. 专项检查	B. 不定期抽查
C. 定期检查	D. 日常巡查

57. 专项施工方案应由（　　）审查签字、加盖执业印章后方可实施。
A. 施工项目负责人	B. 总监理工程师
C. 建设单位项目负责人	D. 施工单位技术负责人

58. 为防止人身因电气设备绝缘损坏而遭受触电，将电气设备的金属外壳与电网的零线相连接称为（　　）。
A. 保护接地	B. 保护接零
C. 工作接地	D. 中性线接地

59. 当立网用于龙门架、物料提升架及井架的封闭防护时，四周边绳应与支撑架贴紧，边绳的断裂张力不得小于（　　）kN。
A. 3	B. 4
C. 5	D. 6

60. 某项目部针对重大活动防止生产安全事故而制定的事故应急预案是（　　）。
A. 专项应急预案	B. 综合应急预案
C. 现场应急预案	D. 现场处置预案

61. 某施工生产安全事故，造成 2 人死亡，11 人重伤，直接经济损失 5500 万元，则该事故属于（　　）。
A. 特别重大事故	B. 重大事故
C. 较大事故	D. 一般事故

62. 绿色设计建筑装修宜优先采用（　　），选用集成厨卫等工业化内装部品。
A. 装配式装修　　　　　　　　B. 一体化装修
C. 标准化装修　　　　　　　　D. 高标准装修

63. 关于建设单位绿色施工职责的说法，错误的是（　　）。
A. 在编制工程概算和招标文件时，应明确绿色施工的要求
B. 应向施工单位提供建设工程绿色施工的设计文件、产品要求等相关资料
C. 应建立建设工程绿色施工的协调机制
D. 应审查绿色施工组织设计

64. 做好文明施工工作的重点是（　　）。
A. 制定安全文明施工管理规划
B. 建立文明施工管理体系
C. 落实安全文明施工费
D. 对管理人员和施工人员的教育

65. 根据《建筑工程绿色施工评价标准》GB/T 50640—2010，建筑垃圾处置"一般项"应符合的规定中，建筑垃圾回收利用率应达到（　　）。
A. 40%　　　　　　　　　　　B. 35%
C. 30%　　　　　　　　　　　D. 25%

66. 根据《关于印发〈企业境外经营合规管理指引〉的通知》（发改外资〔2018〕1916号），企业合规管理应覆盖所有境外业务领域、部门和员工，贯穿决策、执行、监督、反馈等各个环节，体现于决策机制、内部控制、业务流程等各个方面，这是合规管理原则中的（　　）。
A. 全面性原则　　　　　　　　B. 独立性原则
C. 公平性原则　　　　　　　　D. 适用性原则

67. 中国国际工程承包商所面临工程所在国的技术水平要求不同、适用技术标准和规范不同、鼓励应用新技术的条件不同，对国际工程承包项目能否顺利实施并取得预期收益带来显著影响，这表明国际工程承包具有（　　）。
A. 合同风险　　　　　　　　　B. 资金风险
C. 市场风险　　　　　　　　　D. 技术风险

68. 根据《施工合同条件》，承包商应在收到工程师发出的开工日期的通知后（　　）d内向工程师提交一份初步进度计划，该进度计划应使用软件编制。
A. 7　　　　　　　　　　　　 B. 14
C. 28　　　　　　　　　　　　D. 30

69. 绿色施工方案的内容不包括（　　）。
A. 节材措施
B. 节地与施工用地保护措施
C. 环境保护措施
D. 节电措施

70. 主要包括各种基于数据的智能应用的智慧工地的核心是（　　）。
A. 感知层　　　　　　　　　　B. 网络层
C. 应用层　　　　　　　　　　D. 融合层

二、多项选择题（共30题，每题2分。每题的备选项中，有2个或2个以上符合题意，至少有1个错项。错选，本题不得分；少选，所选的每个选项得0.5分）

71. 工程项目交付使用前，建设单位在生产准备阶段需要进行的工作有（　　）。
    A. 落实原材料和燃料来源
    B. 准备必要的施工图纸
    C. 组织生产人员参加设备安装调试工作
    D. 完成施工水电气等接通工作
    E. 组织单位工程预验收

72. 对政府和社会资本合作（PPP）项目进行物有所值定性评价的基本指标有（　　）。
    A. 运营收入增长潜力
    B. 绩效导向与鼓励创新
    C. 项目建设规模
    D. 政府机构能力
    E. 风险识别与分配

73. 工程总承包项目经理应履行的职责包括（　　）。
    A. 对项目实施全过程进行策划、组织、协调和控制
    B. 执行工程总承包企业管理制度，维护企业合法权益
    C. 在授权范围内负责与项目利益相关者协调，解决项目实施中出现的问题
    D. 参与项目的管理收尾和合同收尾工作
    E. 完成项目管理目标责任书规定的任务

74. 工程施工过程中发生（　　）情形时，应及时对施工组织设计进行修改或补充。
    A. 主要施工方法有重大调整
    B. 有关法律、法规及标准实施、修订和废止
    C. 施工环境有重大改变
    D. 主要施工资源配置有重大调整
    E. 工程设计有变更

75. 《卓越绩效评价准则》GB/T 19580—2012 明确的卓越绩效管理的基本理念的层面为（　　）的基本理念。
    A. 说明组织驱动力
    B. 阐明组织经营行为
    C. 明确组织目标实现的方法
    D. 确定组织结构模式
    E. 提供组织运行方法和技术

76. 组织为证实其符合社会责任管理体系标准，可通过（　　）方式来实现其愿望。
    A. 寻求内部组织对其社会责任管理体系进行认证或注册
    B. 寻求组织的利益相关方（如顾客）对其符合性进行确认
    C. 寻求组织的外部机构对其自我声明进行确认
    D. 寻求外部组织对其社会责任管理体系进行认证或注册
    E. 开展自我评价和声明

77. 有效实施项目群管理应具备的先决条件包括（　　）。
    A. 项目群管理一致性要求
    B. 项目群实践与控制
    C. 项目群角色和责任划分
    D. 项目群管理合理性评估
    E. 项目群管理必要性评估

78. 根据《标准施工招标资格预审文件》，资格预审文件的内容包括（　　）。

A. 工程采用的技术标准和要求　　　　B. 项目建设概况
C. 资格审查办法　　　　　　　　　　D. 拟采用的合同条款
E. 招标人对资格预审文件的澄清、修改

79. 根据《标准施工招标文件》中的通用合同条款，属于发包人的义务有（　　）。
A. 组织竣工验收　　　　　　　　　　B. 提供施工场地
C. 编制施工安全管理措施计划　　　　D. 支付合同价款
E. 审查环境保护措施

80. 根据《建设工程施工专业分包合同（示范文本）》GF—2003—0213，属于承包人的工作有（　　）。
A. 编制分包工程详细的施工组织设计
B. 提供分包工程施工所需的施工场地
C. 向分包人进行设计图纸交底
D. 编制分包工程年、季、月工程进度计划
E. 与项目监理人进行直接工作联系

81. 进行项目风险识别时，可采用的方法有（　　）。
A. 财务报表法　　　　　　　　　　　B. 初始清单法
C. 决策树法　　　　　　　　　　　　D. 盈亏平衡分析法
E. 流程图法

82. 某设计单位投保了工程设计责任险，保险人不负责赔偿的损失、费用和责任包括（　　）。
A. 被保险人对委托人的精神损害赔偿
B. 未与被保险人签订劳动合同的人员签名出具的设计文件引起的任何索赔
C. 由于设计错误引起的停产、减产等间接经济损失
D. 第三者人身伤亡及其所有或管理的财产的损失
E. 因被保险人延误交付设计文件所致的任何损失

83. 关于流水施工表达方式的说法，正确的有（　　）。
A. 横道图不能准确表达工作的时差
B. 垂直图中斜向线段的斜率表示施工过程的进展速度
C. 流水施工不宜使用网络计划表达
D. 垂直图中的施工段表达不清楚
E. 横道图中的时间和空间状况形象直观

84. 在工程网络计划中，当计划工期等于计算工期时，关键工作的判定条件有（　　）。
A. 该工作的总时差为零
B. 该工作与其紧后工作之间的时间间隔为零
C. 该工作的最早开始时间与最迟开始时间相等
D. 该工作的自由时差最小
E. 该工作的持续时间最长

85. 调整施工进度计划时，为了缩短某些工作的持续时间，通常可采取的组织措施有（　　）。
A. 实行包工奖励制度　　　　　　　　B. 缩短工艺技术间歇时间

C. 增加工作面和增加施工队伍　　　D. 增加施工机械的数量
E. 改善外部配合条件

86. 全面质量管理的基本特点包括（　　）。
A. 参加管理人员的全面性　　　　　B. 管理范围的全面性
C. 管理实施的循环性　　　　　　　D. 管理方法的多样性
E. 管理内容的全面性

87. 采用排列图法分析工程质量影响因素时，可将影响因素分为（　　）。
A. 偶然因素　　　　　　　　　　　B. 主要因素
C. 系统因素　　　　　　　　　　　D. 次要因素
E. 一般因素

88. 技术交底书的内容主要包括（　　）。
A. 工程的施工特点和质量要求　　　B. 施工方法
C. 施工过程中需注意的问题　　　　D. 质量要求和验收标准
E. 可能出现意外情况的应急方案

89. 建设工程施工质量事故发生后，施工单位提交的质量事故报告应包括的内容有（　　）。
A. 事故的简要经过　　　　　　　　B. 事故原因的初步判断
C. 初步估计的直接经济损失　　　　D. 已经采取的措施
E. 事故等级的初步推定

90. 施工责任成本体现出"分级控制"与"责权利一体"的现代企业管理理念。责任成本具有的条件有（　　）。
A. 可持续性　　　　　　　　　　　B. 可考核性
C. 可预计性　　　　　　　　　　　D. 可计量性
E. 可控制性

91. 施工成本偏差分析的常用方法有（　　）。
A. 横道图法　　　　　　　　　　　B. 排列图法
C. 因素分析法　　　　　　　　　　D. 曲线法
E. 控制图法

92. 企业对项目管理机构可控责任成本的考核包括（　　）。
A. 在成本管理中贯彻责权利相结合原则的执行情况
B. 对各部门、各施工队和班组责任成本的检查和考核情况
C. 成本计划的编制和落实情况
D. 成本管理工作业绩
E. 建立以项目经理为核心的成本管理责任制的落实情况

93. 建筑施工企业取得安全生产许可证应当具备的安全生产条件有（　　）。
A. 主要负责人、项目负责人、专职安全生产管理人员经应急管理部门考核合格
B. 建立、健全安全生产责任制，制定完备的安全生产规章制度和操作规程
C. 保证本单位安全生产条件所需资金的投入
D. 参加工伤保险，为施工现场人员办理意外伤害保险
E. 设置安全生产管理机构，按照国家有关规定配备专职安全生产管理人员

94. 根据《建设工程安全生产管理条例》，下列分部分项工程中，需要编制专项施工方案并由施工单位组织专家进行论证审查的有（   ）。
   A. 深基坑工程   B. 土方开挖工程
   C. 地下暗挖工程   D. 基坑支护与降水工程
   E. 高大模板工程

95. 根据《生产安全事故报告和调查处理条例》，事故报告的内容包括（   ）。
   A. 事故责任初步认定   B. 事故发生单位概况
   C. 事故发生简要经过   D. 事故发生时间
   E. 事故处理建议

96. 关于节地与施工用地保护的说法，正确的有（   ）。
   A. 对于施工周期较长的现场，可按建筑临时绿化的要求，安排场地新建绿化
   B. 塔式起重机等垂直运输设施基座宜采用可重复利用的装配式基座或利用在建工程的结构
   C. 施工现场内形成环形通路，减少道路占用土地
   D. 生活区与生产区应分开布置，并设置标准的分隔设施
   E. 施工现场入口应设置绿色施工制度图牌

97. 根据《建筑工程绿色施工评价标准》GB/T 50640—2010，对于施工现场环境保护而言，"控制项"包括的内容有（   ）。
   A. 施工现场应在醒目位置设环境保护标识
   B. 土方回填不得采用有毒有害废弃物
   C. 绿色施工策划文件中应包含环境保护内容
   D. 弃土场应封闭，并进行临时性绿化
   E. 施工现场不应焚烧废弃物

98. 在ESG评价指标体系中，属于环境评价的指标有（   ）。
   A. 自然资源使用和管理政策   B. 环境成本核算
   C. 生物多样性   D. 绿色采购政策
   E. 管理培训

99. 据FIDIC《设计采购施工（EPC）/交钥匙工程合同条件》（银皮书），对符合要求的分包工作，承包商应在不少于28d前向业主通知的事项有（   ）。
   A. 分包商承担的工作范围
   B. 拟雇用的分包商，并附包括其相关经验的详细资料
   C. 分包商承担工作的拟定开工日期
   D. 分包商承担现场工作的拟定开工日期
   E. 分包商承担现场安全管理的任务

100. BIM技术应用实施模式中，施工总承包单位职责有（   ）。
   A. 接受BIM总协调方的监督
   B. 配置BIM团队
   C. 利用BIM技术辅助现场管理施工
   D. 编写项目施工BIM实施方案
   E. 组织分包施工BIM的实施工作

考前冲刺试卷（二）参考答案及解析

一、单项选择题

1. B;	2. B;	3. B;	4. A;	5. C;
6. D;	7. B;	8. A;	9. A;	10. C;
11. A;	12. B;	13. D;	14. C;	15. B;
16. A;	17. B;	18. A;	19. B;	20. B;
21. B;	22. B;	23. A;	24. A;	25. B;
26. B;	27. B;	28. C;	29. B;	30. C;
31. A;	32. A;	33. D;	34. C;	35. B;
36. D;	37. A;	38. D;	39. B;	40. D;
41. B;	42. D;	43. A;	44. D;	45. A;
46. C;	47. D;	48. D;	49. D;	50. D;
51. B;	52. A;	53. A;	54. C;	55. D;
56. A;	57. B;	58. B;	59. B;	60. A;
61. B;	62. A;	63. D;	64. D;	65. C;
66. A;	67. B;	68. C;	69. D;	70. C。

【解析】

1. B。本题考核的是项目资本金。所谓项目资本金，是指在项目总投资中由投资者认缴的出资额。这里的总投资，是指投资项目的固定资产投资与铺底流动资金之和。

2. B。本题考核的是政府投资项目的审批制。对于采用投资补助、转贷和贷款贴息方式的政府投资项目，政府投资主管部门只审批资金申请报告。

3. B。本题考核的是总监理工程师代表职责。总监理工程师不得将下列工作委托给总监理工程师代表：（1）组织编制监理规划，审批监理实施细则；（2）根据工程进展及监理工作情况调配监理人员；（3）组织审查施工组织设计、（专项）施工方案；（4）签发工程开工令、暂停令和复工令；（5）签发工程款支付证书，组织审核竣工结算；（6）调解建设单位与施工单位的合同争议，处理工程索赔；（7）审查施工单位的竣工申请，组织工程竣工预验收，组织编写工程质量评估报告，参与工程竣工验收；（8）参与或配合工程质量安全事故的调查和处理。

4. A。本题考核的是业主方项目管理的目标和任务。业主方项目管理是指站在业主角度，通过有效控制工程建设进度、质量和投资目标，最终实现工程项目的价值。其中，进度目标是指工程项目交付使用的时间目标；质量目标是指工程特性要满足相关标准规定及业主需求；投资目标是指工程建设总投资。

5. C。本题考核的是责任矩阵。责任矩阵作为项目管理的重要工具，强调每一项工作需要由谁负责，并表明每个人在整个项目中的角色地位。通过编制责任矩阵，可以清楚地表示每一个成员在项目实施过程中所承担的责任。

6. D。本题考核的是项目管理实施规划编制程序。项目管理实施规划应按下列程序编制：（1）了解相关方要求；（2）分析项目具体特点和环境条件；（3）熟悉相关法规和政策文件；（4）实施编制活动；（5）履行报批手续。

7. B。本题考核的是工程项目目标控制措施中的组织措施。组织措施包括建立健全组织机构和规章制度，配备相应管理人员并明确岗位职责分工；完善沟通机制和工作流程，促进各参建单位、各职能部门间协同工作；强化动态控制中的激励，调动和发挥员工实现项目目标的积极性和创造性；建立工程项目目标控制工作考评机制，通过绩效考核实现持续改进等。选项A、C属于合同措施，选项D属于技术措施。

8. A。本题考核的是质量管理基本原则。质量管理的首要关注点是满足顾客要求并且努力超越顾客期望。

9. A。本题考核的是《职业健康安全管理体系 要求及使用指南》GB/T 45001—2020的总体结构。根据《职业健康安全管理体系 要求及使用指南》GB/T 45001—2020的总体结构，属于运行要求的内容是运行策划和控制、应急准备和响应。

10. C。本题考核的是风险管理框架。最高管理层和监督机构需确保将风险管理融入组织所有活动中。风险管理整合有赖于对组织结构及内外部环境的理解。组织实施风险管理框架时，应制定适当的实施计划，包括时间和资源等要素。

11. A。本题考核的是项目管理责任制度的核心内容。项目经理责任制应是项目管理责任制度的核心内容。

12. B。本题考核的是成本加酬金合同的适用情况。成本加酬金合同大多适用于边设计、边施工的紧急工程或灾后修复工程。由于在签订合同时，建设单位还无法为承包单位提供据以报价的详细资料，因而在合同中只能约定酬金计取方式。

13. D。本题考核的是施工投标报价策略。多方案报价法适用于招标文件中的工程范围不明确、条款不清楚或不公正，或技术规范要求过于苛刻的工程。

14. C。本题考核的是资格审查。与《标准施工招标文件》相比，《标准设计施工总承包招标文件》中对投标人资料审查的内容增加了"完成的类似设计施工总承包项目和近年完成的类似工程设计项目等"内容。包括："近年完成的类似设计施工总承包项目情况表"，应附中标通知书和（或）合同协议书、工程接收证书（工程竣工验收证书）复印件；或"近年完成的类似工程设计项目情况表"，应附中标通知书和（或）合同协议书、发包人出具的证明文件。

15. B。本题考核的是材料和工程设备质量要求。对承包人提供的材料和工程设备，承包人应会同监理人进行检验和交货验收，查验材料合格证明和产品合格证书，并按合同约定和监理人指示，进行材料的抽样检验和工程设备的检验测试，检验和测试结果应提交监理人，所需费用由承包人承担。

16. A。本题考核的是《标准施工招标文件》通用合同条款中涉及应给承包人补偿的内容。选项B只能索赔费用，选项C只能索赔工期，选项D只能索赔费用。

17. B。本题考核的是不可预见物质条件。不可预见物质条件涉及的范围与标准施工合同相同，但通用条款中对风险责任承担的规定有两个供选择的条款：一是此风险由承包人承担；二是此风险由发包人承担。订立合同时需明确采用哪一个条款。

18. A。本题考核的是相关保险的办理。选项B错误，运至施工场地用于劳务施工的材料和待安装设备，由工程承包人办理或获得保险，且不需劳务分包人支付保险费用。选项

C、D错误，工程承包人必须为租赁或提供给劳务分包人使用的施工机械设备办理保险，并支付保险费用，并应在劳务分包合同中约定工程承包人自行投保的范围（内容）。

19. B。本题考核的是材料采购的交付。除专用合同条款另有约定外，卖方应根据合同约定的交付时间和批次在施工场地卸货后将合同材料交付给买方。合同材料的所有权和风险自交付时起由卖方转移至买方，合同材料交付给买方之前包括运输在内的所有风险均由卖方承担。

20. D。本题考核的是风险可接受性评定。风险等级为大、很大的风险因素表示风险重要性较高，是不可接受的风险，需要给予重点关注；风险等级为中等的风险因素是不希望有的风险；风险等级为小的风险因素是可接受的风险；风险等级为很小的风险因素是可忽略的风险。

21. B。本题考核的是风险应对策略。风险转移可分为保险转移和非保险转移两种方式。保险转移是指通过向保险公司投保，将施工过程中可能出现的因自然灾害和意外事故造成的损失转移给保险公司。施工承包风险的非保险转移主要有三种方式：工程分包、签订合同时明确计价方式、第三方担保。如承包商履约担保、业主工程款支付担保等。

22. B。本题考核的是工程施工进度影响因素。施工技术因素：施工方案、施工工艺或施工安全措施不当；特殊材料及新材料的不合理使用；施工设备不配套，选型失当或有故障；不成熟的技术应用等。

23. A。本题考核的是施工单位的进度计划系统。施工总进度计划是指根据施工部署中施工方案和施工项目开展程序，对承包范围内所有单位工程作出时间上的安排。其目的在于确定各单位工程及全工地性工程的施工期限及开竣工日期，进而确定施工现场劳动力、材料、成品、半成品、施工机械的需求数量和调配情况，以及现场临时设施的数量、水电供应量和能源、交通需求量。

24. A。本题考核的是流水施工参数。用来表达流水施工在时间安排上所处状态的参数主要包括流水节拍、流水步距和流水施工工期。流水强度属于工艺参数。流水段数属于空间参数。

25. B。本题考核的是流水施工工期的计算。本题根据公式：$T=(m+N-1)K+\sum Z-\sum C$ 计算，式中，m 为施工段数；K 为流水步距；N 为参加流水作业的专业工作队数；$\sum Z$ 为技术间歇时间之和；$\sum C$ 为提前插入时间之和。流水步距等于流水节拍的最大公约数，则该工程的流水施工工期 = (3+3-1)×3 = 15d。

26. B。本题考核的是非节奏流水施工的特点。非节奏流水施工具有以下特点：(1) 各施工过程在各施工段上的流水节拍不全相等；(2) 相邻施工过程的流水步距不尽相等；(3) 专业工作队数等于施工过程数；(4) 各专业工作队能够在施工段上连续作业，但有的施工段之间可能有空闲时间。

27. B。本题考核的是双代号网络计划的基本概念。工作A、B完成后进行工作C，工作B、D完成后进行工作E。

28. C。本题考核的是双代号网络计划的绘制。图中出现了①、⑥两个起点节点。

29. D。本题考核的是资源优化的目的。其是通过改变工作的开始时间和完成时间，使资源按照时间的分布，符合优化目标。在通常情况下，网络计划的资源优化分为两种，即"资源有限，工期最短"的优化和"工期固定，资源均衡"的优化。前者通过调整计划安排，在满足资源限制条件下，使工期延长最少的过程，而后者是通过调整计划安排，在工期保持不变的条件下，使资源需用量尽可能均衡的过程。

30. C。本题考核的是工作时间参数的计算。工作最早完成时间等于工作最早开始时间与持续时间之和。最早开始时间等于其紧前工作最早完成时间的最大值，则该工作最早完成时间 = max {2, 4} +5=9。

31. A。本题考核的是单代号网络计划时间参数的计算。相邻两项工作之间的时间间隔 $LAG_{i,j}$ 是指其紧后工作的最早开始时间与本工作最早完成时间的差值。

最早完成时间 EF_i 等于本工作的最早开始时间与其持续时间之和。

其他工作的最早时间 ES_i 等于其紧前工作最早完成时间的最大值。

本题的计算过程如下：
(1) $ES_A=0$，$EF_A=0+4=4$。
(2) $ES_B=4$，$EF_B=4+4=8$。
(3) $ES_C=4$，$EF_C=4+5=9$。
(4) $ES_D=8$，$EF_D=8+4=12$。
(5) ES_E = max {EF_B, EF_C} = max {8, 9} =9，EF_E=9+6=15。
由此可知，$LAG_{B,E}=ES_E-EF_B=9-8=1$；$LAG_{C,E}=ES_E-EF_C=9-9=0$。

32. A。本题考核的是进度偏差对后续工作及总工期的影响。当工作实际进度拖后的时间（偏差）未超过该工作的自由时差时，则该工作实际进度偏差既不影响该工作后续工作的正常进行，也不会影响总工期。

33. D。本题考核的是建设工程固有特性。安全特性体现在：满足强度、刚度、稳定性要求；防灾、抗灾能力强；安全防范、预警效果好。选项 A 属于可靠性，选项 B、C 属于实用性。

34. C。本题考核的是工程质量管理体系。在项目实施的各个阶段，不同的层面、不同的范围和不同的质量责任主体之间，应用 PDCA 循环原理展开质量控制，同时注重抓好质量控制点的设置，加强重点控制和例外控制，并不断寻求改进机会、研究改进措施，才能保证建设工程质量管理体系的不断完善和持续改进，不断提高质量控制能力和控制水平。

35. B。本题考核的是抽样检验方法。系统随机抽样是指将总体中的抽样单元按某种次序排列，在规定范围内随机抽取一个或一组初始单元，然后按一套规则确定其他样本单元的抽样方法。

36. D。本题考核的是工程质量统计分析方法。因果分析图又称为质量特性因果图、鱼刺图或树枝图，是一种反映质量特性与质量缺陷产生原因之间关系的图形工具，可用来分析、追溯质量缺陷产生的最根本原因。

37. A。本题考核的是施工准备质量控制。对涉及结构安全、节能、环境保护和主要使用功能的试块、试件及材料，应按规定进行见证检验。见证检验应在建设单位或者项目监理机构的监督下现场取样、封样、送检，检测试样应具有真实性和代表性。

38. D。本题考核的是隐蔽工程验收。经项目监理机构现场检查确认质量符合隐蔽要求，在《隐蔽工程报验申请表》上签字确认，准予施工单位隐蔽、覆盖，进入下一道工序施工。

39. A。本题考核的是施工质量验收组织。建设单位应在竣工预验收合格后组织监理、施工、设计、勘察单位等相关单位项目负责人进行工程竣工验收。

40. D。本题考核的是施工质量事故的分类。按事故责任分类，施工质量事故可分为指导责任事故和操作责任事故。指导责任事故：工程施工过程中，由于指导或领导失误而造成的质量事故，如工程负责人不按规范规程组织施工、盲目赶工、强令他人违章作业、降低工程质量标准等造成的质量事故。

41. B。本题考核的是施工质量事故发生的原因。导致工程质量缺陷的原因中，设计差错包括盲目套用图纸，采用不正确的结构方案，计算简图与实际受力情况不符，荷载取值过小，内力分析有误，沉降缝或变形缝设置不当，悬挑结构未进行抗倾覆验算，以及计算错误等。选项A属于违背基本建设程序，选项C属于地质勘察数据失真，选项D属于施工与管理不到位。

42. D。本题考核的是施工质量事故调查处理程序。质量事故的处理是否达到预期目的、是否仍留有隐患，应通过检查鉴定和验收作出确认。

43. A。本题考核的是工程成本管理流程。工程成本管理是指项目管理机构以责任成本为主线，对工程成本进行计划、控制、分析，并进行工程成本管理绩效考核的过程。

44. D。本题考核的是施工成本计划的类型。实施性成本计划是指在工程项目施工准备阶段，以项目实施方案为依据，以落实项目经理责任目标为出发点，根据企业施工定额编制的施工成本计划，选项D正确。选项A错误，竞争性成本计划是指在施工投标及签订合同阶段的估算成本计划。选项B错误，指导性成本计划是指在选派项目经理阶段的预算成本计划。选项C错误，指导性成本计划以合同价为依据。指导性成本计划和实施性成本计划，都是战略性成本计划的进一步开展和深化，是对战略性成本计划的战术安排。

45. A。本题考核的是施工成本计划的编制方法。施工成本计划的表示方式有两种：一种是在时标网络图上按月编制的成本计划；另一种是利用时间-成本曲线（S曲线）表示。从整个工程实际进展全过程看，单位时间投入的资源量通常是在开始和结束时较少，中间阶段较多。相应地，单位时间完成的任务量也呈同样变化规律。这样，随工程进展累计完成的任务量曲线形状就会像英文字母"S"，S形曲线因此而得名。

46. C。本题考核的是施工成本指标控制过程。施工成本指标控制过程：（1）确定成本管理分层次目标；（2）采集成本数据，监测成本形成过程；（3）找出偏差，分析原因；（4）制定对策，纠正偏差；（5）调整改进成本管理方法。

47. D。本题考核的是挣值法。费用偏差=已完工程预算费用-已完工程实际费用=350×600-350×650=-17500<0，表明实际费用超支；进度偏差=已完工程预算费用-拟完工程预算费用=350×600-300×600=30000>0，表示实际进度提前。

48. A。本题考核的是施工成本纠偏措施。施工成本纠偏措施的组织措施，如实行项目经理责任制，落实成本管理的组织机构和人员，明确各级成本管理人员的任务和职能分工、权利和责任。成本管理不仅是专业成本管理人员的工作，各级项目管理人员都负有成本控制责任。组织措施的另一方面是编制成本管理工作计划、确定合理详细的工作流程。要做好施工采购计划，通过生产要素的优化配置、合理使用、动态管理，有效控制实际成本。组织措施是其他各类措施的前提和保障。选项B属于经济措施，选项C、D属于技术措施。

49. D。本题考核的是施工成本分析的步骤。施工成本分析方法应遵循下列步骤：（1）选择成本分析方法；（2）收集成本信息；（3）进行成本数据处理；（4）分析成本形成原因；（5）确定成本结果。

50. D。本题考核的是施工成本管理绩效考核。关键绩效指标：通过设定关键绩效指标，可以衡量企业在成本管理方面的表现和达成特定目标的程度。

51. B。本题考核的是危险源控制。第二类危险源主要通过管理手段加以控制，消除人的不安全行为、物的不安全状态，规避环境不良（不安全条件），包括建立健全危险源管理规章制度，做好危险源控制管理基础工作，明确控制责任，加强安全教育，定期开展安全检查和隐患治理，实施考核评价和奖惩等。选项A、C、D属于第一类危险源控制方法。

52. A。本题考核的是危险源辨识与风险评价方法。事故树分析法是从一个可能的事故开始，自下而上、一层层地寻找事件的直接原因事件和间接原因事件，直到基本原因事件，并用逻辑图将这些事件之间的逻辑关系表达出来的分析方法。

53. A。本题考核的是施工安全管理体系的内容。组织是实施目标管理的基础，工程项目部应配备项目管理人员，划分工作岗位和职责，按照"管业务必须管安全"的原则明确各层级、各岗位安全生产管理职责，建立健全安全生产责任体系。

54. C。本题考核的是全员安全生产责任制。企业主要负责人是本单位安全生产第一责任人，对本单位的安全生产工作全面负责。

55. D。本题考核的是企业主要负责人和安全生产管理人员安全培训。企业主要负责人和安全生产管理人员初次安全培训时间不得少于32学时。每年再培训时间不得少于12学时。

56. A。本题考核的是安全生产检查的形式。施工企业每月应对工程项目施工现场安全生产情况至少进行一次检查，并应针对检查中发现的倾向性问题、安全生产状况较差的工程项目，组织专项检查。

57. B。本题考核的是专项施工方案的审批。专项施工方案应由施工单位技术负责人审核签字、加盖单位公章，并由总监理工程师审查签字、加盖执业印章后方可实施。

58. B。本题考核的是施工安全技术措施。为防止人身因电气设备绝缘损坏而遭受触电，将电气设备的金属外壳与电网的零线相连接称为保护接零。

59. A。本题考核的是安全防护设施、用品技术要求。当立网用于龙门架、物料提升架及井架的封闭防护时，四周边绳应与支撑架贴紧，边绳的断裂张力不得小于3kN，系绳应绑在支撑架上，间距不得大于750mm。

60. A。本题考核的是应急预案的分类。专项应急预案是指企业为应对某一种或者多种类型生产安全事故，或者针对重要生产设施、重大危险源、重大活动防止生产安全事故而制定的专项性工作方案。

61. B。本题考核的是施工安全事故等级。按生产安全事故造成的人员伤亡或者直接经济损失，事故一般分为以下等级：

（1）特别重大事故，是指造成30人以上死亡，或者100人以上重伤（包括急性工业中毒，下同），或者1亿元以上直接经济损失的事故。

（2）重大事故，是指造成10人以上30人以下死亡，或者50人以上100人以下重伤，或者5000万元以上1亿元以下直接经济损失的事故。

（3）较大事故，是指造成3人以上10人以下死亡，或者10人以上50人以下重伤，或者1000万元以上5000万元以下直接经济损失的事故。

（4）一般事故，是指造成3人以下死亡，或者10人以下重伤，或者1000万元以下100万元以上直接经济损失的事故。

62. A。本题考核的是绿色设计。绿色设计建筑装修宜优先采用装配式装修，选用集成厨卫等工业化内装部品。

63. D。本题考核的是建设单位绿色施工职责。建设单位绿色施工职责包括：（1）在编制工程概算和招标文件时，应明确绿色施工的要求，并提供包括场地、环境、工期、资金等方面的条件保障。（2）应向施工单位提供建设工程绿色施工的设计文件、产品要求等相关资料，保证资料的真实性和完整性。（3）应建立建设工程绿色施工的协调机制。

64. D。本题考核的是文明施工管理工作要求。人是文明施工的决定性因素，对管理人员和施工人员的教育是做好文明施工工作的重点。

65. C。本题考核的是施工现场环境保护措施。根据《建筑工程绿色施工评价标准》GB/T 50640—2010，建筑垃圾处置"一般项"中建筑垃圾回收利用率达到30%。

66. A。本题考核的是企业合规管理。根据《关于印发〈企业境外经营合规管理指引〉的通知》（发改外资〔2018〕1916号），合规管理原则：（1）独立性原则。企业合规管理应从制度设计、机构设置、岗位安排以及汇报路径等方面保证独立性。（2）适用性原则。企业合规管理应从经营范围、组织结构和业务规模等实际出发，兼顾成本与效率，强化合规管理制度的可操作性，提高合规管理的有效性。（3）全面性原则。企业合规管理应覆盖所有境外业务领域、部门和员工，贯穿决策、执行、监督、反馈等各个环节，体现于决策机制、内部控制、业务流程等各个方面。

67. D。本题考核的是国际工程承包风险。国际工程承包涉及专业领域和工程类型多，随着科技进步，业主对技术的要求日益提高。国际工程承包商面临的技术风险包括技术标准规范、技术选择、施工方案、技术人员水平、新技术应用等多个方面。中国国际工程承包商所面临工程所在国的技术水平要求不同、适用技术标准和规范不同、鼓励应用新技术的条件不同，对国际工程承包项目能否顺利实施并取得预期收益带来显著影响。

68. C。本题考核的是FIDIC施工合同管理。根据《施工合同条件》，承包商应在收到工程师发出的开工日期的通知后28d内向工程师提交一份初步进度计划，该进度计划应使用软件编制。当工程师向承包商发出通知，告知其进度计划不符合合同要求或不能反映实际进度时，承包商应在收到该通知后14d内向工程师提交一份符合实际进度的修订进度计划。进度计划内容包括：开工日期和竣工日期；承包商计划实施工程的工作顺序、各阶段的时间安排；合同要求的各项检验和试验的顺序及时间安排；永久设备和材料的关键交货日期等。承包商应按照进度计划及合同规定的义务开展工作。

69. D。本题考核的是绿色施工方案的内容。绿色施工方案的内容：（1）节材措施；（2）节水措施；（3）节能措施；（4）节地与施工用地保护措施；（5）环境保护措施。

70. C。本题考核的是智慧工地总体架构。应用层：这一层是智慧工地的核心，主要包括各种基于数据的智能应用。这些应用利用网络层处理和分析的数据，提供各种智能化的管理和服务，包括人员管理、机械设备管理、物资管理、环境与能耗管理、视频监控管理、施工过程检测与监测管理等。这些应用不仅提高了工地的效率和安全性，也为管理者提供了全面、准确的工地状态信息，帮助他们做出科学的决策。

二、多项选择题

71. A、C；　　　　　72. B、D、E；　　　　　73. A、B、C、E；
74. A、B、C、D；　　75. A、B、E；　　　　　76. B、C、D、E；
77. A、C、E；　　　　78. B、C、E；　　　　　79. A、B、D；
80. B、C、E；　　　　81. A、B、E；　　　　　82. A、B、C、E；

83. A、B、E；　　　　　84. A、C；　　　　　　85. C、D；
86. A、B、D、E；　　 87. B、D、E；　　　　 88. B、C、D、E；
89. A、C、D；　　　　 90. B、C、D、E；　　 91. A、D；
92. A、B、C、E；　　 93. B、C、E；　　　　 94. A、C、E；
95. B、C、D；　　　　 96. B、C、E；　　　　 97. A、B、C、E；
98. A、B、C、D；　　 99. B、C、D；　　　　100. A、B、C、D。

【解析】

71. A、C。本题考核的是生产准备工作内容。根据工程项目种类不同，生产准备工作内容会存在差异。但一般应包括以下内容：（1）组建生产管理机构，制定生产管理制度；（2）招聘和培训生产人员，组织生产人员参加设备安装、调试和工程验收工作；（3）落实原材料、协作产品、燃料、水、电、气等来源和其他需协作配合的条件，并组织工装、器具、备品、备件等制造或订货等。

72. B、D、E。本题考核的是物有所值定性评价的基本指标。物有所值定性评价指标包括全寿命期整合程度、风险识别与分配、绩效导向与鼓励创新、潜在竞争程度、政府机构能力、可融资性等六项基本评价指标，以及根据具体情况设置的补充评价指标。运营收入增长潜力与项目建设规模属于补充评价指标。

73. A、B、C、E。本题考核的是工程总承包项目经理职责。工程总承包项目经理应履行下列职责：

（1）执行工程总承包企业管理制度，维护企业合法权益。
（2）代表企业组织实施工程总承包项目管理，对实现合同约定的项目目标负责。
（3）完成项目管理目标责任书规定的任务。
（4）在授权范围内负责与项目利益相关者协调，解决项目实施中出现的问题。
（5）对项目实施全过程进行策划、组织、协调和控制。
（6）负责组织项目的管理收尾和合同收尾工作。

74. A、B、C、D。本题考核的是施工组织设计的动态管理。工程施工过程中发生下列情形时，应及时对施工组织设计进行修改或补充：（1）工程设计有重大修改；（2）有关法律、法规及标准实施、修订和废止；（3）主要施工方法有重大调整；（4）主要施工资源配置有重大调整；（5）施工环境有重大改变。

75. A、B、E。本题考核的是卓越绩效管理基本理念。《卓越绩效评价准则》CB/T 19580—2012明确了卓越绩效管理的基本理念（也称为核心价值观），这些基本理念可分为三个层面，分别为说明组织驱动力、阐明组织经营行为、提供组织运行方法和技术的基本理念。

76. B、C、D、E。本题考核的是社会责任管理体系标准要素及实施方式。组织为证实其符合社会责任管理体系标准，可通过以下方式来实现其愿望：

（1）开展自我评价和声明。
（2）寻求组织的利益相关方（如顾客）对其符合性进行确认。
（3）寻求组织的外部机构对其自我声明进行确认。
（4）寻求外部组织对其社会责任管理体系进行认证或注册。

77. A、C、E。本题考核的是项目群管理。有效实施项目群管理，应具备如下先决条件：①项目群管理必要性评估；②项目群管理一致性要求；③项目群角色和责任划分。

21

78. B、C、E。本题考核的是资格预审文件的内容。国家发展和改革委员会等联合发布的《标准施工招标资格预审文件》规定，资格预审文件包括下列内容：资格预审公告；申请人须知；资格审查办法；资格预审申请文件格式；项目建设概况等。此外，招标人对资格预审文件所作的澄清、修改，也构成资格预审文件的组成部分。

79. A、B、D。本题考核的是发包人义务。发包人的义务包括：（1）发出开工通知；（2）提供施工场地；（3）协助承包人办理证件和批件；（4）组织设计交底；（5）支付合同价款；（6）组织竣工验收。

80. B、C、E。本题考核的是施工专业分包合同当事人的工作。承包人应提供总包合同（有关承包工程的价格内容除外）供分包人查阅。承包人应完成的工作通常有：

（1）向分包人提供根据总包合同由发包人办理的与分包工程相关的各种证件、批件、各种相关资料，向分包人提供具备施工条件的施工场地。

（2）组织分包人参加发包人组织的图纸会审，向分包人进行设计图纸交底。

（3）提供合同专用条款中约定的设备和设施，并承担因此发生的费用。

（4）随时为分包人提供确保分包工程的施工所要求的施工场地和通道等，满足施工运输的需要，保证施工期间的畅通。

（5）负责整个施工场地的管理工作，协调分包人与同一施工场地的其他分包人之间的交叉配合，确保分包人按照经批准的施工组织设计进行施工。

（6）为运至施工场地内用于分包工程的材料和待安装设备办理保险。发包人已经办理的保险视为承包人办理的保险。

81. A、B、E。本题考核的是项目风险识别的方法。项目风险识别可采用专家调查法、财务报表法、初始清单法、流程图法、统计资料法等方法。

82. A、B、C、E。本题考核的是工程设计责任险。下列损失、费用和责任，保险人不负责赔偿：由于设计错误引起的停产、减产等间接经济损失；因被保险人延误交付设计文件所致的任何损失；被保险人在保险单明细表中列明的追溯期起始日之前开展工程设计业务所致的赔偿责任；未与被保险人签订劳动合同的人员签名出具的设计文件引起的任何索赔；被保险人或其雇员的人身伤亡及其所有或管理的财产的损失；被保险人对委托人的精神损害赔偿；罚款、罚金、惩罚性赔款或违约金；因勘察而引起的任何索赔等。

83. A、B、E。本题考核的是流水施工表达方式。采用横道图表达流水施工的优点是：绘图简单，施工过程及其先后顺序表达清楚，时间和空间状况形象直观，使用方便，因而被广泛于工程实践中。采用垂直图表达流水施工的优点是：施工过程及其先后顺序表达清楚，不仅时间和空间状况形象直观，而且斜向进度线的斜率还可直观反映各施工过程的进展速度。

84. A、C。本题考核的是关键工作的判定。关键工作的判定条件有：（1）当网络计划的计划工期与计算工期相同时，总时差为零的工作是关键工作；（2）当网络计划的计划工期与计算工期相同时，最迟开始时间与最早开始时间的差值为零的工作就是关键工作。

85. C、D。本题考核的是施工进度计划的调整措施。选项A属于经济措施，选项B属于技术措施，选项E属于其他配套措施。

86. A、B、D、E。本题考核的是全面质量管理。全面质量管理的基本特点：（1）管理内容的全面性；（2）管理范围的全面性；（3）参加管理人员的全面性；（4）管理方法的多样性。

87. B、D、E。本题考核的是排列图法的应用。排列图在实际应用中，一般将累计频率在0~80%范围内的因素定为A类因素，即主要因素；累计频率在80%~90%范围内的因素定为B类因素，即次要因素；累计频率在90%~100%范围内的因素定为C类因素，即一般因素。

88. B、C、D、E。本题考核的是技术交底书的内容。技术交底书的内容主要包括：施工方法、质量要求和验收标准、施工过程中需注意的问题、可能出现意外情况的应急方案等。

89. A、C、D。本题考核的是质量事故报告的内容。事故报告应包括下列内容：（1）事故发生单位概况；（2）事故发生的时间、地点以及事故现场情况；（3）事故的简要经过；（4）事故已经造成或者可能造成的伤亡人数（包括下落不明的人数）和初步估计的直接经济损失；（5）已经采取的措施；（6）其他应当报告的情况。

90. B、C、D、E。本题考核的是责任成本具有的条件。责任成本具有四个条件：（1）可考核性；（2）可预计性；（3）可计量性；（4）可控制性。

91. A、D。本题考核的是成本偏差的表达方法。成本偏差可采用不同的表达方法，常用的有横道图法、表格法和曲线法。

92. A、B、C、E。本题考核的是施工成本管理绩效考核。企业对项目管理机构可控责任成本的考核包括：（1）项目成本目标和阶段成本目标完成情况；（2）建立以项目经理为核心的成本管理责任制的落实情况；（3）成本计划的编制和落实情况；（4）对各部门、各施工队和班组责任成本的检查和考核情况；（5）在成本管理中贯彻责权利相结合原则的执行情况。

93. B、C、E。本题考核的是企业取得安全生产许可证的条件。建筑施工企业取得安全生产许可证，应具备下列安全生产条件：（1）建立、健全安全生产责任制，制定完备的安全生产规章制度和操作规程；（2）保证本单位安全生产条件所需资金的投入；（3）设置安全生产管理机构，按照国家有关规定配备专职安全生产管理人员；（4）主要负责人、项目负责人、专职安全生产管理人员经住房和城乡建设主管部门或者其他有关部门考核合格；（5）特种作业人员经有关业务主管部门考核合格，取得特种作业操作资格证书；（6）管理人员和作业人员每年至少进行一次安全生产教育培训并考核合格；（7）依法参加工伤保险，依法为施工现场从事危险作业的人员办理意外伤害保险，为从业人员缴纳保险费；（8）施工现场的办公、生活区及作业场所和安全防护用具、机械设备、施工机具及配件符合有关安全生产法律、法规、标准和规程的要求；（9）有职业危害防治措施，并为作业人员配备符合国家标准或者行业标准的安全防护用具和安全防护服装；（10）有对危险性较大的分部分项工程及施工现场易发生重大事故的部位、环节的预防、监控措施和应急预案；（11）生产安全事故应急救援预案、应急救援组织或者应急救援人员，配备必要的应急救援器材、设备；（12）法律、法规规定的其他条件。

94. A、C、E。本题考核的是专项施工方案论证。《建设工程安全生产管理条例》规定，对下列达到一定规模的危险性较大的分部分项工程，施工单位应编制专项施工方案，并附具安全验算结果，经施工单位技术负责人、总监理工程师签字后实施，由专职安全生产管理人员进行现场监督：（1）基坑支护与降水工程；（2）土方开挖工程；（3）模板工程；（4）起重吊装工程；（5）脚手架工程；（6）拆除、爆破工程；（7）国务院建设行政主管部门或者其他有关部门规定的其他危险性较大的工程。上述工程中涉及深基坑、地下暗挖工程、高大模板工程的专项施工方案，施工单位还应当组织专家进行论证、审查。

95. B、C、D。本题考核的是施工安全事故报告。事故报告应当包括下列内容：（1）事故发生单位概况；（2）事故发生的时间、地点以及事故现场情况；（3）事故的简要经过；（4）事故已经造成或者可能造成的伤亡人数（包括下落不明的人数）和初步估计的直接经济损失；（5）已经采取的措施；（6）其他应当报告的情况。

96. B、C、D、E。本题考核的是绿色施工措施。选项A错误，对于施工周期较长的现场，可按建筑永久绿化的要求，安排场地新建绿化。

97. A、B、C、E。本题考核的是施工现场环境保护措施。根据《建筑工程绿色施工评价标准》GB/T 50640—2010，对于施工现场环境保护而言，"控制项"包括以下内容：

（1）应建立环境保护管理制度。
（2）绿色施工策划文件中应包含环境保护内容。
（3）施工现场应在醒目位置设环境保护标识。
（4）应对施工现场的古迹、文物、墓穴、树木、森林及生态环境等采取有效保护措施，制定地下文物应急预案。
（5）施工现场不应焚烧废弃物。
（6）土方回填不得采用有毒有害废弃物。

98. A、B、C、D。本题考核的是国际工程承包风险应对策略。环境评价指标：评估企业在经营过程中对环境的影响，包括企业的能源使用、碳及温室气体排放、水资源管理、废物污染及管理政策、环境治理、自然资源使用和管理政策、生物多样性、合规性、员工环境意识、绿色采购政策、节能减排措施、环境成本核算、绿色技术等。

99. B、C、D。本题考核的是FIDIC设计—采购—施工（EPC）合同管理。根据FIDIC《设计采购施工（EPC）/交钥匙工程合同条件》（银皮书），对符合要求的分包工作，承包商应在不少于28d前向业主通知以下事项：

（1）拟雇用的分包商，并附包括其相关经验的详细资料。
（2）分包商承担工作的拟定开工日期。
（3）分包商承担现场工作的拟定开工日期。

100. A、B、C、D。本题考核的是BIM技术应用实施模式相关方职责。施工总承包单位职责：

（1）配置BIM团队，并根据项目BIM应用方案的要求提供BIM成果，利用BIM技术进行节点组织控制管理，提高项目施工质量和效率。
（2）接收设计BIM模型，并基于该模型，完善施工BIM模型，且在施工过程中及时更新，保持适用性。
（3）根据项目BIM应用方案编写项目施工BIM实施方案，并完成项目施工BIM实施方案制定的各应用点。
（4）施工单位项目BIM负责人负责内外部的总体沟通与协调，组织施工BIM的实施工作，根据合同要求提交BIM工作成果，并保证其正确性和完整性。
（5）接受BIM总协调方的监督，对总协调方提出的交付成果审查意见及时整改落实。
（6）根据合同确定的工作内容，统筹协调各分包单位施工BIM模型，将各分包单位的交付模型整合到施工总承包的施工BIM交付模型中。
（7）利用BIM技术辅助现场管理施工，安排施工顺序节点，保障施工流水合理，按进度计划完成各项工程目标。

《建设工程项目管理》
考前冲刺试卷（三）及解析

《建设工程项目管理》考前冲刺试卷（三）

一、单项选择题（共70题，每题1分。每题的备选项中，只有1个最符合题意）

1. 关于项目资本金的说法，正确的是（　　）。
   A. 项目资本金实质上是一种债务资金
   B. 项目资本金只能以货币方式出资
   C. 项目资本金可视为项目法人进行债务融资的信用基础
   D. 投资者可以在需要的时候抽回其投入的项目资本金

2. 下列工程造价文件中，属于技术设计阶段文件的是（　　）。
   A. 施工图预算　　　　　　　　B. 投资估算
   C. 设计概算　　　　　　　　　D. 修正概算

3. 业主把某建设项目土建工程发包给A施工单位，安装工程发包给B施工单位，装饰装修工程发包给C施工单位。该业主采用的施工任务委托模式是（　　）。
   A. 施工平行承包模式
   B. 施工总承包模式
   C. 施工总承包管理模式
   D. 工程总承包模式

4. 下列工程项目管理组织机构形式中，具有较大的机动性和适应性，能够实现集权和分权最优结合的组织形式是（　　）。
   A. 职能式　　　　　　　　　　B. 直线式
   C. 矩阵式　　　　　　　　　　D. 直线职能式

5. 施工项目经理是指具备相应任职条件，由（　　）授权对施工项目进行全面管理的责任人。
   A. 总监理工程师
   B. 企业法定代表人
   C. 建设单位主要负责人
   D. 施工单位负责人

6. 某项工作是由三个同类性质的分项工程合并而成的，各分项工程的工程量 Q_i 和产量定额 S_i 分别是：$Q_1 = 240m^3$，$S_1 = 30m^3/$工日；$Q_2 = 360m^3$，$S_2 = 60m^3/$工日；$Q_3 = 720m^3$，$S_3 = 80m^3/$工日。其综合时间定额为（　　）工日/m^3。

A. 0.013　　　　　　　　　　　　　B. 0.015
C. 0.017　　　　　　　　　　　　　D. 0.020

7. 下列工程项目目标控制措施中，属于合同措施的是（　　）。

A. 强化动态控制中的激励机制，调动员工的积极性和创造性
B. 对工程变更方案进行技术经济分析，及时办理工程款结算和支付手续
C. 结合承包模式及计价方式，与发包人协商完善计价条款
D. 采用网络计划技术等方法和数字化智能化技术进行动态控制

8. 职业健康安全管理工作收到显著成效的重要基础是（　　）。

A. 风险优先
B. 领导力和员工参与
C. 持续改进
D. 依法依规

9. 在卓越绩效评价准则框架中，构成"领导作用"三角的是（　　）。

A. "领导""战略""顾客与市场"
B. "领导""资源""结果"
C. "领导""资源""顾客与市场"
D. "领导""战略""结果"

10. 关于社会责任绩效信息及其披露的说法，正确的是（　　）。

A. 社会责任绩效信息是综合绩效信息
B. 社会责任绩效信息只包括可测量的结果
C. 社会责任绩效是指企业社会责任目标的实现程度
D. 社会责任绩效信息企业应披露的辅助信息

11. 为实现组织的整体或部分战略目标，便于进行有效管理而组合在一起的项目、项目群及其他相关工作是指（　　）。

A. 项目组合　　　　　　　　　　　　B. 项目集合
C. 项目群　　　　　　　　　　　　　D. 项目组合群

12. 关于招标人组建的资格审查委员会，下列说法正确的是（　　）。

A. 资格审查委员会成员人数为10人，技术、经济等方面的专家8人
B. 资格审查委员会成员人数为9人，技术、经济等方面的专家5人
C. 资格审查委员会成员人数为9人，投标人代表1人
D. 资格审查委员会成员人数为7人，技术、经济等方面的专家5人

13. 下列不同计价方式的合同中，建设单位最难控制工程造价的是（　　）。

A. 成本加百分比酬金合同
B. 单价合同

C. 目标成本加奖罚合同

D. 总价合同

14. 投标人组织专业人员仔细研究招标文件中的设计和施工方案，提出更为合理的方案以吸引招标人，促成自己的方案中标的投标方法是（　　）。

A. 增加建议方案法

B. 保本报价法

C. 突然降价法

D. 多方案报价法

15. 合同履行期间市场价格浮动对施工成本造成的影响是否允许调整合同价格，要视（　　）来决定。

A. 合同计价方式

B. 材料价格浮动幅度

C. 合同工期的长短

D. 劳动力价格浮动幅度

16. 根据《标准设计施工总承包招标文件》，关于设计管理的说法，正确的是（　　）。

A. 设计的实际进度滞后计划进度，发包人无权要求承包人修改进度计划

B. 发包人无权对设计文件进行审查

C. 政府有关部门仅需对设计文件进行备案

D. 承包人完成设计工作遵守的国家、行业和地方标准应当采用基准日适用的版本

17. 根据《建设工程施工专业分包合同（示范文本）》GF—2003—0213，关于施工专业分包的说法，正确的是（　　）。

A. 专业分包人应按规定办理有关施工噪声排放的手续，并承担由此发生的费用

B. 专业分包人只有在承包人发出指令后，允许发包人授权的人员在工作时间内进入分包工程施工场地

C. 分包工程合同不能采用固定价格合同

D. 分包工程合同价款与总包合同相应部分价款没有连带关系

18. 根据《建设工程施工劳务分包合同（示范文本）》GF—2003—0214，关于不可抗力事件造成的费用分担原则的说法，正确的是（　　）。

A. 劳务分包人的自有机械设备损坏应由劳务分包人自行承担

B. 劳务分包人的人员伤亡应由工程承包人负责并承担相应费用

C. 运至施工现场用于劳务作业的材料的损失应由劳务分包人承担

D. 工程承包人提供给劳务分包人使用的机械设备损坏应由劳务分包人承担

19. 根据《标准设备采购招标文件》中的通用合同条款，买方委托第三方按照卖方现场服务人员的指导和设备安装、调试技术要求进行设备安装和调试，调试过程中发现设备运行参数不符合合同约定的技术性能指标，由此造成的损失应由（　　）承担。

A. 卖方

B. 买方

C. 买方委托的第三方

D. 买方和卖方共同

20. 在建设工程项目施工前，承包人对难以控制的风险向保险公司投保，此行为属于风险应对措施中的（　　）。

A. 风险规避
B. 风险转移
C. 风险减轻
D. 风险自留

21. 根据《建设工程施工合同（示范文本）》GF—2017—0201，招标人要求中标人提供履约担保时，招标人应同时向中标人提供的担保是（　　）。

A. 履约担保
B. 工程款支付担保
C. 预付款担保
D. 资金来源证明

22. 下列影响建设工程施工进度的情况中，属于组织管理原因的是（　　）。

A. 指挥不力，使各专业、各施工过程之间交接配合不顺畅
B. 节假日交通、市容整顿的限制
C. 建设单位拖欠资金，资金不到位
D. 不可靠技术的应用

23. 横道图作为建设工程进度计划的直观表示方法，其主要优点是能够（　　）。

A. 明确表达工作之间的相互联系
B. 直观表示工作所具有的机动时间
C. 明确表达影响工期的关键工作
D. 直观表示各项工作的开始和结束时间

24. 每工作班浇筑的混凝土立方数是指浇筑混凝土施工过程的（　　）。

A. 流水节拍
B. 流水步距
C. 流水时距
D. 流水强度

25. 工程有4个施工过程，分5个施工段组织等节奏流水施工，流水节拍为3d。其中，第2个施工过程与第3个施工过程之间有2d的工艺间歇，则该工程流水施工工期为（　　）d。

A. 24
B. 26
C. 27
D. 29

26. 关于双代号网络计划中虚箭线的说法，正确的是（　　）。

A. 虚箭线的最早开始和最迟结束时间应相同
B. 虚箭线表示相邻两项工作之间的间隔时间
C. 任意两项工作之间均可添加虚箭线
D. 虚箭线主要用来表示相邻两项工作的逻辑关系

27. 工程网络计划工期优化的基本方法是通过（　　）来达到优化目标。

A. 组织关键工作流水作业
B. 组织关键工作平行作业
C. 压缩关键工作的持续时间
D. 压缩非关键工作的持续时间

28. 利用工程网络进度计划，分析某项工作的进度偏差对总工期影响的时间参数是（　　）。

A. 总时差

B. 工作的最早完成时间

C. 间隔时间

D. 节点的最早时间

29. 在工程网络计划中，如果某项工作的最早开始时间和最早完成时间分别为第 3 天和第 8 天，则说明该工作实际上最早应从开工后（　　）。

A. 第 3 天上班时刻开始，第 8 天下班时刻完成

B. 第 3 天上班时刻开始，第 9 天下班时刻完成

C. 第 4 天上班时刻开始，第 8 天下班时刻完成

D. 第 4 天上班时刻开始，第 9 天下班时刻完成

30. 某工程网络计划如图 1 所示，工作 D 的最迟开始时间和总时差分别是（　　）。

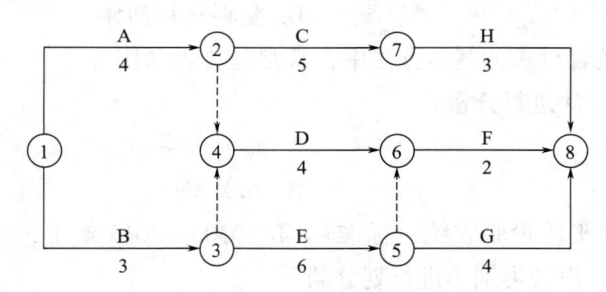

图 1　某工程网络计划

A. 6 和 2　　　　　　　　　　　　B. 6 和 4

C. 7 和 2　　　　　　　　　　　　D. 7 和 3

31. 某工程单代号搭接网络计划如图 2 所示，其中关键工作有（　　）。

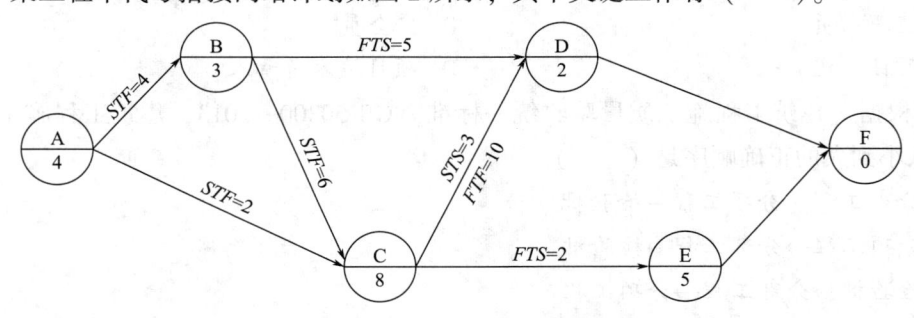

图 2　某工程单代号搭接网络计划

A. 工作 A 和工作 B　　　　　　　　B. 工作 C 和工作 D

C. 工作 B 和工作 D　　　　　　　　D. 工作 C 和工作 E

32. 调整建设工程进度计划时，可以通过（　　）改变某些工作之间的逻辑关系。

A. 组织平行作业　　　　　　　　　B. 增加资源投入

C. 提高劳动效率　　　　　　　　　D. 设置限制时间

33. 在影响施工质量的五大主要因素中，建设主管部门推广的钢筋与混凝土技术，属于

（　　）的因素。

  A. 方法   B. 环境

  C. 材料   D. 机械

34. 工程质量管理体系，应从实际出发，结合项目特点、合同结构和项目管理组织系统的构成情况，建立工程项目各参与方共同遵循的质量管理制度和控制措施，并形成有效的运行机制，这体现了工程质量管理体系建立应遵循的（　　）原则。

  A. 目标分解   B. 质量责任制

  C. 分层次规划   D. 系统有效性

35. 某工程承包商从一生产厂家购买了一批相同规格的预制构件，并将其整齐码放在现场。对这批构件进行进场检验时，宜采用的抽样方法是（　　）。

  A. 简单随机抽样   B. 系统随机抽样

  C. 分层随机抽样   D. 整群随机抽样

36. 在工程质量统计分析的基本方法中，常常是首先利用（　　）将原始数据分组后，再应用其他统计分析方法进行分析。

  A. 分层法   B. 排列图法

  C. 控制图法   D. 相关图法

37. 《建筑工程施工质量验收统一标准》GB 50300—2013 规定，（　　）是按主要工种、材料、施工工艺、设备类别等进行划分的。

  A. 检验批   B. 分项工程

  C. 分部工程   D. 单位工程

38. 施工单位在对工程施工中使用的材料、半成品、构配件进行现场取样、工序活动效果检查时，由（　　）进行全程见证。

  A. 监理人员   B. 安全员

  C. 项目经理   D. 项目技术负责人

39. 根据《建筑工程施工质量验收统一标准》GB 50300—2013，建筑工程施工质量验收单位从小到大的正确顺序是（　　）。

  A. 分部工程→分项工程→检验批

  B. 分项工程→分部工程→检验批

  C. 检验批→分部工程→分项工程

  D. 检验批→分项工程→分部工程

40. 下列工程质量事故中，属于技术原因引发的质量事故是（　　）。

  A. 采用了不适宜的施工工艺引发的质量事故

  B. 检测仪器设备管理不善而失准引起的质量事故

  C. 质量管理措施落实不力引起的质量事故

  D. 设备事故导致连带发生的质量事故

41. 施工质量事故处理的工作包括：①事故报告；②事故调查；③事故处理的鉴定验收；④提交事故处理报告；⑤事故处理。正确的程序是（　　）。

A. ①—②—③—④—⑤ B. ②—①—③—④—⑤
C. ④—②—⑤—①—③ D. ①—②—⑤—③—④

42. 某工程混凝土结构出现了宽度大于 0.3mm 的裂缝，经分析研究其不影响结构的安全和使用，可采取的处理方法是（   ）。

A. 返修处理 B. 返工处理
C. 限制使用 D. 不作处理

43. 工程成本控制的主要依据是（   ）。

A. 成本预测 B. 成本计划
C. 成本核算 D. 成本分析

44. 关于施工责任成本的计算式，表述正确的是（   ）。

A. 施工责任成本=预计结算收入–项目目标利润
B. 施工责任成本降低额=施工责任成本–项目实际成本
C. 施工责任成本降低率=施工责任成本降低额/（施工责任成本–项目实际成本）
D. 施工责任成本=人工费+材料费+施工机具使用费+专业分包费+措施费+利润+规费

45. 某分部工程的成本计划数据见表 1，则第 5 周的施工成本计划值是（   ）万元。

表 1 某分部工程的成本计划数据

编码	项目名称	时间(周)	费用强度(万元/周)	工程进度(周)
11	场地平整	1	20	1
12	土方开挖	4	30	2–5
13	基础垫层	4	45	3–6
14	混凝土基础	6	80	5–10
15	土方回填	3	30	10–12

A. 155 B. 75
C. 80   D. 125

46. 某分部分项工程的已完工程预算费用为 2650 万元，拟完工程预算费用为 2780 万元，用挣值法对其成本分析得到的结论是（   ）。

A. 实际进度拖后 B. 实际进度提前
C. 实际费用超支 D. 实际费用节约

47. 若按项目结构编制施工成本计划，项目应按（   ）的顺序依次进行分解。

A. 单项工程→单位工程→分部工程→分项工程
B. 单项工程→分部工程→单位工程→分项工程
C. 单位工程→单项工程→分部工程→分项工程
D. 单位工程→单项工程→分项工程→分部工程

48. 项目经理部通过在混凝土拌合物中加入添加剂以降低水泥消耗量，属于施工成本纠偏措施中的（   ）。

A. 经济措施　　　　　　　　　B. 组织措施
C. 合同措施　　　　　　　　　D. 技术措施

49. 施工成本分析时，对比技术经济指标，检查成本目标完成情况，分析产生差异的原因，进而挖掘降低成本的方法是（　　）。

A. 比率法　　　　　　　　　　B. 因素分析法
C. 比较法　　　　　　　　　　D. 差额计算法

50. 下列施工成本管理绩效考核内容中，属于项目部对各班组考核内容的是（　　）。

A. 岗位成本管理责任的执行情况
B. 班组任务单的管理情况
C. 班组完成施工任务后的考核情况
D. 班组责任成本的完成情况

51. 下列风险控制方法中，属于第一类危险源控制方法的是（　　）。

A. 消除或减少故障
B. 隔离危险物质
C. 增加安全系数
D. 设置安全监控系统

52. 用安全检查表方式将一系列检查项目列出进行分析，以确定装置、设备、场所的状态是否符合安全要求，通过检查发现系统中存在的安全隐患，提出改进措施的危险源辨识与风险评价方法是（　　）。

A. 安全检查表法
B. 预先危险性分析
C. 危险与可操作性分析
D. 事故树分析法

53. 施工安全管理最终通过施工现场一系列安全管理工作落实，施工现场安全工作应当以（　　）为基础。

A. 操作规程与安全技术标准
B. 安全文化和理念
C. 组织与责任体系
D. 安全管理制度和安全技术措施

54. 根据安全生产费用管理相关规定，建设单位应当在合同中单独约定并于工程开工日一个月内向承包单位支付企业安全生产费用的比例最低为（　　）。

A. 20%　　　　　　　　　　　B. 30%
C. 40%　　　　　　　　　　　D. 50%

55. 特种作业人员在特种作业操作证有效期内，连续从事本工种10年以上，严格遵守有关安全生产法律法规的，经原考核发证机关或者从业所在地考核发证机关同意，特种作业操作证的复审时间可以延长至（　　）。

A. 每3年1次　　　　　　　　　B. 每4年1次

C. 每5年1次 D. 每6年1次

56. 施工企业针对安全生产和特殊季节安全防范的需要，可以适时召开（   ）。
    A. 安全生产事故分析会
    B. 安全生产技术交底会
    C. 安全生产专题会
    D. 安全生产现场会

57. 超过一定规模的危险性较大的分部分项工程专项施工方案经专家论证后结论为"修改后通过"的，施工单位正确的做法是（   ）。
    A. 参考专家意见自行修改完善
    B. 应按照专家意见进行修改，修改情况应及时告知专家
    C. 修改后应按照规定的要求重新组织专家论证
    D. 重新编制专项施工方案并组织专家论证

58. 施工现场高处作业时应在临空一侧设置防护栏杆，防护栏杆由横杆、立杆及挡脚板等组成，当防护栏杆采用两道横杆时，上杆距地面高度是（   ）m。
    A. 1.0 B. 1.1
    C. 1.2 D. 1.5

59. 对于超过一定规模的危险性较大的分部分项工程，其施工安全技术交底必须先由（   ）交底。
    A. 项目技术负责人向施工员、班组长
    B. 项目负责人向项目技术负责人
    C. 施工单位技术负责人向项目技术负责人
    D. 项目技术负责人向项目管理人员

60. 施工单位的生产安全事故应急预案经评审或论证后，应由（   ）向本单位从业人员公布。
    A. 施工单位所在地应急管理部门
    B. 施工单位主要负责人
    C. 施工单位法定代表人
    D. 施工单位生产安全管理部门负责人

61. 关于施工单位事故报告的说法，正确的是（   ）。
    A. 施工单位负责人在接到安全事故报告后，应当在24h内向有关部门报告
    B. 安全事故发生后，最先发现事故的人员应立即向施工单位负责人报告
    C. 实行施工总承包的建设工程，由建设单位负责上报事故
    D. 安全事故发生后情况紧急时，事故现场人员可直接向建设单位负责人报告

62. 清洁生产的主要内容可归纳为"三清一控"，其中"一控"是指（   ）。
    A. 清洁原料与能源的全过程控制
    B. 清洁生产的全过程控制
    C. 清洁生产设计的全过程控制

D. 清洁产品的全过程控制

63. 根据《建筑施工场界环境噪声排放标准》GB 12523—2011，昼间场界环境噪声不得超过（   ）dB（A）。
   A. 75 B. 70
   C. 65 D. 60

64. 安全文明施工费的结算依据是（   ）。
   A. 安全文明施工费台账
   B. 安全文明施工费报价单
   C. 施工合同及实施过程中的费用核查情况
   D. 有关企业安全生产费用提取制度

65. 对于碎石类、土石方类建筑垃圾，可采用地基填埋、铺路等方式提高再利用率，力争再利用率大于（   ）。
   A. 40% B. 45%
   C. 50% D. 5%

66. 国际工程承包企业涉及工程的主要税种中，公司所得税属于（   ）。
   A. 财产税 B. 收益税
   C. 杂项税 D. 流转税

67. 企业要在经营过程中遵守规制、规则和规范，承担社会与环境责任，反腐败、反垄断、反欺诈，避免商业贿赂和违规经营，这表明国际工程承包具有（   ）。
   A. 合规风险 B. 经济风险
   C. 市场风险 D. 社会风险

68. 根据《施工合同条件》，在履约证书签发后（   ）d 内，承包商应向工程师先提交一份最终报表草案和证明文件，再与工程师商定核实后，提交最终报表和结清证明，申请最终付款。
   A. 30 B. 42
   C. 56 D. 84

69. BIM 提供全面的建筑表达和真实数字模型，可提高沟通效率，降低成本并提高工程质量，这体现了建筑信息模型具有（   ）的基本特征。
   A. 模型操作可视化 B. 模型信息完备性
   C. 模型信息关联性 D. 模型信息一致性

70. 既是智慧工地的数据通道和处理中枢，也能起到桥梁和枢纽作用的是（   ）。
   A. 感知层 B. 网络层
   C. 应用层 D. 融合层

二、多项选择题（共 30 题，每题 2 分。每题的备选项中，有 2 个或 2 个以上符合题意，至少有 1 个错项。错选，本题不得分；少选，所选的每个选项得 0.5 分）

71. 根据《企业投资项目核准和备案管理条例》，对（   ）的企业投资项目，实行核准管理。

A. 涉及全国重大生产力布局

B. 关系国家安全

C. 涉及全国战略性资源开发

D. 《政府核准的投资项目目录》外

E. 涉及全国重大公共利益

72. 施工单位应将其编制的施工总进度计划和阶段性施工进度计划报送项目监理机构审查。项目监理机构将审查施工进度计划中的内容有（   ）。

A. 施工顺序的安排是否符合施工工艺要求

B. 施工进度计划是否符合施工合同中工期的约定

C. 施工人员、工程材料、施工机械等资源供应计划是否满足施工进度计划的需要

D. 施工进度计划是否符合建设单位提供的施工图纸、施工场地、物资

E. 施工进度计划是否满足总进度控制目标的要求

73. 根据《建设项目工程总承包管理规范》GB/T 50358—2017，设计经理或项目经理负责组织编制的设计执行计划宜包括的内容有（   ）等。

A. 组织机构及职责分工

B. 技术经济要求

C. 质量保证程序和要求

D. 设计的原则和要求

E. 编制依据

74. 项目管理规划大纲文件应包含的内容有（   ）。

A. 项目沟通与相关方

B. 项目管理资源的提供和安排

C. 项目管理组织结构和职责分工

D. 项目管理程序和方法要求

E. 项目管理目标和职责规定

75. 环境管理体系的核心内容中，属于理解组织所处环境的内容有（   ）。

A. 确定环境管理体系预期结果

B. 环境管理体系

C. 确定环境管理体系的范围

D. 理解组织及其所处的环境

E. 理解相关方的需求和期望

76. 风险管理过程中的范围、环境和准则包括（   ）。

A. 理解内外部环境

B. 沟通和咨询

C. 界定评定准则

D. 界定过程范围

E. 识别风险

11

77. 根据《项目管理知识体系指南（第7版）》，在价值交付系统需要考虑的内容中，与项目有关的职能包括（　　）等。

A. 提供监督和协调

B. 引导和支持

C. 维持治理

D. 提出目标和反馈

E. 运用各项规定开展工作

78. 承包单位在投标报价遇到（　　）时，其报价可低一些。

A. 投标对手多，竞争激烈的工程

B. 支付条件差的工程

C. 附近有工程而本项目可利用该工程的机械设备、劳务或有条件短期内突击完成的工程

D. 施工条件好的工程

E. 工作简单、工程量大而其他施工单位都可以做的工程

79. 根据《标准施工招标文件》，合同履行出现的下列情形中，属于工程变更的有（　　）。

A. 改变合同工程的标高

B. 改变合同中某项工作的质量标准

C. 改变合同中某工作的施工时间

D. 取消合同中某项工作，转由发包人实施

E. 为完成工程追加的额外工作

80. 根据《最高人民法院关于审理建设工程施工合同纠纷案件适用法律问题的解释（一）》（法释〔2020〕25号），关于实际竣工日期争议解决的说法，正确的有（　　）。

A. 建设工程未经竣工验收，发包人擅自使用的，以转移占有建设工程之日为竣工日期

B. 建设工程未经竣工验收，发包人擅自使用的，以提交验收报告之日为竣工日期

C. 承包人已经提交竣工验收报告，发包人拖延验收的，以承包人提交验收报告之日为竣工日期

D. 建设工程经竣工验收合格的，以提交验收报告之日为竣工日期

E. 建设工程经竣工验收合格的，以竣工验收合格之日为竣工日期

81. 以下造成损失的事件中，依据建筑工程一切险的规定，应由保险人支付损失赔偿金的有（　　）。

A. 地震造成的工程损坏

B. 水灾的淹没损失

C. 气温变化导致材料变质

D. 施工机具的自然磨损

E. 非外力引起的机械本身损坏

82. 影响建设工程设计进度的因素有（　　）。

A. 建设项目工作编码体系不全

B. 工程进度计划系统结构不合理

C. 工程建设意图和要求改变

D. 设计各专业之间协调配合不畅

E. 设计文件审查批准延误

83. 建设工程组织固定节拍流水施工的特点有（　　）。

A. 相邻施工过程的流水步距相等

B. 专业工作队数等于施工过程数

C. 各施工段的流水节拍不全相等

D. 施工段之间可能有空闲时间

E. 各专业工作队能够连续作业

84. 某工程的双代号网络时标计划（单位：周）如图3所示，图中显示的正确信息有（　　）。

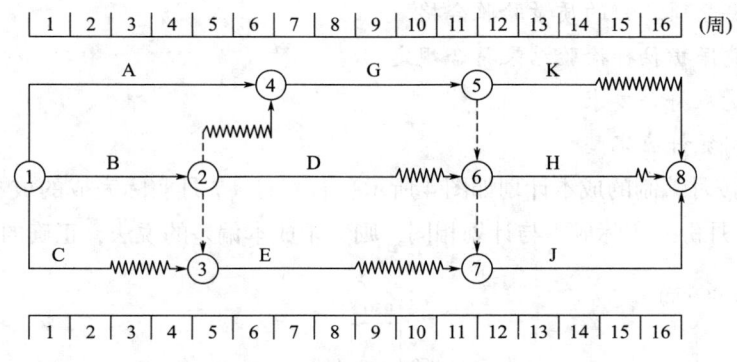

图 3　某工程的双代号网络时标计划

A. 工作 A 属于关键工作

B. 工作 D 的总时差为 3 周

C. 工作 G 的自由时差为 2 周

D. 工作 C 的自由时差为 2 周

E. 工作 K 的总时差等于自由时差

85. 在工程进度控制时，常用的实际进度与计划进度比较的方法有（　　）。

A. 横道图比较法　　　　　　B. 相关图比较法

C. S 曲线比较法　　　　　　D. 前锋线比较法

E. 控制图比较法

86. 工程质量管理体系的运行机制包括（　　）。

A. 反馈机制　　　　　　　　B. 动力机制

C. 持续改进机制　　　　　　D. 约束机制

E. 政策机制

87. 在工程质量控制中，直方图可用于（　　）。

A. 分析产生质量问题的原因

B. 分析不同因素对质量的影响

C. 计算工序能力

D. 分析生产过程是否稳定

E. 推断工序质量规格标准的满足程度

88. 施工过程质量控制中，作业技术活动结果控制的主要内容包括（　　）。

A. 工序质量检验

B. 工程变更控制

C. 单位工程验收

D. 隐蔽工程验收

E. 工序交接验收

89. 分部工程质量验收合格的条件有（　　）。

A. 主控项目的质量均应验收合格

B. 所含主要分项工程的质量验收合格

C. 有关环境保护抽样检验结果符合规定

D. 观感质量应符合要求

E. 质量控制资料应完整

90. 某工程按月编制的成本计划如图4所示，若6月、7月实际完成的成本为700万元和1000万元，其余月份的实际成本与计划相同，则关于成本偏差的说法，正确的有（　　）。

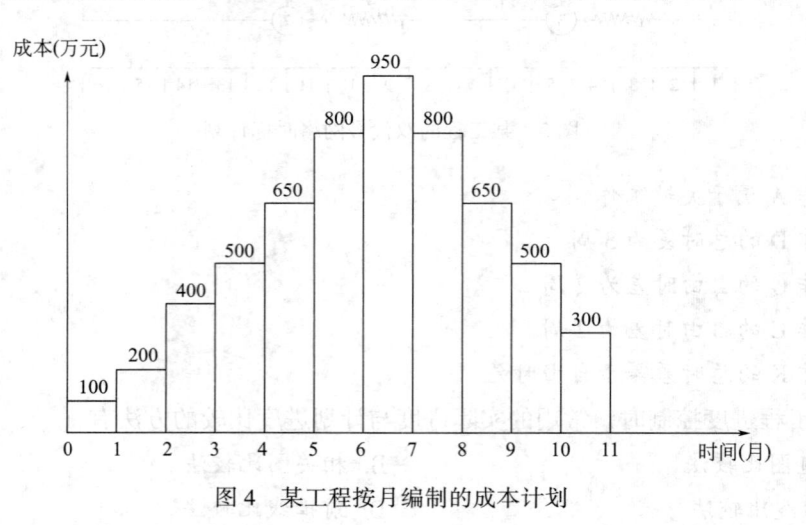

图4 某工程按月编制的成本计划

A. 第7个月末的计划成本累计值为3500万元

B. 第6个月末的实际成本累计值为2550万元

C. 第6个月末的计划成本累计值为2650万元

D. 若绘制S形曲线，全部工作必须按照最早开工时间计算

E. 第7个月末的实际成本累计值为3550万元

91. 下列施工现场发生的费用中，适宜采用"量价分离"方法进行控制的有（　　）。

A. 人工费
B. 材料费
C. 施工机具使用费
D. 施工分包费
E. 现场管理费

92. 施工成本分析可采用的基本方法有（   ）。
A. 比较法
B. 比率法
C. 专家意见法
D. 因素分析法
E. 差额计算法

93. 企业安全生产管理人员安全培训的内容包括（   ）。
A. 安全生产管理、安全生产技术、职业卫生等知识
B. 伤亡事故统计、报告及职业危害的调查处理方法
C. 应急处置的内容和要求
D. 典型事故和应急救援案例分析
E. 重大危险源管理和救援组织

94. 关于防坍塌倾覆的安全技术措施的说法，正确的有（   ）。
A. 施工时应遵循自下而上的开挖顺序，严禁先切除坡脚
B. 施工现场使用的组装式活动房屋应有产品合格证
C. 施工单位编制的施工方案应经项目分管负责人审批签字
D. 对模板支撑宜采用钢支撑材料作支撑立柱
E. 禁止在施工围墙墙体上方或紧靠施工围墙架设广告或宣传标牌

95. 根据《生产安全事故报告和调查处理条例》，事故调查报告的内容包括（   ）。
A. 事故发生单位概况
B. 事故发生经过和事故救援情况
C. 事故调查结论
D. 事故发生的原因和事故性质
E. 事故造成的人员伤亡和直接经济损失

96. 关于绿色施工材料利用的说法，正确的有（   ）。
A. 推广钢筋专业化加工和配送
B. 推广使用预拌混凝土和商品砂浆
C. 模板支撑宜采用工具式支撑
D. 大型钢结构宜采用工厂制作，现场拼装
E. 应该使用高强度钢筋和高性能混凝土

97. 根据《建筑与市政工程绿色施工评价标准》GB/T 50640—2023，关于建筑垃圾处置"一般项"的说法，正确的有（   ）。
A. 应办理施工渣土、建筑废弃物等排放手续，按指定地点排放
B. 碎石和土石方类等不应用作地基和路基回填材料
C. 建筑材料包装物回收利用率达到100%
D. 应制定建筑垃圾减量化、资源化计划

E. 现场垃圾应分类、封闭、集中堆放

98. ESG 评价指标体系由（　　）组成。

A. 效益评价指标　　　　　　　　B. 安全评价指标

C. 治理评价指标　　　　　　　　D. 环境评价指标

E. 社会评价指标

99. 工程施工合同（ECC）可供选择的次要选项条款包括（　　）等。

A. 提前竣工奖金　　　　　　　　B. 履约保证

C. 通货膨胀引起的价格调整　　　　D. 功能欠佳赔偿费

E. 争端和合同终止

100. 智慧工地的基本特点有（　　）。

A. 全面感知与数据收集　　　　　B. BIM 建模

C. 技术驱动　　　　　　　　　　D. 信息的共享和协作

E. 工业化协同发展

考前冲刺试卷（三）参考答案及解析

一、单项选择题

1. C； 2. D； 3. A； 4. C； 5. B；
6. C； 7. C； 8. B； 9. A； 10. C；
11. A； 12. D； 13. A； 14. A； 15. D；
16. D； 17. D； 18. A； 19. A； 20. B；
21. B； 22. A； 23. D； 24. D； 25. B；
26. D； 27. C； 28. A； 29. C； 30. D；
31. B； 32. A； 33. A； 34. A； 35. C；
36. A； 37. B； 38. A； 39. D； 40. A；
41. D； 42. A； 43. B； 44. B； 45. A；
46. A； 47. A； 48. A； 49. C； 50. D；
51. B； 52. A； 53. C； 54. D； 55. D；
56. C； 57. B； 58. C； 59. C； 60. B；
61. B； 62. B； 63. B； 64. C； 65. C；
66. B； 67. A； 68. C； 69. A； 70. B。

【解析】

1. C。本题考核的是项目资本金制度。选项 A 错误，项目资本金属于非债务性资金。选项 B 错误，项目资本金可以用货币出资，也可以用实物、工业产权、非专利技术、土地使用权作出资。选项 D 错误，投资者可按其出资比例依法享有所有者权益，也可转让其出资，但不得以任何方式抽回。

2. D。本题考核的是工程建设实施程序。技术设计是指为解决初步设计未解决的重大技术问题而进行的活动，包括工艺流程、建筑结构、设备选型等问题的解决。技术设计文件中需要包含修正概算。

3. A。本题考核的是平行承包模式。平行承包是指建设单位将工程项目划分为若干标段，分别发包给多家承包单位承担。建设单位需要与多家承包单位分别签订合同，各承包单位之间的关系是平行的，相互间无合同关系。

4. C。本题考核的是矩阵式组织结构。矩阵式组织结构的优点是能够根据工程任务的实际情况灵活组建与之相适应的项目管理机构，实现集权与分权的最优结合，有利于调动各类人员的工作积极性，使项目管理工作顺利进行。但矩阵式组织结构的稳定性较差，尤其是业务人员的工作岗位调动频繁。此外，矩阵中每一位成员同时受项目经理和职能部门经理的双重领导，如果处理不当，会造成矛盾，产生扯皮现象。

17

5. B。本题考核的是施工项目经理。施工项目经理是指具备相应任职条件，由企业法定代表人授权对施工项目进行全面管理的责任人。

6. C。本题考核的是综合时间定额的计算。综合时间定额公式为：

$H = (Q_1H_1 + Q_2H_2 + \cdots + Q_iH_i + \cdots + Q_nH_n) / (Q_1 + Q_2 + \cdots + Q_i + \cdots + Q_n)$

式中　H——综合时间定额（工日/m³，工日/m²，工日/t……）；

Q_i——工作项目中第 i 个分项工程的工程量（m³，m²，t……）；

H_i——工作项目中第 i 个分项工程的时间定额（工日/m³，工日/m²，工日/t……）。

通过公式 $P = Q \cdot H$ 或 $P = Q/S$

式中　P——工作项目所需要的劳动量（工日）或机械台班数（台班）；

Q——工作项目的工程量（m³，m²，t……）；

S——工作项目所采用的人工产量定额（m³/工日，m²/日，t/工日……）或机械台班产量定额（m³/台班，m²/台班，t/台班……）。

可知，时间定额与产量定额成反比。

$$H = \frac{Q_1 \times H_1 + Q_2 \times H_2 + Q_3 \times H_3}{Q_1 + Q_2 + Q_3} = \frac{Q_1 \times \frac{1}{S_1} + Q_2 \times \frac{1}{S_2} + Q_3 \times \frac{1}{S_3}}{Q_1 + Q_2 + Q_3}$$

$$= \frac{240 \times \frac{1}{30} + 360 \times \frac{1}{60} + 720 \times \frac{1}{80}}{240 + 360 + 720}$$

$= 0.017$ 工日/m³。

7. C。本题考核的是工程项目目标控制措施中的合同措施。工程项目目标控制合同措施：就承包单位而言，在工程投标环节需要通过市场调查系统分析工程承包风险，并将其对工程承包风险的应对体现在投标报价中。在工程合同签订环节，要结合承包模式及合同计价方式，与建设单位协商确定完善的合同条款，争取有工期提前、合理化建议的奖励条款。在工程合同履行环节，要做好合同交底工作，动态跟踪合同执行情况，合理处置工程变更和利用好施工索赔。选项 A 属于组织措施，选项 B 属于经济措施，选项 D 属于技术措施。

8. B。本题考核的是职业健康安全管理体系应用要求。领导力和员工参与是职业健康安全管理工作收到显著成效的重要基础，直接影响职业健康安全管理体系的实施及效果，全员积极参与的影响尤其不容忽视。职业健康安全管理体系的成功取决于领导力、承诺、各个层次员工的参与和组织功能。

9. A。本题考核的是卓越绩效评价准则框架。"领导""战略""顾客与市场"构成"领导作用"三角，强调高层领导在组织所处的特定环境中，通过制定以顾客与市场为中心的战略，为组织谋划长远未来。"领导作用"是驱动力，关注的是组织如何做正确的事。

10. C。本题考核的是社会责任绩效信息披露。社会责任绩效是指企业社会责任目标的实现程度。在社会责任报告中，社会责任绩效信息是利益相关方所期望了解的重要信息，也是企业应披露的主要信息。社会责任绩效信息既包括可测量的结果，也包括难以测量的绩效方面，如社会责任意识和态度、将社会责任融入组织、对社会责任原则的遵循等情况。社会责任绩效信息既可能是综合绩效信息，也可能是单项绩效信息。

11. A。本题考核的是项目组合管理。项目组合是指为实现组织的整体或部分战略目标，便于进行有效管理而组合在一起的项目、项目群及其他相关工作。例如，一个基础设施公司为实现其投资回报最大化战略目标，可将石油天然气、能源、水利、道路、铁道、机场等多个项目或项目群组合在一起。

12. D。本题考核的是组建资格审查委员会。国有资金占控股或者主导地位的依法必须进行招标的项目，招标人应组建资格审查委员会审查资格预审申请文件。资格审查委员会应由招标人代表和有关技术、经济等方面的专家组成，成员人数为5人以上单数，其中技术、经济等方面的专家不得少于成员总数的2/3。其他项目由招标人自行组织资格审查。

13. A。本题考核的是不同计价方式的合同比较。不同计价方式的合同比较见表2。

表2　不同计价方式的合同比较

合同类型	总价合同	单价合同	成本加酬金合同			
			百分比酬金	固定酬金	浮动酬金	目标成本加奖罚
应用范围	广泛	广泛	有局限性			酌情
建设单位造价控制	易	较易	最难	难	不易	有可能
施工承包单位风险	大	小	基本没有		不大	有

14. A。本题考核的是施工投标报价策略。招标文件中有时规定，可提一个建议方案，即可以修改原设计方案，提出投标人的方案。这时，投标人应抓住机会，组织专业人员仔细研究招标文件中的设计和施工方案，提出更为合理的方案以吸引招标人，促成自己的方案中标。这种新建议方案可以降低总造价或缩短工期，或使工程实施方案更为合理。但要注意，对原招标方案一定也要报价。建议方案不要写得太具体，要保留方案的技术关键，防止招标人将此方案交由其他投标人实施。同时要强调的是，建议方案一定要比较成熟，具有较强的可操作性。

15. C。本题考核的是因物价变化引起的合同价格调整。合同履行期间市场价格浮动对施工成本造成的影响是否允许调整合同价格，要视合同工期的长短来决定。

16. D。本题考核的是设计工作的合同管理。设计的实际进度滞后计划进度时，发包人或监理人有权要求承包人提交修正的进度计划、增加投入资源并加快设计进度，选项A错误。承包人的设计文件提交监理人后，发包人应组织设计审查，按照发包人要求文件中约定的范围和内容审查是否满足合同要求，选项B错误。设计文件需政府有关部门审查或批准的工程，发包人应在审查同意承包人的设计文件后7d内，向政府有关部门报送设计文件，承包人予以协助，选项C错误。承包人完成设计工作所应遵守的法律规定，以及国家、行业和地方规范和标准，均应采用基准日适用的版本，选项D正确。

17. D。本题考核的是施工专业分包合同的内容。专业分包人应遵守政府有关主管部门对施工场地交通、施工噪声以及环境保护和安全文明生产等的管理规定，按规定办理有关手续，并以书面形式通知承包人，承包人承担由此发生的费用，因分包人责任造成的罚款除外，选项 A 错误。分包人应允许承包人、发包人、工程师（监理人）及其三方中任何一方授权的人员在工作时间内，合理进入分包工程施工场地或材料存放的地点，以及施工场地以外与分包合同有关的分包人的任何工作或准备的地点，分包人应提供方便，选项 B 错误。分包工程合同价款可以采用固定价格、可调价格、成本加酬金三种中的一种，选项 C 错误。分包合同价款与总包合同相应部分价款无任何连带关系，选项 D 正确。

18. A。本题考核的是不可抗力事件损失的分担原则。因不可抗力事件造成的费用应按以下原则分担：

（1）工程本身的损害、因工程损害导致第三人人员伤亡和财产损失以及运至施工场地用于劳务作业的材料和待安装的设备的损害，由工程承包人承担，选项 C 错误。

（2）工程承包人和劳务分包人的人员伤亡由其所在单位负责，并承担相应费用，选项 B 错误。

（3）劳务分包人自有机械设备损坏及停工损失，由劳务分包人自行承担，选项 A 正确。

（4）工程承包人提供给劳务分包人使用的机械设备损坏，由工程承包人承担，但停工损失由劳务分包人自行承担，选项 D 错误。

（5）停工期间，劳务分包人应工程承包人项目经理要求留在施工场地的必要的管理人员及保卫人员的费用，由工程承包人承担。

（6）工程所需清理、修复费用，由工程承包人承担。

19. A。本题考核的是设备安装、调试。在安装、调试过程中，由于买方或买方安排的第三方未按照卖方现场服务人员的指导导致安装、调试不成功和（或）出现合同设备损坏的，买方应自行承担责任。在买方或买方安排的第三方按照卖方现场服务人员的指导进行安装、调试的情况下出现安装、调试不成功和（或）造成合同设备损坏的，卖方应承担责任。安装、调试中合同设备运行需要的用水、用电、其他动力和原材料（如需要）等均由买方承担。

20. B。本题考核的是施工风险管理。风险转移是指将风险转移给他人承担，以避免风险损失。风险转移可分为保险转移和非保险转移两种方式。保险转移是指通过向保险公司投保，将施工过程中可能出现的因自然灾害和意外事故造成的损失转移给保险公司。

21. B。本题考核的是工程担保。根据《建设工程施工合同（示范文本）》GF—2017—0201，除专用合同条款另有约定外，发包人要求承包人提供履约担保的，发包人应当向承包人提供支付担保。

22. A。本题考核的是工程施工进度影响因素。选项 B 属于社会环境因素，选项 C 属于建设单位因素，选项 D 属于施工技术因素。

23. D。本题考核的是横道图的特点。施工进度计划采用横道图表示形式，具有编制简单、使用方便等优点，但也有不足：（1）不能明确反映各项工作之间的相互联系、相互制约关系；（2）不能反映影响工期的关键工作和关键线路；（3）不能反映工作所具有的机动时间（时差）；（4）不能反映工程费用与工期之间的关系，因而不便于施工进度计划的优化。横道图计划直观地表明各项工作的开始时间和完成时间、持续时间，以及整个工程项目总工期。

24. D。本题考核的是流水强度的概念。流水强度也称为流水能力或生产能力，是指流水施工的某施工过程（或专业工作队）在单位时间内所完成的工程量。例如，浇筑混凝土施工过程的流水强度是指每工作班浇筑的混凝土立方数。

25. B。本题考核的是流水施工工期的计算。有间歇时间的等节奏流水施工工期＝(m＋n－1)K＋$\sum G$＋$\sum Z$，则该工程流水施工工期＝(5＋4－1)×3＋2＝26d。

26. D。本题考核的是虚箭线的作用。在双代号网络图中，有时存在虚箭线，虚箭线不代表实际工作，称为虚工作。虚工作既不消耗时间，也不消耗资源。虚工作主要用来表示相邻两项工作之间的逻辑关系。

27. C。本题考核的是工期优化。工程网络计划工期优化的基本方法是通过压缩关键工作的持续时间来达到优化目标。

28. A。本题考核的是总时差的概念。工作的总时差是指在不影响总工期的前提下，本工作可以利用的机动时间。

29. C。本题考核的是双代号网络计划时间参数的计算。如果某项工作的最早开始时间和最早完成时间分别为第3天和第8天，则说明该工作实际上最早应从开工后第4天上班时刻开始，第8天下班时刻完成。

30. D。本题考核的是双代号网络时间参数的计算。工作的最迟开始时间等于最迟完成时间减去持续时间，而最迟完成时间等于其紧后工作最迟开始时间的最小值。工作F的最迟开始时间＝13－2＝11，工作D的最迟开始时间＝11－4＝7。工作的总时差等于该工作最迟完成时间与最早完成时间之差，或该工作最迟开始时间与最早开始时间之差，则工作D的总时差＝7－4＝3。

31. B。本题考核的是单代号搭接网络计划关键工作的确定。本题的计算过程如下：

（1）ES_A＝0，EF_A＝4。

（2）EF_B＝ES_A＋$STF_{A,B}$＝4；ES_B＝EF_B－D_B＝4－3＝1。

（3）工作C同时有两项紧前工作A和B，应根据工作C与工作A和工作B之间的搭接关系分别计算其最早开始时间，然后从中取最大值。EF_C＝max{(ES_A＋$STF_{A,C}$)，(ES_B＋$STF_{B,C}$)}＝max{(0＋2)，(1＋6)}＝7，ES_C＝7－8＝－1，工作C的最早开始时间出现负值，这显然是不合理的，将工作C与虚拟工作S（起点节点）用虚线箭相连，所以ES_C＝0，EF_C＝8。

（4）工作D不仅有两项紧前工作B和工作C，而且在该工作与其紧前工作C之间存在着两种搭接关系。这时，应分别计算后取其中的最大值。首先，根据工作B与工作D之间的 FTS 时距，ES_D＝EF_B＋$FTS_{B,D}$＝4＋5＝9，EF_D＝9＋2＝11；其次，根据工作C与工作D之间的 STS 时距，ES_D＝ES_C＋$STS_{C,D}$＝0＋3＝3，EF_D＝3＋2＝5；最后，根据工作C与工作D之间的 FTF 时距，EF_D＝EF_C＋$FTF_{C,D}$＝8＋10＝18，ES_D＝EF_D－D_D＝18－2＝16；因此ES_D＝16，EF_D＝18。

（5）ES_E＝EF_C＋$FTS_{C,E}$＝8＋2＝10，EF_E＝10＋5＝15。

（6）$LAG_{A,B}$＝EF_B－ES_A－$STF_{A,B}$＝4－0－4＝0，$LAG_{A,C}$＝EF_C－ES_A－$STF_{A,C}$＝8－2－0＝6，$LAG_{B,C}$＝EF_C－ES_B－$STF_{B,C}$＝8－6－1＝1，$LAG_{B,D}$＝ES_D－EF_B－$FTS_{B,D}$＝16－4－5＝7，$LAG_{C,D}$＝min{(ES_D－ES_C－$STS_{C,D}$)，(EF_D－EF_C－$FTF_{C,D}$)}＝min{(16－0－3)，(18－8－10)}＝0，$LAG_{C,E}$＝ES_E－EF_C－$FTS_{C,E}$＝10－8－2＝0。

由此可知，关键线路为 S—C—D—F，故关键工作为工作 C 和工作 D。

32. A。本题考核的是改变某些工作间的逻辑关系调整施工进度计划。改变某些工作间的逻辑关系调整施工进度计划的特点是不改变施工进度计划中工作的持续时间，通过改变某些工作的开始时间和完成时间，来达到加快施工进度、缩短工期的目的。当施工进度计划中影响后续工作（后续工作的拖延有限制时）及总工期的工作之间逻辑关系允许改变时，可以通过改变其逻辑关系，将顺序作业的工作改为平行作业、搭接作业或分段组织流水作业等，均可有效缩短工期。

33. A。本题考核的是工程质量影响因素。建设主管部门在建筑业中推广应用的 10 项新的应用技术，包括地基基础和地下空间工程技术、高性能混凝土技术、高强度钢筋和预应力技术、新型模板及脚手架应用技术、钢结构技术、建筑防水技术等，这属于方法的因素。

34. D。本题考核的是工程质量管理体系。系统有效性原则：工程质量管理体系，应从实际出发，结合项目特点、合同结构和项目管理组织系统的构成情况，建立工程项目各参与方共同遵循的质量管理制度和控制措施，并形成有效的运行机制。

35. C。本题考核的是随机抽样方法。简单随机抽样就是排除人的主观因素，按以下方式逐个抽取样本单元的方法：第一样本单元从总体中所有 N 个抽样单元中随机抽取；第二个样本单元从剩下的 $(N-1)$ 个抽样单元中随机抽取……依此类推，直至抽取 n 个样本单元为止。系统随机抽样是指将总体中的抽样单元按某种次序排列，在规定范围内随机抽取一个或一组初始单元，然后按一套规则确定其他样本单元的抽样方法。分层随机抽样是指将总体分割成互不重叠的子总体（层），在每层中独立地按给定的样本量进行简单随机抽样。整群随机抽样是指将总体分成若干互不重叠的群，每个群由若干个体组成。总体中随机抽取若干个群，抽出的群中所有个体便组成样本。

36. A。本题考核的是施工质量统计分析方法。分层法是工程质量统计分析中的一种最基本方法。排列图法、直方图法、控制图法、相关图法等统计方法通常需要与分层法配合使用，常常是首先利用分层法将原始数据分组后，再应用其他统计分析方法进行分析。

37. B。本题考核的是分项工程划分。分项工程应根据工种、材料、施工工艺、设备类别进行划分。

38. A。本题考核的是施工过程质量控制。施工单位在对工程施工中使用的材料、半成品、构配件进行现场取样、工序活动效果检查时，由监理人员进行全程见证。

39. D。本题考核的是施工质量验收层次。施工质量验收应包括单位工程、分部工程、分项工程和检验批施工质量验收，从小到大的顺序是：单位工程→分部工程→分项工程→检验批。

40. A。本题考核的是工程质量事故的分类。因技术原因引发的质量事故：在工程实施过程中，由于设计、施工技术上的失误而造成的质量事故。主要包括：结构设计计算错误；地质情况估计错误；盲目采用技术尚未成熟、实际应用中未得到充分实践检验验证其可靠的新技术；采用不适宜的施工方法或工艺等引发的质量事故。

41. D。本题考核的是施工质量事故处理程序。施工质量事故处理程序包括：（1）事故报告；（2）事故调查；（3）事故处理；（4）事故处理的鉴定验收；（5）提交处理报告。

42. A。本题考核的是施工质量问题和质量事故的处理方法。当工程的某些部分的质量虽未达到规范、标准或设计规定的要求，存在一定的缺陷，但经过修补后可以达到质量标准的要求，又不影响使用功能或外观时，可采取修补处理的方法。例如，当裂缝宽度不大于0.2mm时，可采用表面密封法；当裂缝宽度大于0.3mm时，可采用嵌缝密闭法；当裂缝较深时，应采取灌浆修补的方法。

43. B。本题考核的是工程成本控制的主要依据。成本计划是开展成本控制和分析的基础，也是成本控制的主要依据。

44. B。本题考核的是施工责任成本的计算式。选项A错误，施工责任成本=预计结算收入-税金-项目目标利润。选项C错误，施工责任成本降低率=施工责任成本降低额/施工责任成本。选项D错误，施工责任成本由人工费、材料费、施工机具使用费、专业分包费、措施费、间接费、其他费用组成。

45. A。本题考核的是施工成本计划的编制方法。从横道图中可以看出，第5周施工计划要做三项工作：土方开挖、基坑垫层和混凝土基础，相应的费用强度为30万元/周、45万元/周和80万元/周，即这三项工作每周的计划成本分别为30万元、45万元和80万元，因此，第5周的施工成本计划值=30+80+45=155万元。

46. A。本题考核的是挣值法。进度偏差（SV）=已完工程预算费用（$BCWP$）-拟完工程预算费用（$BCWS$）=2650-2780=-130。当进度偏差SV为负值时，表明实际进度拖后；当进度偏差SV为正值时，表明实际进度提前。$SV=0$时，表明实际进度正常。本题不能判断实际费用是节约还是超支。

47. A。本题考核的是施工成本计划的编制方法。大中型工程项目通常是由若干单项工程构成的，而每个单项工程又会包含多个单位工程，每个单位工程又是由若干分部分项工程所构成。因此，首先要把项目总成本分解到单项工程和单位工程中，再进一步分解到分部工程和分项工程中。

48. D。本题考核的是施工成本纠偏措施。施工过程中降低成本的技术措施包括：进行技术经济分析，确定最佳的施工方案；结合施工方法，进行材料使用的比选，在满足功能要求的前提下，通过代用、改变配合比、使用外加剂等方法降低材料消耗的费用；确定合适的施工机械、设备使用方案；结合项目的施工组织设计及自然地理条件，降低材料的库存成本和运输成本；应用先进的施工技术，运用新材料，使用先进的机械设备等。运用技术纠偏措施的关键，一是要能提出多个不同的技术方案，二是要对不同的技术方案进行技术经济分析比较，选择最佳方案。

49. C。本题考核的是施工成本分析的基本方法。比较法又称"指标对比分析法"，是指对比技术经济指标，检查目标的完成情况，分析产生差异的原因，进而挖掘成本降低潜力的方法。

50. D。本题考核的是项目经理对所属各部门、各施工队和班组的考核。对各班组的考核内容：以分部分项工程成本作为班组的责任成本，以施工任务单和限额领料单的结算资料为依据，与施工预算进行对比，考核班组责任成本完成情况。选项B、C属于对各施工队的考核内容，选项 A 属于对各部门的考核内容。

51．B。本题考核的是危险源控制。第一类危险源是固有的能量或危险物质，主要采用技术手段加以控制，包括消除能量源、约束或限制能量（针对生产过程不能完全消除的能量源）、屏蔽隔离、防护等技术手段，同时应落实应急预案的保障措施。选项 A、C、D 属于第二类危险源控制方法。

52．A。本题考核的是危险源辨识与风险评价方法。安全检查表法是指用安全检查表方式将一系列检查项目列出进行分析，以确定装置、设备、场所的状态是否符合安全要求，通过检查发现系统中存在的安全隐患，提出改进措施的一种方法。检查项目可以包括场地、周边环境、设施、设备、操作、管理等各方面。

53．C。本题考核的是施工安全管理体系的内容。工作保证体系：施工安全管理最终通过施工现场一系列安全管理工作落实，施工现场安全工作应当以组织与责任体系为基础、安全文化和理念为驱动力、安全管理制度和安全技术措施为支撑、操作规程与安全技术标准为依据。

54．D。本题考核的是企业安全生产费用提取。建设单位应在合同中单独约定并于工程开工日一个月内向承包单位支付至少 50% 的企业安全生产费用。

55．D。本题考核的是特种作业人员持证上岗制度。特种作业人员在特种作业操作证有效期内，连续从事本工种 10 年以上，严格遵守有关安全生产法律法规的，经原考核发证机关或者从业所在地考核发证机关同意，特种作业操作证的复审时间可以延长至每 6 年 1 次。

56．C。本题考核的是安全生产会议制度。针对安全生产和特殊季节安全防范的需要，适时召开安全生产专题会议。

57．B。本题考核的是专项施工方案专家论证。超过一定规模的危险性较大的分部分项工程专项施工方案经专家论证后结论为"通过"的，施工单位可参考专家意见自行修改完善；结论为"修改后通过"的，专家意见要明确具体修改内容，施工单位应按照专家意见进行修改，修改情况应及时告知专家；专项施工方案经论证不通过的，施工单位修改后应按照规定的要求重新组织专家论证。

58．C。本题考核的是防护栏杆设置的要求。作业防护栏杆应由横杆、立杆及挡脚板组成，防护栏杆应符合下列规定：（1）防护栏杆应为两道横杆，上杆距地面高度应为 1.2m，下杆应在上杆和挡脚板中间设置；（2）当防护栏杆高度大于 1.2m 时，应增设横杆，横杆间距不应大于 600mm；（3）防护栏杆立杆间距不应大于 2m；（4）挡脚板高度不应小于 180mm；（5）防护栏杆立杆底端应固定牢固。

59．C。本题考核的是施工安全技术交底。对于超过一定规模的危险性较大分部分项工程，必须先由施工单位技术负责人向项目技术负责人交底。

60．B。本题考核的是施工安全生产事故应急预案的公布。施工单位的应急预案经评审或者论证后，由本单位主要负责人签署公布，并及时发放到本单位有关部门、岗位和相关应急救援队伍。

61．B。本题考核的是施工安全事故报告。选项 A 错误，单位负责人接到报告后，应当于 1h 内向事故发生地县级以上人民政府应急管理部门和负有安全生产监督管理职责的有关部门报告。选项 C 错误，应由总承包单位负责上报事故。选项 D 错误，情况紧急时，事故现场有关人员可以直接向事故发生地县级以上人民政府应急管理部门和负有安全生产监督管理职责的有关部门报告。

62. B。本题考核的是可持续发展和清洁生产理念。清洁生产的主要内容可归纳为"三清一控"：（1）清洁的原料与能源；（2）清洁的生产过程；（3）清洁的产品；（4）贯穿于清洁生产的全过程控制。

63. B。本题考核的是绿色施工措施。现场噪声排放不得超过国家标准《建筑施工场界环境噪声排放标准》GB 12523—2011 的规定。昼间场界环境噪声不得超过 70dB（A），夜间场界环境噪声不得超过 55dB（A）。同时，夜间噪声最大声级超过限值的幅度不得高于 15dB（A）。

64. C。本题考核的是安全文明施工费的结算依据。施工单位应设立安全文明施工费专用账户，建立安全文明施工措施费台账，做到专款专用，确保按投标报价及相关标准要求投入，施工合同和实施过程中的费用核查情况是安全文明措施费的结算依据。

65. C。本题考核的是绿色施工措施。对于碎石类、土石方类建筑垃圾，可采用地基填埋、铺路等方式提高再利用率，力争再利用率大于 50%。

66. B。本题考核的是国际工程承包税收政策。国际工程承包企业涉及工程的税种主要有流转税、收益税、财产税、杂项税。其中流转税主要包括营业税、增值税、消费税、进口关税、许可证税、印花税等；收益税主要包括公司所得税、个人所得税；财产税主要包括固定资产税、房产税、土地使用税等；杂项税是以各种名目征收的税费，或者以摊派名义征收的费用。

67. A。本题考核的是国际工程承包风险。合规风险是指企业因没有遵循法律法规和准则而可能遭受法律制裁、监管处罚、重大财产损失、声誉损失以及其他负面影响的风险。近年来，中国企业境外经营的合规风险上升，涉及项目招标投标、合同履约、劳工权益保护、环境保护等多个领域，企业遭受处罚的风险事件时有发生，亟需树立合规意识、重视合规风险。企业要在经营过程中遵守规制、规则和规范，承担社会与环境责任，反腐败、反垄断、反欺诈，避免商业贿赂和违规经营。

68. C。本题考核的是 FIDIC 施工合同管理。根据《施工合同条件》，在履约证书签发后 56d 内，承包商应向工程师先提交一份最终报表草案和证明文件，再与工程师商定核实后，提交最终报表和结清证明，申请最终付款；工程师应在收到最终报表和结清证明后 28d 内，向业主签发最终付款证书；业主应在收到工程师签发的最终付款证书 56d 内向承包商付款。

69. A。本题考核的是 BIM 技术的基本特征。BIM 提供全面的建筑表达和真实数字模型，可提高沟通效率，降低成本并提高工程质量。同时，模型的可视化操作和三维表达的形式可以展示工程建设过程及各种互动关系。

70. B。本题考核的是智慧工地总体架构。网络层：这一层是智慧工地的数据通道和处理中枢，它起到桥梁和枢纽的作用，连接感知层和应用层，保证数据的高效流动和准确处理。包括 4G 网络、5G 网络、光纤通信、卫星通信和物联网管理中心等网络设备和技术，它们保证了数据的高速、稳定的传输，使得数据能够实时、准确地传送到需要的地方。此外，这一层还包括云计算、大数据等技术，它们负责对收集到的大量数据进行存储、处理和分析，为上层应用提供支持。

二、多项选择题

71. A、B、C、E；	72. A、B、C、D；	73. A、B、C、D；
74. B、D、E；	75. B、C、D、E；	76. A、C、D；
77. A、B、C、D；	78. A、C、D、E；	79. A、B、C、E；
80. A、C、E；	81. A、B；	82. C、D、E；
83. A、D、E；	84. A、D、E；	85. A、B、E；
86. A、B、C、D；	87. B、C、D、E；	88. A、D、E；
89. C、D、E；	90. B、C、E；	91. A、B、C；
92. A、B、D、E；	93. A、B、C、D；	94. A、B、E；
95. A、B、D、E；	96. A、B、C、D；	97. A、C、D、E；
98. C、D、E；	99. A、B、C、D；	100. A、C、D。

【解析】

71. A、B、C、E。本题考核的是工程项目投资管理制度。根据《企业投资项目核准和备案管理条例》，对关系国家安全、涉及全国重大生产力布局、战略性资源开发和重大公共利益等的企业投资项目，实行核准管理。具体项目范围依照国务院批准的《政府核准的投资项目目录》执行。

72. A、B、C、D。本题考核的是施工过程中的报审报验。施工单位应将其编制的施工总进度计划和阶段性施工进度计划报送项目监理机构审查。项目监理机构将审查施工进度计划中的以下内容：（1）施工进度计划是否符合施工合同中工期的约定；（2）施工进度计划中主要工程项目有无遗漏，是否满足分批投入试运行、分批动用的需要，阶段性施工进度计划是否满足总进度控制目标的要求；（3）施工顺序的安排是否符合施工工艺要求；（4）施工人员、工程材料、施工机械等资源供应计划是否满足施工进度计划的需要；（5）施工进度计划是否符合建设单位提供的施工条件（资金、施工图纸、施工场地、物资等）。

73. A、B、C、D。本题考核的是工程参建各方主体管理目标和任务。根据《建设项目工程总承包管理规范》GB/T 50358—2017，设计管理应由设计经理负责，并适时组建项目设计组。设计经理或项目经理应负责组织编制设计执行计划。设计执行计划宜包括下列内容：（1）设计依据；（2）设计范围；（3）设计的原则和要求；（4）组织机构及职责分工；（5）适用的标准规范清单；（6）质量保证程序和要求；（7）进度计划和主要控制点；（8）技术经济要求；（9）安全、职业健康和环境保护要求；（10）与采购、施工和试运行的接口关系及要求。设计经理应组织检查设计执行计划的执行情况，分析进度偏差，制定有效措施。

74. B、D、E。本题考核的是项目管理规划大纲文件内容。项目管理规划大纲文件应包含的内容：(1) 项目管理目标和职责规定；(2) 项目管理程序和方法要求；(3) 项目管理资源的提供和安排。

75. B、C、D、E。本题考核的是环境管理体系的核心内容。理解组织所处环境包括四方面内容：(1) 理解组织及其所处的环境；(2) 理解相关方的需求和期望；(3) 确定环境管理体系的范围；(4) 环境管理体系。

76. A、C、D。本题考核的是风险管理过程。确定范围、环境和准则的目的，在于有针对性地设计风险管理过程，以实现有效的风险评估和恰当的风险应对。范围、环境和准则包括界定过程范围、理解内外部环境和界定评定准则。

77. A、B、C、D。本题考核的是价值交付系统。根据《项目管理知识体系指南（第7版）》，与项目有关的职能包括：提供监督和协调；提出目标和反馈；引导和支持；运用专业知识开展工作；提供资源、业务方向和洞察；维持治理等。

78. A、C、D、E。本题考核的是施工投标报价策略。承包单位遇下列情形时，其报价可低一些：施工条件好的工程，工作简单、工程量大而其他施工单位都可以做的工程（如大量土方工程、一般房屋建筑工程等）；承包单位急于打入某一市场、某一地区，或虽已在某一地区经营多年，但即将面临没有工程的情况，机械设备无工地转移时；附近有工程而本项目可利用该工程的机械设备、劳务或有条件短期内突击完成的工程；投标对手多，竞争激烈的工程；非急需工程；支付条件好的工程。

79. A、B、C、E。本题考核的是变更的范围和内容。根据《标准施工招标文件》中的通用合同条款的规定，除专用合同条款另有约定外，在履行合同中发生以下情形之一，应按照规定进行变更：(1) 取消合同中任何一项工作，但被取消的工作不能转由发包人或其他人实施。(2) 改变合同中任何一项工作的质量或其他特性。(3) 改变合同工程的基线、标高、位置或尺寸。(4) 改变合同中任何一项工作的施工时间或改变已批准的施工工艺或顺序。(5) 为完成工程需要追加的额外工作。

80. A、C、E。本题考核的是施工合同纠纷审理相关规定。《最高人民法院关于审理建设工程施工合同纠纷案件适用法律问题的解释（一）》（法释〔2020〕25号）规定，当事人对建设工程实际竣工日期有争议的，人民法院应当按照以下情形予以认定：(1) 建设工程经竣工验收合格的，以竣工验收合格之日为竣工日期；(2) 承包人已经提交竣工验收报告，发包人拖延验收的，以承包人提交验收报告之日为竣工日期；(3) 建设工程未经竣工验收，发包人擅自使用的，以转移占有建设工程之日为竣工日期。

81. A、B。本题考核的是建筑工程一切险（及第三者责任险）的责任范围。物质损失部分的保险责任主要有保险单中列明的各种自然灾害和意外事故，如洪水、风暴、水灾、暴雨、地陷、冰雹、雷电、火灾、爆炸等多项，同时还承保盗窃、工人或技术人员过失等人为风险，以及原材料缺陷或工艺不善引起的事故。

82. C、D、E。本题考核的是影响建设工程计划进度的因素。影响设计进度的因素包括：(1) 业主建设意图及要求的改变；(2) 设计各专业之间的协调配合；(3) 设计文件审查批准延误。

83. A、B、E。本题考核的是固定节拍流水施工的特点。等节奏流水施工是指在有节奏流水施工中，各施工过程的流水节拍都相等的流水施工，也称为固定节拍流水施工或全等节拍流水施工。全等节拍流水施工是一种最理想的流水施工方式，具有以下特点：

（1）所有施工过程在各个施工段上的流水节拍均相等。

（2）相邻施工过程的流水步距相等，且等于流水节拍。

（3）专业工作队数等于施工过程数，即每一个施工过程组建一个专业工作队。

（4）各专业工作队在各施工段上能够连续作业，施工段之间没有空闲时间。

84. A、D、E。本题考核的是双代号时标网络计划时间参数的计算。本题的关键线路为A→G→J，工作A属于关键工作。工作D的总时差=min｛2+0，2+1｝=2周。工作G的自由时差=0。工作C的自由时差=2周。工作K的总时差=自由时差=2周。

85. A、C、D。本题考核的是实际进度与计划进度比较方法。实际进度与计划进度比较方法有：横道图比较法、S曲线比较法和前锋线比较法。

86. A、B、C、D。本题考核的是工程质量管理体系。工程质量管理体系的运行机制是由一系列质量管理制度安排所形成的内在动力。运行机制是工程质量管理体系的生命，机制缺陷是造成系统运行无序、失效和失控的重要原因。因此，在系统内部的管理制度设计时，必须予以高度的重视，防止重要管理制度的缺失、制度本身的缺陷、制度之间的矛盾等现象出现，才能为系统的运行注入动力机制、约束机制、反馈机制和持续改进机制。

87. B、C、E。本题考核的是直方图法的用途。直方图的主要用途是：判断工序的稳定性；推断工序质量规格标准的满足程度；分析不同因素对质量的影响；计算工序能力等。

88. A、D、E。本题考核的是作业技术活动结果控制的主要内容。作业技术活动结果控制的内容包括：工序质量检验、隐蔽工程验收、工序交接验收。选项B属于作业技术活动过程质量控制，选项C属于施工质量验收。

89. C、D、E。本题考核的是分部工程质量验收合格的规定。分部工程质量验收合格，应符合下列规定：

（1）所含分项工程的质量应验收合格；

（2）质量控制资料应完整、真实；

（3）有关安全、节能、环境保护和主要使用功能的抽样检验结果应符合要求；

（4）观感质量应符合要求。

选项B错在"主要"，应该是"全部"。

90. B、C、E。本题考核的是施工成本计划的编制方法。第7个月末的计划成本累计值=100+200+400+500+650+800+950=3600万元，选项A错误。第6个月末的计划成本累计值=100+200+400+500+650+800=2650万元，第6个月末的实际成本累计值=100+200+400+500+650+700=2550万元，故选项B、C正确。S形曲线包络在由全部工作都按最早开始时间开始和全部工作都按最迟必须开始时间的曲线组成的香蕉图中，故选项D错误。第7个月末的实际成本累计值=100+200+400+500+650+700+1000=3550万元，故选项E正确。

91. A、B、C。本题考核的是施工成本过程控制方法。适宜采用"量价分离"方法进行控制的有人工费的控制、材料费的控制、施工机具使用费的控制。

92. A、B、D、E。本题考核的是施工成本分析的方法。成本分析的基本方法包括比较法、因素分析法、差额计算法、比率法等。

93. A、B、C、D。本题考核的是企业安全生产管理人员安全培训的内容。企业安全生产管理人员安全培训应包括下列内容：（1）国家安全生产方针、政策和有关安全生产的法律、法规、规章及标准；（2）安全生产管理、安全生产技术、职业卫生等知识；（3）伤亡事故统计、报告及职业危害的调查处理方法；（4）应急管理、应急预案编制以及应急处置的内容和要求；（5）国内外先进的安全生产管理经验；（6）典型事故和应急救援案例分析；（7）其他需要培训的内容。

94. B、D、E。本题考核的是施工安全技术措施。施工时应遵循自上而下的开挖顺序，严禁先切除坡脚，故选项 A 错误。基坑（槽）、边坡、基础桩、模板和临时建筑作业前，施工单位应按设计单位要求，根据地质情况、施工工艺、作业条件及周边环境编制施工方案，单位分管负责人审批签字，项目分管负责人组织有关部门验收，经验收合格签字后，方可作业，故选项 C 错误。

95. A、B、D、E。本题考核的是事故调查报告。事故调查报告应当包含下列内容：（1）事故发生单位概况；（2）事故发生经过和事故救援情况；（3）事故造成的人员伤亡和直接经济损失；（4）事故发生的原因和事故性质；（5）事故责任的认定及对事故责任者的处理建议；（6）事故防范和整改措施。

96. A、B、C、D。本题考核的是绿色施工措施。结构材料利用：推广使用高强度钢筋和高性能混凝土；推广使用预拌混凝土和商品砂浆；推广钢筋专业化加工和配送。准确计算采购数量、供应频率、施工速度，在施工过程中动态控制，减少资源消耗。

97. A、C、D、E。本题考核的是施工现场环境保护措施。根据《建筑与市政工程绿色施工评价标准》GB/T 50640—2023，建筑垃圾处置"一般项"应符合下列规定：（1）制定建筑垃圾减量化专项方案，明确减量化、资源化具体指标及各项措施；（2）装配式建筑施工的垃圾排放量不大于 200t/万 m^2，非装配式建筑施工的垃圾排放量不大于 300t/万 m^2；（3）建筑垃圾回收利用率达到 30%，建筑材料包装物回收利用率达到 100%；（4）现场垃圾分类、封闭、集中堆放；（5）办理施工渣土、建筑废弃物等排放手续，按指定地点排放；（6）碎石和土石方类等建筑垃圾用作地基和路基回填材料；（7）土方回填不采用有毒有害废弃物；（8）施工现场办公用纸两面使用，废纸回收，废电池、废硒鼓、废墨盒、剩油漆、剩涂料等有毒有害的废弃物封闭分类存放，设置醒目标志，并由符合要求的专业机构消纳处置；（9）施工选用绿色、环保材料。

98. C、D、E。本题考核的是国际工程承包风险应对策略。ESG 是指环境、社会和治理。ESG 投资评估作为一种长期风险评估机制，具有筛选非财务风险、提高长期收益的优势，已成为跨国投资和国际工程承包的新兴策略。ESG 评价指标体系由三个方面组成：环境评价指标、社会评价指标、治理评价指标。

99. A、B、C、D。本题考核的是 ECC 工程施工合同。工程施工合同（ECC）在主要选项条款之后，还提供了十多项可供选择的次要选项条款，包括：履约保证；母公司担保；

支付承包商预付款；多种货币；区段竣工；承包商对其设计所承担的责任只限运用合理的技术和精心设计；通货膨胀引起的价格调整；保留金；提前竣工奖金；工期延误赔偿费；功能欠佳赔偿费；法律的变化等。

100. A、C、D。本题考核的是智慧工地基本特点。智慧工地基本特点：

（1）技术驱动。智慧工地依赖于物联网、云计算、人工智能、大数据、移动互联网等先进的信息技术。

（2）全面感知与数据收集。智慧工地对工地上的人、机、料、法、环等生产要素进行全面的感知和数据收集，这些数据是智慧工地运行和决策的基础。

（3）信息的共享和协作。智慧工地通过系统间的信息共享和协作，实现更高效的资源利用和更科学的决策制定。